조선시대 사마소와 양반

서문

요즈음도 몇몇 향교에 가면 경내 안이나 근처에서 사마소(또는 司馬齋)라 이름 붙은 자그마한 건물을 볼 수 있다. 사마란 소과 합격자인 생원 진사를 가리키는 말로, 사마소는 서울 성균관에서 대과(문과)를 준비하던 생원 진사들이 고을로 돌아온 뒤 서로 모여 공부하고 친교를 맺던 교육기관이자 향촌 기구였다. 향교의 교생(유생)들과는 같이 어울리기에는 격이 맞지 않기에 향교와는 별개의 건물을 세우고, 자신들만의 명단인 司馬案(또는 사마록)을 작성하였다. 본서는 조선시대에 생원진사들의 모임장소인 사마소와 그들의 명단을 담은 사마안을 연구한 것이다.

사마소에 대해서 관심을 가진 계기는 1982년 1학기 대학원 박사과정 수업에서 이광린 선생님께서 경주 계림 근처 최부잣집 옆에 있는 사마소를 말씀해주셨기 때문이었다. 수업 다음날 고속버스를 타고 경주로 내려와 향교 근처에 있는 사마소를 찾아갔다. 최부잣집에서 지은 병촉헌이라는 정자도 나란히 있는데, 몇 개의 기문만이 걸려있을 뿐이었다. 사진관 주인의 도움을 받아 사진을 찍은 뒤 경주 사마소를 주제로 학기말 제출논문을 준비하였다. 마침 발행된 규장각 소장 8도읍지 속에서 사마소 관련 기록을 많이 찾아낼 수 있었다. 향교와 양사재 기록도 많이 찾아냈다. 그리고 사마소, 양사재가 향교와 매우 밀접한 관계를 맺고 있었음을 알게 되었다. 경주 사마소 논문을 계기로 당시엔 별로 중요하게 여기지 않던 향교로 관심이 넘어갔으니 아마도 나의 향교 연구의 원점은 사마소일 것이다. 향교에 이어 한참 동안 서원을 공부하다가 다시 돌아 몇 년간 사마소를 가지고 여러 편의 논문을 꾸려보았다.

사마소와 사마안은 고을의 생원 진사 배출 정도에 따라 만들어진 뒤 합격자가 드물어지면 침체를 거듭하다가, 조선 후기에 이르러 일제히 중건, 속수續修되는 모습을 보이고 있었다. 이는 향촌사회의 변화와 신분제 변동에 대응한 것으로 판단되는데, 사마소, 사마안은 양반사족 생원 진사와 후손이 아니면 출입과 등록이 불가능한 매우 배타적인 것이었고, 19세기에 들어 이를 둘러싸고 서출, 향리, 부유한 평민들과 심각한 갈등을 빚고 있었지만 양반사족들의 독점은 과거제도가 폐지될 때까지 유지되었다. 20세기에 들어와 사마안이 새삼 간행되고 있는데 여기에는 예전에 배제되었던 생원 진사의 이름들이, 또한 합격여부가 불분명한 이들도 당당히 들어있어 달라진 반상의식을 엿보게 해준다. 8편의 논문을 모은 본서는 사마소와 사마안에 담겨진 이러저러한 모습들을 담아보려고 한 것이다.

책에 담은 사마소에 대한 내용을 대략 요약하면 다음과 같다.

1편 양반사족의 사마소 독점과 신향과의 향전에는 3편의 논문을 담았다.

1장 경주사마소 논문은 사마소에 걸린 중건기에 영조 17년에 생원 진사들이 사마소를 중건하고 사마안도 속수하였다고 쓴 내용을 주제로 삼아 사마소의 건립, 직임, 재정, 활동, 중건, 재중건 등을 살펴보고, 이는 문벌양반사족들이 향촌사회 변화에 대응할 목적이었음으로 설명하였다. 그리고 경주 사마소 옆에 있는 최부잣집이 대를 이어 생원 진사에 합격하면서 사마소 곁에 별도의 건물(병촉헌)을 세우는 등 사마소를 사적私的 기구로 삼아가고 있었음을 살핀 내용이다.

2장은 1867년(고종 4)에 작성된 전라도 고창 사마안은 살펴본 것이다. 양사재 한켠에 사마재 현판을 건 고창의 양반사족들은 후손들에게 단자를 받아 『사마안』을 작성하였는데 원편原編, 속편續編, 신편으로 구분하여 생원 진사 이름을 수록하였다. 원편과 신편은 양반사족, 속편은 다른 고을, 고을을 떠난, 그리고 신분이 낮다고 본 생원 진사들로, 19세기 말까지도 양반사족 중심의 사마재와 사마안이, 더 나아가 향촌질서가 여전히 계속되고 있음을 알아보았다.

3장 남원 사마재 향전鄕戰은 1877년에 부유한 평민과 서출庶出 생원 진사 합격자가, 1892년에는 향리 출신 생원 진사 합격자가 사마안에 이름을 올려 양반으로 인정받으려하자, 양반사족들이 감사와 수령, 암행어사에게 끈질기게 상서를 하면서 반대하여 결국 뜻을 관철시키고 있음을 살펴본 것이다. 이는 19세기에 이르면 70, 80%가 양반이 되어 신분제가 해체되어 간다는 통설적 이해에 의문을 던져주는 것이라 생각하며, 양반사족들의 사마소, 사마안 독점은 신분제의 해체 정도를 나타내는 척도가 아니겠느냐는 해석을 해보았다.

2편 사마안 등재와 양반의식의 확대 사례에는 5편의 논문을 담았다.

4장 사마안으로 본 신분의식 논문은 1918년, 1938년에 간행된 남원의 사마안을 분석하여 신분의식의 변화를 알아본 것이다. 1918년 『남원사마안』은 1892년에 양반사족들의 격렬한 반대에 부딪쳤던 鄕吏들이 이름을 올린 반면에 서출들은 여전히 배제되고 있었지만, 1938년 『대방연계안』은 근거가 있고 없고를 떠나 자기 선조가 생원, 진사, 문과에 합격하였다는 주장을 하면 양반의 후손이라고 행세할 수 있는 사회분위기를 반영하고 있다고 설명하였다.

5장 전라도 강진 사마안 연구는 1612년(광해군 4)부터 작성하기 시작한 강진사마안의 사례연구로, 다른 고을의 생원 진사들도 처향, 외향 등의 연고가 있으면 사마안 입록이 가능하였고, 후손들의 요청으로 예전 사마안에 누락되었다는 선조들을 추가로 기재하는 등 사마안이 양반신분을 과시하는 수단으로 작용하고 있음을 살펴보았다. 19세기 말까지도 양반 신분이 아니라면 등재가 불가능하였고, 1930년대 간행된 지방지에는 새로이 등재된 이름 대다수가 합격 여부가 불투명한 사람들로, 이는 모두가 양반 후손임을 주장하려는 사회적 풍조를 나타내주는 것으로 보았다.

6장은 사마 모임은 연산군 대에, 사마안 작성은 1540년(중종 35)에 시작하고, 사마재 건물을 곧 이어 지은 경상도 함양의 사마재와 사마안 사례연구이다. 임진왜란 이후 사마재 대신 남계서원 등에 출입하던 함양의 양반사족들은 1655년에 사마안 중수, 1772년에 사마재 복구, 1872년에는 결속을 다지기 위해 사마안과 문과급제자 명단을 합하여 연계안蓮桂案을 작성하고, 사마재도 이름을 연계당으로 고치고 있음을 알아보았다. 1914년, 1933년에 후손들의 단자를 받아 사마안을 간행하였는데, 새로운 성관들과 인원이 더하여지고, 합격하지도 않은 인물들도 상당수 수록되어 있음을 확인하였다.

7장은 충청도 청안 사마소와 사마안을 다룬 것으로, 청안의 유력한 양반 성관의 생원 진사들이 숙종 29년(1703)에 사마소를 다시 건립하고 사마록을 작성하였다. 이인좌 란의 여파로 양반사족과 사마소가 위축되어 향족과 향리들이 작성한 『청안현읍지』에는 사마록에서 배제된 서얼과 향리가 수록되는 이례적인 모습을 보이고 있지만, 사마록에는 1894년까지 여전히 양반만을 가려 등재하였다. 그 뒤 후손들이 사마소를 선조들의 위패를 모시는 사우로 전환하고 사마록을 원안原案과는 조금씩 다르게 작성해 미합격자들이 명단에 올라 지금까지 이어지고 있음을 분석한 내용이다.

8장은 전라도 곡성 사마소와 사마안을 다룬 것으로, 1537년(중종 32)부터 시작된 사마안은 임진왜란 때 불타버렸으나 곧 복구되고 사마재도 정조 때 복설되고 있음을 알아보았다. 고종 대에 향리나 부유한 평민 출신의 생원 진사들이 다수 합격하자 향전鄕戰을 미리 막고자 1882년 진사 합격자를 끝으로 사마안 등재를 중단한 사례이다. 1918년에 이족吏族이 편찬한 『곡성군지』에는 사마안에서 제외되었던 이들이 모두 수록되는데, 1923년에 양반사족 후예들이 편찬한 『욕천속지』에는 이들을 신증新增이라 하여 따로 수록해 놓는 등 아직도 반상의식을 드러내 보이고 있음을 내용에 담았다.

사마소와 사마안의 양반 독점은 19세기말까지 계속 유지되어 왔으며, 이는 신분제의 해체 또는 붕괴라는 기존의 이해에 의문을 던져주는 것이라고 필자는 본다. 부유한 서출, 향리, 평민들은 과거 응시, 4대 봉사, 노비 부리기, 음택 풍수 등 양반들의 문화적 모습이나 생활양식을 흉내 내면서 양반으로 인정받고자 향교, 서원, 사마소 등에 참여를 열망하였고, 양반사족들이 양반, 신분 상승이 아닌, 흉내를 내는 이들을 가로 막고 향교, 서원, 사마소와 사마안을 끝내 고수한 것이 바로 신분제의 해체 정도를 나타내는 척도라고 생각하고 있다. 갑오개혁 이후에도 신분제의 완강함이 지속된 것이 이를 말해주는 것이라 믿으며, 너나없이 양반의 후예임을 자처하고 용인되는 사회풍조는 3.1운동 이후인 1920, 30년대부터라고 판단하고 있다.

현재 필자가 다루고 싶은 사마안은 몇 개가 더 있는데 이참에 사마안 연구를 마무리 지으려고 한다. 요즈음 학계 풍조에 휩쓸린다면 얼마든지 논문의 편수를 늘릴 수 있겠지만 사례가 다를 뿐 내용은 거의 비슷하리라 생각하기 때문이다. 필자와는 다른 시각과 접근방법을 가진 분들의 연구가 이루어져 새로운 해석이 전개되기를 기대하고 있다.

대학선생 노릇을 한지 30년이 넘었다. 제대로 해왔는지 자신이 없다. 그래도 공부와 강의 이외에 딴 일을 한 적이 없음을 위안으로 삼는다. 선생이 해야 할 일은 학생들에게 공부로 모범을 보이는 것뿐이라고, "올해도 열심히 공부합시다"라고 새해 덕담을 하시던 선생님들께 배워왔다. 제대로 실천도 못하고 변변한 공부 업적을 남기지는 못했지만 학생들에게 노력하던 선생으로 비춰지길 하는 바램을 마음 한구석에 조그마하게 가지고 있다.

이광린(1924 - 2006) 선생님이 이 책을 보신다면 "자네는 말이야(지) ……" 하고 꾸지람을 하실지, "이거 재밌구만, 재밌구만" 하고 빠른 평안도 사투리로 말씀하실지. 필시 "자네는 ~" 하실 것임에 틀림이 없지만 그래도 선생님에게 칭찬 한마디를 듣고자 자료와 논문에 코를 박던 그 시절이, 정년이 얼마 안 남은 지금도 새삼 그립기만 하다.

서방정토에 나란히 계실 부모님, 사회성 빵점인 남편을 잘 참고 살아주는 박연성, 자기 분야에서 열심히 노력 중인 재은, 재형에게 그리움과 사랑을 보낸다.

끝으로 책을 보기 좋게 만들어준 출판사의 노고에 감사드린다.

2019년 3월 南燕精舍에서 저자 識

차례

제2편 사마안 등재와 양반의식의 확대 사례

제1편
양반의 사마소 독점과 신향과의 향전

제1장
경주 사마소에 대한 일고찰

1. 머리말

경주시의 문화재 가운데 계림 곁 향교 근처에 司馬所라는 건물이 있다. 임진왜란 때 불타버린 이 경주 사마소는 150여년 뒤인 영조 17년(1741)에 경주의 생원 진사(;司馬)들에 의하여 중건되었다. 그 후 일제강점기에 들어와 건물이 퇴락되었다가 1975년 2월에 「지정문화재 이외의 문화재 제6호」로 지정되고, 1980년 11월에 보수, 정화되었다.[1]

사마소(사마재)에 대한 기록은 많지 않으며 또한 건물이 남아있는 경우도 흔하지 않아서인지 사마소에 대한 연구가 별로 없는 실정이다. 사마소는 훈구에 장악된 유향소와 대립하여 사림파계열의 생원 진사들이 별도로 세운 기구였다고 하는 정도의 이해가 고작이다.[2] 그러나 사마소의 기록들을 찾아보면 그렇게 설명할 것만은 아닌 것 같다. 또한 현재 남아있는 경주 사마소뿐만 아니라 다른 지역의 사마소 기록들을 조사해보면 대체로 임진왜란으로 불타

---

1 (보주) 이 논문을 쓰던 1982년 당시는 최부잣집 앞, 남천 가에 있었는데 1984년에 월성지구 정화사업으로 서쪽으로 300미터 떨어진 현재의 위치(교동 89-1)로 이건하였고, 현재는 경상북도 문화재자료 제2호(1985년 8월)로 지정되어 있다.

2 이태진, 「사림파의 유향소 복립운동」『진단학보』 34, 35, 1972, 1973.

고 방치되었던 사마소가 17~18세기 숙종, 영조, 정조대에 집중적으로 각 고을에서 생원 진사들에 의하여 중건되고 있음이 눈에 띈다. 왜 이 시기에 사마소가 중건되고 있었는가 하는 문제는 당시의 향촌사회의 변화와 함께 양반층의 동향을 이해하는데 도움을 줄 수 있는 것이라 생각한다.[3]

그리고 흥미로운 것은 속칭 '9대 진사 10대 만석꾼'이라고 하는 경주 최부잣집이 경주 사마소와 매우 밀접한 관계를 맺고 있다는 점이다.

본고에서는 사마소를 파악해 보는 방법으로 경주 사마소의 건립과, 왜 영조 17년에 생원, 진사들에 의하여 중건되었는가 하는 문제를 살펴보려고 한다. 아울러 사마소 자체의 여러 가지 모습들, 그리고 경주 최부잣집과의 관계를 알아보고자 한다. 그리하여 조선시대 사마소에 대한 이해를 새롭게 하는 한편 조선후기 향촌사회의 변화 속에서 지배 신분을 고수해 보려는 양반사족들의 보수적인 노력을 확인해 보고자 한다.

경주 사마소에 대한 기록이 워낙 적고 단편적이기에 살핀 내용이 미흡하지만 사마소 자체에 대한 이해에 조그마한 도움이 되었으면 싶다.

2. 사마소의 설립

경주 사마소가 언제 건립되었는지를 알려주는 기록은 없다. 현종 10년(1669)에 편찬된 閔周冕의 『東京雜記』에 다음과 같은 기사가 보인다.

> 사마소는 향교의 남쪽 蚊川 위에 있었는데 어느 때 처음 세웠는지 알 수 없다. 임진란 때 불에 타 버렸고 주춧돌과 섬돌이 아직 남아 있다.[4]

3 정조 3년에 현감인 안정복에 의하여 중건이 권유되고 사족들이 실제 복설하고 있는 충청도 木川縣의 사마소에 대한 연구가 나온 바 있다.(김인걸, 「조선후기 鄕權의 추이와 지배층의 동향」『한국문화』 2, 1981) 이 논문에서 조선 후기의 향촌사회 변동 속에서 사족들이 향권을 잡기 위한 목적에서 목천현에 사마소를 복설한 것이라 언급하고 있다. 사마소를 전적으로 다룬 것은 아니지만 많은 자료를 동원하여 향촌사회 변화를 종합적으로 언급하고 있어 시사받은 바가 크다.

4 『東京雜記』 권1 학교

결국 경주 사마소는 임진왜란 이전에 건립되어 있었다는 사실만 확인할 수 있을 뿐이다.

사마소는 연산군 4년 8월 유자광의 계에 다음과 같이 언급되고 있다.

> 남원과 함양은 모두 臣의 본관이므로 신이 친히 보았습니다. 생원과 진사들이 별도로 한 장소를 만들어서 사마소라 이름하고, 사사로이 서로 모여 여럿이 술을 마시면서 빗나간 의논을 하고, 서민이나 胥吏가 조금만 마음에 맞지 아니하면 문득 매질을 합니다. 留鄕의 품관들이 거개 늙고 열등하기 때문에 온 고을 人吏들이 유향소를 멸시하고 도리어 사마소에 아부하여 그 폐단이 적지 않습니다. 수령된 자들이 비단 능히 금단하지 못할 뿐 아니라 도리어 노비를 지급하며 殖利하는 곡식과 物貨를 맡기니, 나라에서 설립한 유향소 이외에 또 이 무리들이 사사로 세운 한 장소가 있는 것은 매우 불가하옵니다." [5]

이처럼 유향소와 성격이 다른 향촌기구로 생원 진사들이 세웠다는 사마소는 성종 19년에 김종직 등 사림파의 노력에 의하여 복설된 유향소가 훈구파들에게 경재소를 통하여 장악된 것에 반발하여 사림파 계열의 생원, 진사들이 별도로 세운 것이라 이야기되고 있다.[6] 그러면 생원 진사들이 사림파 계열이라고 보는 근거는 무엇일까. 유자광에 이은 윤필상의 계에 의하면

> 근래 김종직의 奸黨이 모두 떼로 모여서 빗나간 의론을 하는데서 이루어진 것이오니 이러한 풍조는 마땅히 통렬하게 혁파해야 합니다. 청컨대 8도감사들에게 諭書를 내리시어 소위 사마소라는 것은 모두 혁파하도록 하시옵소서.

라고 하여 사마소가 김종직의 간당에 의해 세워졌다고 지적하였기 때문이었다. 그런데 8도감사에게 사마소의 혁파를 명령하도록 청한 것은, 각 고을마다 세워졌는지는 확실하지 않지만, 사마소라는 것이 전국적으로 존재하고 있

---

5 『연산군일기』 권31 연산군 4년 8월 계유

6 이태진, 「앞의 논문」 403-405쪽

었음을 의미하는 것이 아닐까 한다. 그렇다면 훈구파에 의한 유향소의 장악에 반발하여 사마소가 세워졌다는 이해에는 문제가 있다고 생각한다. 왜냐하면 사마소가 사림파 계열의 생원 진사들에 의하여 세워진 것이라는 견해는 경상도 지역의 성리학 수용의 선진성에서 기인하는 점을 전제로 한 것이기 때문이다. 그러나 사마소가 윤필상의 지적처럼 전국적으로 8도에 존재하고 있었다면 연산군 4년 당시 성리학이 전국적으로 파급, 정착되어 있었다는 사실을 의미하는지 의문이 생기지 않을 수 없다.

물론 사마소의 건립 현황이 어느 정도였는지, 실제 건립에 참여한 사람들이 구체적으로 누구였는지 확실하지 않기 때문에 단언할 수는 없다. 또한 윤필상이 김종직의 奸黨이라 표현한 것으로 보아 성리학의 수용이 빠른 지역에만 국한되는 것인지도 모르겠다. 그러나 전국적 산재를 고려한다면 사마소의 건립은 사림파의 동향에서 연유하는 것이라기보다는 다른 면에서 원인을 찾아야 한다고 생각한다.

사마소가 연산군 4년 이전에 이미 설립되어 있음을 보여주는 기록이 있다. 『嶠南誌』 권9 咸昌郡 校院條를 보면

> 사마소는 西門 밖에 있다. 세종 무오년(20년)에 세워졌고, 숙종 무진년(14년)에 중건되었다.

라고 되어 있다. 함창 사마소에 대해서는 영조 때 편찬된 『여지도서』에 좀 더 자세한 기록이 있다.

> 사마소는 읍의 서문 밖 작은 뫼 앞에 있고, 南池에 임해 있다. 숙종 무진년에 중건되었다. 소에는 司馬錄이 있는데 정통 무오년(세종 20년)부터 當宁 기묘년(영조 35년)까지 생원 진사 176인, 장원 6인, 兩試 9인, 문과 75인, 장원 5인이 기록되어 있다.

이와 같이 세종 20년에 함창에서 사마소가 세워지고 사마록이 작성된 이유는 무엇일까. 이 함창의 사마소가 사림파의 훈구파에 대한 반발로 나타난 것이라고는 도저히 생각하기 어렵다. 그렇다고 이러한 조기 건립 사실을 예외적인 것이라 할 수도 없다고 본다.

A-① 우리 동국의 取士 방법은 두 가지가 있으니 蓮榜과 桂籍이다. 계적은 곧바로 벼슬에 나가는 것이고 연방은 태학에서 취업하고 시험을 기다렸다가 임용되는 것이니 성균관, 사학이 세워진 까닭이다. 먼 지방에 이르러서는 생원, 진사들이 형세상 모두 館學에 모이기가 어려워 이에 주부군현에 사마소를 例置하여 머물게 하였다. 그 肄業貢擧는 모두 관학과 같이 하고 또 소위 青衿案이라는 것을 두어 역대의 蓮榜을 일일이 쓰니 역시 관학의 예이다.[7]

② 嘉靖 정유년(중종 32년)에 金允章이 우리 고을 수령이 되었다. 학교의 흥기를 급한 일로 삼아 처음에 수레에서 내려 고을을 宿儒을 불러 들여 고하기를 "무릇 章甫之士가 국학에 머물다가 갑자기 향리에 돌아오면 갈 곳이 없음을 근심하게 된다. 나라에서는 외읍에 사마재를 설립하였다. 그러나 이 고을에서 없다. 윤장은 문교에 유실이 있고 유효가 드믄 것인 크게 걱정스러운데 여러분들은 어찌 이것에 근심이 없는가"라고 하였다. 그 때 앉아있던 사람들로 그 계획에 수긍하지 않은 사람이 없었다. 이에 향학 이외에 별도로 一所를 세웠다. …… 그리고 사마재에 있는 사람들의 성명을 生員 某某榜司馬, 進士 某某榜司馬라 일일이 적으니 齋中의 故事가 되었다.[8]

이상의 기록에서 보듯이 사마소(사마재)는 그 고을 생원 진사들의 교육장소로 설립된 일종의 학교기구였다. 생원 진사에 합격하면 성균관에 입학하여 문과시험 준비를 하는데 여러 가지 사정(문과 실패, 경제적 곤란, 질병, 가사 등)으로 인하여 성균관에서 수업을 할 수 없어[9] 귀향한 생원 진사들의 교

---

7 李佑贇(1792-1855), 『月浦集』 권3 晉陽蓮桂案序

8 「곡성사마재중수서」

9 송준호, 『이조 생원진사시의 연구』에서는 거처와 음식의 불편을 이유로 들고 있다.(대한민국 국회도서관, 1970, 15~18쪽) 그리고 여기서 더 고려해 보아야 할 것은 성균관 정원 200명의 分番居齋 문제이다. 만일 성균관의 수업이 분번이라면 사마소는 그야말로 지방의 성균관이 되는 셈이고

육장소로 마련된 것이 사마소였다. 또한 그 운영은 성균관과 같은 방법에 의거하며, 사마소에 적을 둔 생원 진사들의 명단을 기록한 것이 사마안(사마록)이었다. 따라서 사마소는 지방의 학교기관이라 할 수 있으며 향교와도 밀접한 관계를 맺고 있었다.

B-① 향교는 현의 서쪽 2리에 있다. 옛날에는 성 안에 있었는데, 현감 權守平이 이리로 옮겼다. (신증) 成俔의 記에, "경신년(연산군 6년) 11월에 表弟인 上舍(;생원 진사) 朴以溫이 와서 光山學記를 써 달라고 한다. 현감 권수평이 매양 공무를 보는 틈을 타서 친히 유생들을 이끌고 경학을 담론하여 이끌어 주고 깨우쳐 주며, 도와주고 인도해 주는 것이 모두 합당했다. 학교가 전에는 성안에 있었는데, 낮고 습하고 좁고 퇴락하여 허물어졌었다. 현감이 父老들을 불러들여 말하기를, '先聖의 居所로는 맞지 않는데 어찌 새로 지을 것을 생각하지 않겠는가.' 하니, 모든 부로들이 모두, '좋습니다.' 했다. 그리하여 성의 서쪽 2리쯤에 터를 잡고 공사를 시작했는데, 모든 縣民들이 줄을 이어 모여들기를 마치 자식이 어버이를 좇아 일하는 것같이 하여 몇 달 만에 일이 끝났다. 먼저 대성전을 지어 5聖과 10哲을 안치하고, 또 동서에 행랑을 지어 70제자와 역대의 여러 현인을 안치했다. 앞에는 명륜당을 두어 講學하는 곳으로 삼고, 또 동쪽과 서쪽에 俠室을 두었으니, 동쪽에 있는 협실은 敎官이 앉는 곳이고, 서쪽에 있는 협실은 司馬齋라 했는데, 이 고을의 上舍가 우거하면서 학업을 닦는 곳이며, 또 동쪽과 서쪽에 재를 두었으니, 여기가 곧 유생들이 거처하는 곳이다.[10]

② 우리 고을(함양)은 본디 文獻之區라 일컬어졌다. 무릇 鄕里로부터 국학에 오른 사람들이 사마재라는 이름을 세워 화폐를 모아 그 비용으로 삼고 徒夫를 두어 역을 바치게 하였다. 춘추로 講信하고 길흉을 相保하니 온 고을 斯文의 아름다운 뜻이 얼마나 가상한가. 다만 모여 노닐 곳이 없어 항상 다른 건물에서 임시로 있음과 명단을 기록하는 案이 없어 훗날 徵驗할 수 없음을 한탄하면서 나는 매번 다른 사람들과 더불어 찜찜해 하였다.[11]

향교와 같이 관학의 성격을 지니는 것이 되겠다. 현재 분번거재의 기록을 찾지 못하였지만 좀 더 살펴보아야 할 문제라 생각한다. 어쨌든 지방의 생원, 진사들의 교육장소로 마련된 것이 사마소였다.

10 『신증동국여지승람』 권35 광산현 학교조

11 盧禛(1518-1578), 『玉溪先生文集』 권5 (함양)司馬齋名錄序

③ 본읍에는 목은 선생 이후부터 이미 연계소가 있었으나 다만 所만 있고 社는 없었다. 그래서 연계회의 모임을 반드시 향교에서 열었는데, 구차한 사정이 없지 않았다.[12]

이처럼 향교 안에 사마소가 마련되어 있거나, 별도의 건물 없이 향교를 빌어 회합하는 것으로 보아 사마소와 향교는 같은 교육기관으로 연결되어 있음을 알 수 있다.[13]

사마소는 전라도 곡성의 경우에서

上舍 金楝은 舊齋의 長으로써 일찍이 중수의 뜻을 지니고 있었으니 이전의 어진 분들이 창립한 규식을 나에게 口誦해 주었다. 이 어찌 옛 도를 만회해 보려는 지극한 마음이 아니겠는가. 무릇 춘추강신의 예, 길흉상고의 뜻, 과실상규의 도는 옛날을 밝히는 것이고 오늘날에 행할 수 있는 것이다. 齋式은 1. 吉凶相顧, 1. 患難相恤, 1. 過失相規, 1. 春秋講信이다.[14]

라고 하여 齋長과 같은 임원이 있고, 규식(齋式)에 의하여 운영되고 있음을 본다.[15] 그리고 사마소에는 생원, 진사의 교육과 활동에 필요한 재정기반이 마련되어 있었다.

C-① 학교 앞에 있는 민전 數頃을 현감이 돈을 내어 사들여, 혹은 논을 만들고 혹은 채마전을 만들고 혹은 종들이 있을 집을 만들었으며, 또 옛 향교의 터를 모두 학교

12 「丹陽蓮桂所節目」(경상도 영해, 1804년)

13 사마소와 향교의 차이는 사마소는 생원 진사들만의 교육장소인데 비하여 향교는 양반들뿐만이 아니라 평민들도 입학이 가능하였다는 점이다. 고을에 따라서는 향교 시설 일부가 사마소의 기능을 대신하기도 하였겠지만 향교 교생들과의 격차 때문으로도 구별이 현격해져 사마소가 점차 별도로 세워졌던 것이 아닐까 한다.

14 「곡성사마재중수서」

15 사마소의 재식은 대개 비슷했던 것 같다. 경상도 함양사마소의 경우 「춘추로 강신하고 길흉을 相保하니 온 고을 사문의 아름다운 뜻이 얼마나 가상한가.」(노진, 『옥계선생문집』 권5 사마재명록서)라 한 것에서 유사함을 엿볼 수 있다. 그리고 재식을 통하여 사마소 운영의 공통점으로 들 수 있는 것으로 춘추강신, 상호부조, 친목도모 등이라 할 수 있다.

에 예속시켜 밭을 만들었다. 또 백성의 밭을 사서 반은 학교로 들여보내고 반은 사마재로 들여보냈으며, 또 무명 백 필과 조세로 들어오는 곡식 100석, 콩 20석으로 학생의 소용에 충당시켰고, 무명 20필, 조세 곡식 20석은 上舍들의 소용으로 쓰게 했다. 또 사서오경, 諸子, 韻書를 갖추어 책장에 비장해 놓아 열람할 수 있게 했다.[16]

② 이에 향교 이외에 별도로 한 所를 설립하고 廩粟을 先으로, 屬田을 副로 하였다. 書員을 세우고 또 庫直을 두어 錢穀을 관장하도록 하였다.[17]

③ 향교 使令 7명, 사마소 사령 5명, 戶奴 12명 등 모두 24명으로 돌을 운반하였다.[18]

곧 재정기반으로는 토지, 곡물, 사령(노비) 등이 마련되어 있음을 알 수 있다. 그리고 사마소를 운영하는데 필요한 書員, 庫直 등도 소속되어 있었다.

경주 사마소가 언제 건립되었는지는 확실하지 않다. 사마소의 건립은 고을에서 생원 진사의 배출이라든가 성균관의 입학 여부 등 고을 형편에 따라 시기를 달리한다고 하겠다.[19] 경주의 경우도 생원 진사의 합격 정도에 의해 사마소가 건립되었을 것이다. 이에 『경주시지』[20]를 통하여 생원, 진사의 수를 왕별로 살펴보면 대략 다음과 같다.

〈표 1〉 경주지방 생원 진사의 합격 실태

왕별	태조	세종	단종	성종	연산군	중종	명종
경주시지	2		2	6	5	26	6
(사마방목)		2		5	2	10	4

16 『신증동국여지승람』 권35 광산현 학교조

17 「곡성사마재중수서」

18 『미암일기』 2 신미(선조 4) 정월 27일

19 선조 즉위년까지 필자가 여러 기록에서 확인한 사마소의 예는 다음과 같다. 충청도 은진, 전라도 광산, 남원, 순천, 해남, 곡성, 경상도 함양, 함창, 영천, 풍기, 그리고 경주.

20 『경주시지』는 1971년에 柳奭佑 編으로 경주시사편찬위원회에서 간행하였다. 경주읍지나 경주관련 편찬물에서 볼 수 없는 자료가 실려 있어 많은 참고가 된다. 여기에 기록된 생원, 진사의 명단, 또 인물편의 명단이 경주 지방 출신자들을 모두 망라한 것인지는 확인하기 어렵지만 경주에 관계되는 기록과 비교해 볼 때 더 많은 인원들이 소개되어 있다는 점에서 대략의 참고는 되리라 생각한다. 결락이 많은 조선 전기의 사마방목보다 더 많은 수가 수록되어 있기도 한다.

사마의 배출 정도에 따라, 또한 다른 지역의 건립에 비추어 추측을 가해 본다면 경주 사마소는 늦어도 중종대에, 좀 더 소급한다면 성종대나 연산군대에 건립되었을 가능성이 크다고 생각한다. 설립이 경주 사마들에 의한 것인지, 앞서 전라도 광산, 곡성의 경우처럼 지방관의 주선에 의한 것인지는 분명하지 않지만 경주가 큰 고을이고 또 지방 사림들의 활동이 다른 곳보다 활발하였을 것이라는 점으로 보아 아마도 사마들의 자체적인 노력에 의하여 설립되었을 것으로 짐작된다. 어쨌든 경주 사마소는 경주 출신 생원 진사들의 교육장소로 존재하였고, 마련된 齋式에 의해 운영되었으며 춘추강신과 상호간의 친목, 상부상조 등의 활동을 벌였다. 또 재정기반을 갖추고 인적 기반을 마련해 놓고 있었다고 생각한다.

사마소는 유향소와 별개의 성격을 지니면서 존속해 왔다. 그러나 사마소는 유향소와 함께 향촌에서 폐해를 입히는 존재라 하여 자주 규제를 받고 있었다. 명종 15년 경상도 永川의 경우 관찰사 李戡의 계에

> 요사이 습속이 날로 나빠져 유향소 이외에 또 사마소가 있습니다. 하나의 官府를 만들어 경내의 우두머리가 되고 논의를 주장하고 공사로 폐를 끼치고 수령을 훼예함도 그 손에서 나오니 지금의 弊風으로 이보다 심한 것이 없습니다.[21]

라 하여 사마소의 폐해를 문제삼고 있다. 사마소는 유향소와 대립하는 경우도 있지만 공동보조를 취하는 경우도 있었다. 영천의 일은 군수 심의검이 거문고를 만들기 위해 향교의 오동나무를 베었기 때문에 문제가 발생한 것이었다. 이에 사마소, 유향소, 향교의 유생들이 반발하고 나선 것이다.[22] 사마소가 앞장서서 향론을 주도한 것이었지만[23], 어쨌든 지방관의 일탈이나 권력 남용에 맞서기 위해 사마소가 유향소와 보조를 같이 하는 모습을 볼 수 있다.

---

21 『명종실록』 권26 15년 2월 계묘

22 『명종실록』 권26 15년 2월 갑인

23 『명종실록』 권26 15년 2월 을미

또한 유희춘의 『미암일기』에

座首 朴伯凝이 내방하여 나와 더불어 수령이 그대로 머물도록 요청하는 유생의 상소를 보내는 것을 의론하였다.[24]

고 하여 유희춘의 고향인 전라도 해남에 座首 박백응이라는 인물이 보이는데 그는 전에는 사마소에 참여한 인물이었다.[25] 이러한 예들로 미루어 보아 사마소와 유향소가 향촌내에서 이질적인 존재로 대립만하고 있었다고 보기에는 어려운 점도 있다 하겠다.[26]

사마소는 어쨌든 유향소와 함께 규제의 대상이 되었다. 선조 6년에

우리나라 外方人들로 생원 진사에 합격한 자들이 각기 官門 가까운 곳에 사마소를 건립하고 하나의 아문으로 儼然하여 유향소를 압도하고 武斷을 빙자하는데 수령을 능가함에 이르고 있다. 양남지방이 더욱 심한데 모두 옛날에 있었던 것이 아니다. 계유년(선조 6년)에 유성룡이 경연에서 혁파하자고 계문하였다.[27]

---

24 『미암일기』 2 己巳(선조 2) 12월 초10일

25 『미암일기』 2 정묘(선조 즉위년) 12월 20일. 박백응은 중종 20년 을유식년시에 생원으로 합격하고, 뒤에 현감을 지낸 인물이었다(『해남현읍지』 인물 생원)

26 유향소와 사마소의 관계에 대해서는 보다 구체적인 자료를 찾아내지 않는 한 쉽게 단정 지을 수는 없을 것 같다. 유향소는 그 배후에 향촌의 문벌사족의 조직인 향안이 존재하고 있음으로 입원 범위가 넓었던 것에 비하여 사마소는 생원 진사에 국한되어 있음으로 입원 범위가 상대적으로 좁았다고 할 수 있다. 따라서 가담자의 경우에 사마소가 유향소(향안)에 포괄되어 있을 가능성이 크다고 하겠다. 향안이 문벌을 고려하는 폐쇄성이 있고, 생원 진사가 모두 문벌이 좋다고는 할 수 없음으로 부분적으로 포괄되는 경우가 있겠지만 서로 대립만 하는 것이 아니고 상호 밀접한 관계를 맺고 있었다고 생각한다. 그러나 성격적으로 차이가 있었다. 향안, 유향소가 사족들의 자치조직인 것에 비해 사마소는 생원 진사들의 교육장소였다는 점이다. 그리고 양자의 규식, 즉 향규와 재식도 달랐는데 전자가 사족들의 이익을 보장하는 내용으로 향촌의 제반 사항에 간여하는 것이었다면 후자는 친목과 상조가 주된 내용이었다. 다만 향안 조직이, 또 유향소가 관권에 타협, 순응을 하게 될 때 사마소의 향촌 간여가 활발해 지는 경우가 있다. 예컨대 연산군 4년의 김종직 간당이라 지칭되던 함양, 남원의 경우가 그것이라 하겠다. 이는 앞서의 지적대로 사림파 계열의 활동으로 해석하기 보다는 향촌 자치를 중시하는 성리학 이념을 향촌에 구현해 보려는 생원 진사들의 활동으로 보는 것이 타당하리라 생각한다.

27 『증보문헌비고』 권235 직관지 22

고 하여 혁파를 논의한 것도 그 한 예라 할 것이다. 생원 진사가 존재하며 또 계속 배출되는 한 사마소가 혁파될 수는 없는 일이지만, 사마소에 대한 규제의 주된 이유는 생원 진사들의 교육기관으로서의 본래의 기능에서 벗어나 향촌사회의 제반 사항에 대하여 간여하며 위세를 떨치고 있었기 때문이라 하겠다.

어쨌든 중앙의 규제와 함께 사마소는 서원의 등장과 발달로 점차 쇠퇴해 간 것 같다. 서원은 교육기관으로서 입학자격은 서원에 따라 달랐겠지만 초기서원의 경우는 대체로 다음과 같았다고 생각한다.

> 무릇 서원에 들어오는 선비는 司馬가 대학(:성균관)에 들어오는 것과 같이 하고, 그 다음은 初試入格者로 한다. 비록 입격하지 못하였어도 한 마음으로 向學하고 操行이 있어 들어오려고 하는 자는 有司가 斯文에 아뢰어 받아들인다.[28]

이러한 규정으로 보아 초기서원의 입학자격은 생원 진사들의 교육기관인 사마소를 대신할 수 있음을 의미한다고 하겠다. 경주 사마소도 다른 군현의 사마소와 같이 점차 규제의 대상이 되었음은 물론, 당시 새로운 향촌기구로 등장하고 있던 서원에 밀려 차츰 퇴색되어갔다고 생각된다.[29] 그 후 임진왜란 때 불타버린 뒤 방치되었던 것이다.

3. 사마소의 중건

임진왜란 때 불타버린 경주 사마소는 영조 17년에 경주 유림들에 의하여

28 「백운동소수서원원규」

29 임진왜란 전까지 경주에 설립된 서원으로는 서악서원(명종 16년), 옥산서원(선조 6년)이 있었다. 서원이 유향소, 사마소 등을 대신하는 포괄적인 기능을 지니며 사림들의 집결소가 되는 새로운 향촌기구로 나타났다는 견해는 윤희면, 「백운동서원의 설립과 풍기사림」『진단학보』 49, 1980, 78~81쪽 참조. (보주) 경상도 함양의 생원 진사들이 남계서원 유생안에 이름을 올리는 사례(본서 6장)와, 전라도 장흥 司馬齋畓이 1612년에 세워진 汭陽祠에 붙여 관리되어온 사례가 있다. (호남권한국학자료센터/장흥/1871년 長興多士 稟目)

중건되었다. 경주 출신의 진사 柳宜健이 지은「風詠亭記」에

汶水 위에 옛날에는 풍영정이라는 정자가 있어 蓮桂들의 遊息處가 되었었는데 어느 때 창건되고 어느 해에 허물어져 빈터가 되었는지 모르겠다. 백여년 뒤인 임인년에 중건의 의견이 있어 먼저 정자의 북쪽 가까운 곳에 조그마한 건물을 세워 가끔 임시로 쉬는 곳이 되었으나 정자를 세운 것은 아니었다. 해가 흘러 경신년(영조 16년) 봄에 이르러 營建하기 시작하여 다음해 초여름에 공사가 끝나니 지금 임금님이 즉위하신지 17년이 되는 해이다. 上舍 李德祿, 孫景杰이 실제 주간하고 감독하여 일을 이루었다. 이에 문수 위에 다시 정자가 생겨나 오늘날의 여러 인원들이 遊息할 곳을 얻게 되었다. 장차 정자의 이름을 거는데 혹자는 예전 이름 그대로 하자 하고, 혹자는 새로운 이름으로 갈자하여 오랫동안 정하지 못하였다. 금년 봄에 南龍萬군이 정자의 일을 알고 말하였다. …… 南君이 그 직임을 그만두고 李敦佰이 대신하였다.[30]

고 하여 경종 2년에 중건이 논의되고 임시 건물이 마련되었다가, 다시 영조 16년에 시작하여 1년여의 공사 끝에 영조 17년에 세워지고 있는 사마소에 간여한 인사들, 실제 운영에 참여하고 있는 인사들로 유의건, 이덕록, 손경걸, 남용만, 이돈백 등의 이름이 보이고 있다. 이들에 대해서는『교남지』권4 경주군 인물조에 다음과 같이 기록되어 있다.

柳宜健은 瑞山人으로 思菴 淑의 후손, 호는 花溪로 영조때 진사가 되어 참봉에 천거되었다. 聰悟絶人하고 理學에 종사하여 百家에 두루 통하였다.

李德祿은 宜潛의 증손으로 호는 東皐, 경종대에 생원이 되고 遺稿가 있다.

孫景杰은 宗賀의 현손으로 호는 雪窩, 경종대에 생원이 되었고 무신란 때 의병

30 柳宜健(1687-1760),『花溪先生文集』권9 記 詠歸亭記. 유의건의 문집에 실려 있는 영귀정기와 현재 사마소에 현액되어 있는 풍영정기는 같은 것인데 제목에는 차이가 있다. 이 정자의 이름에 대해서는『교남지』에「영귀정은 蚊川 남쪽 기슭에 있는데 옛날 사마소이다. 영조 경신년에 鄕人들이 향교 앞에다 중건하고 풍영정이라 바꾸었다.(권4 경주군 누정조)이라 하였다. 중건하면서 이름을 바꾸었음을 짐작할 수 있는데, 현재 사마소에 풍영정으로 현판이 걸려있기도 하니 그대로 풍영정이라 하였다.

장이 되었다. 유의건, 이덕록과 함께 蓮桂案을 續修하였다.

南龍萬은 九明의 손자, 호는 活山으로 호학하고 「大學章句難疑」를 지었다. 영조대 진사가 되었고 참봉에 천거되었다. 耳溪 홍량호가 地府였을 때 초빙하여 課文講禮하게 하였다. 문하에 인재를 많이 이루었고 문집이 있다.

그리고 李敦栢에 대해서는 『경주시지』 인물 사마조에 「자는 爾復, 영조 병자년에 생원이 되었다」고 기록되어 있다. 이처럼 경주 사마소의 중건, 운영에 참여한 인물들은 모두 경종, 영조 때에 생원, 진사시에 합격한 사람들이었음을 알 수 있다. 그리고 손경걸, 이덕록, 유의건 등은 연계안을 속수하였다고 한 것이 주목된다.

(경주 사마소)

영조 17년에 경주 사마들이 사마소를 중건하고 연계안을 작성한 이유가 무엇일까. 그런데 경주뿐만이 아니라 다른 군현에서도 이 당시 사마소를 중건하고 있음을 볼 수 있다. 사마소의 중건 사례 가운데 연대를 알 수 있는 것들을 몇 가지 소개해보면 다음과 같다.

D-①(의성)蓮桂司는 옛날에 향사당 서쪽에 있었는데 중간에 廢하였다. 숙종 기미년(숙종 5년)에 복설되었다.[31]

②(함창)사마소는 서문 밖에 있는데 세종 무오년에 세워지고 숙종 무진년(숙종 14년)에 중건되었다.[32]

③(인동)사마소는 향교 남쪽에 있는데 옛날에는 문묘의 북쪽에 있었다. 숙종 기묘년(숙종 25년)에 부사 최문징에 의하여 세워졌다.[33]

④(아산)사마소는 향교 아래에 있다. 강희 신사년(숙종 27년)에 참판 임홍망, 진사 홍서하, 생원 유득기 등이 창설을 건의하였다. 건물은 8칸으로 新舊榜司馬들의 相揖之所이고 춘추로 많은 선비들이 모여 강신하는 곳이다.[34]

⑤ 우리 고을(진주)에서 이 사마소를 세운 것은 오래되었다고 생각한다. 선배들이 전후로 창립을 주장했던 것을 어찌 모르겠는가.…… 지난 병진년(영조 12년)에 정회일 군이 개연하여 州衙의 동쪽에 한 구획을 점유하여 사마소라는 것을 경영하였고 다음 해에 공사를 끝냈다.[35]

⑥(대구)사마재는 부의 동쪽 향교 곁에 있다. 영조 경인년(영조 46년)에 향중에서 재물을 모아 創齋하였다.[36]

⑦(함양)사마재는 읍내에 있다. 盧禛이 세웠는데 영조 임진년(영조 48년)에 중건하였다. 동서로 興學, 사마 두 재가 있다.[37]

⑧광해군 신유년(광해군 13년)에 문묘를 이건할 때 일이 크고 힘이 적어 함께 세우지를 못하였다. 영조 을미년(영조 51년)에 (홍덕)현령 曺信協이 고을 선비들과 모의하여 聖廟 동쪽 지금의 자리에다 창건하였는데 동은 사마재, 서는 양사재이다. 철종 경술년(철종 원년)에 현령 成元鎭이 다시 세웠다.[38]

⑨(목천)사마소는 읍내 西里에 있다. 이는 경내의 생원, 진사들이 왕래하여 유숙하

31 『영남읍지』 의성현지 公廨
32 『교남지』 권9 함창군 校院
33 『교남지』 권12 인동군 舊公廨
34 『충청도읍지』 新定牙州誌
35 『晉陽司馬案序』(許輻序)
36 『영남읍지』 대구읍지 학교
37 『교남지』 권59 함양군 교원
38 『홍덕향교지』 권2 사마양사재건치연혁

는 곳으로 열읍이 모두 두었다. 퇴폐한 후 생원 진사가 나오지 않아 중건하자는 의견이 나왔으나 겨를이 없어 잇지 못하였다. 정조 기해년(정조 3년)에 유진한이 중건을 창의하고 황전, 김섭, 이의일 등이 경내 유생들에게 鳩財하여 司倉 남쪽에다 건물을 세웠다. 지금 임금 무진년(순조 8년)에 유영한, 황유중 등이 구재하여 옛터에다 중건하였다. 김계상 등이 그 일을 주관하였다.[39]

⑩사마란 이름의 재는 사마에 오른 사람들이 머무는 곳이다. 盛時의 제도에 대해서는 자세하게 알 수 없다. 충주는 서울에서 300리 거리에 있는데 교학이 빈빈하고 태학에 나가는 사람이 많으니 이 재가 창립된 까닭이 된다. 그런데 옛날에는 있었는데 오늘날에는 없으니 州의 선비들의 병이 되었다. 上舍 이만준이 홍폐에 개연하여 鳩財董工을 자임하여 교궁을 수리하였다. (수리를)다하자 새 터를 닦아 또 이 재를 중건하였고 옛 명칭을 그대로 하였다. 대들보는 5, 기둥은 18, 間架는 12이고 庖湢門墻이 모두 갖추어지지 않음이 없으니 그 뜻이 어찌 우연한 것이겠는가.…… 금년(순조 11년) 봄에 재가 완성되었다. 李令公季가 편지를 보내 말하기를 "이군의 뜻은 곧 자네의 뜻이다. 그리고 이 재는 다른 데가 아닌 교궁의 곁에 있어 서로 도와 청의를 넓히려고 한 것이니 홍학교법의 뜻이라 하겠다. 재에는 錄이 있어 주의 사마를 기록하는데 혹은 桑梓로 혹은 松楸로 모두 49인이다. 자네가 기록하여 충주의 선비들에게 보이도록 하라. 재의 터는 반월의 기슭이다."[40]

이상과 같이 연대순으로 열거한 기록에서 볼 수 있듯이 사마소가 삼남지방에서 주로 숙종, 영조, 정조대에, 늦으면 순조대에 중건되고 있었다. 경주 사마소도 이러한 추세 속에서 중건되고 있음을 짐작할 수 있겠다.[41] 이렇게 당시 각 고을에서 사마소가 중건되고 있는 것은 고을 내부에 어떠한 공통 원인이 있었기 때문이라 생각한다. 그러나 원인을 구체적으로 나타내주는 기록을 찾을 수 없었다. 사마소의 중건 현상이 당시 향촌내의 어떠한 변화에 대응

39 『호서읍지』 木川縣誌 公廨

40 李埰(1745-1820), 『華泉集』 권9 사마재기

41 중건 연대가 명시되지 않은 사마소의 예도 상당히 많다. 그리고 사마안, 사마록이 확인되는 곳도 상당히 되고 있다. 필자가 확인한 것은 다음과 같다. 충청도 공주, 옥천, 전라도 전주, 광주, 남원, 보성, 곡성, 능주, 고창, 정읍, 해남, 순창, 용담, 영암, 태인, 옥과, 고부, 제주, 경상도 밀양, 성주, 청도, 삼가, 거창, 안의, 의령, 선산, 황해도 황주, 평안도 평양 등이다.

하는 생원 진사들의 활동에서 연유한다고 한다면 이 변화는 여러 가지 면으로 생각해 낼 수 있다고 본다. 그러나 사마소가 우선은 생원 진사들의 집결소이고 향촌기구의 한 가지가 된다는 점에서 중건 원인을 같은 향촌기구이며 양반들의 중심지가 되고 있던 향청, 향안, 서원 등의 변화에서 찾아볼 수 있지 않을까 한다.

우선 양반들의 집결소가 되고 있던 향청과 향안의 변질에 대하여 살펴보도록 하자. 임진왜란 후 선조 36년 정월에 경재소가 혁파되었다.[42] 이는 전란 뒤에 군현이 피폐되었기 때문이라는 경제적 여건을 구실로 삼고 있지만 흐트러진 통치체제를 정비하기 위한 중앙집권적 정책에서 나온 조치로 해석할 수 있겠다. 이에 따라 경재소에서 택정하던 좌수, 별감 등의 향임을 이제는 지방수령이 차임하게 되었고 결과적으로 향청은 지방관의 통치를 보좌하는 성격이 두드러지게 되었다. 이러한 성격 변화는 향청의 모체이며 양반사족들이 중심이 되어 작성하던 향안을 전란 뒤에 재작성하는 데에도 문제를 일으키게 되었다. 한 가지 예로 전라도 남원의 경우를 보도록 하자.

> 우리 고을은 본디 남방의 큰 고을로 칭해지고, 문헌이 성하고 풍속이 순화됨은 한 도에서 으뜸이다. 난을 겪고 난 뒤에 경재소가 폐지되어 사대부가 향권을 잡는 것을 천하게 여겨 꺼리게 되니 모든 논의가 가부를 정할 수 없게 되었다. 때문에 무식하고 염치를 모르는 무리들이 방자히 행동하고 鄕籍을 출세하는 사사로운 쪽지로 삼고, 향임이 집안을 일으키는 돈방석으로 알아 자리를 놓고 다투는 것이 극에 달하였다. 향적이 다시 불태워지고 향임에 제대로 된 사람을 쓸 수 없게 된 것도 여기에서 유래한 것이다. …… 풍속의 무너짐이 날로 극에 달해 갖가지 폐단이 생겨나도 구할 약을 쓸 수 없었다. 右尹 최선생(;崔衍(1576-1651), 삭령인, 문과, 한성우윤)께서 新舊 향적을 혁파한 것도 역시 부득이한데서 나온 것이었다. …… 도내의 전주, 나주, 영광 3대읍도 지금까지 모두 戰場이 되고 논의가 괴리되어 향적이 罷廢되었다.[43]

42 『선조실록』 권50 36년 정월 갑신

43 『龍城誌』 권3 鄕射堂 李尙馨撰 約束條目完議

이처럼 경재소의 혁파 이후 사족들의 향청 회피는 결과적으로 지방관과 결탁한 향족들의 대두로 인하여 향청의 변질을 초래하였고, 더 나아가 향안의 변모를 불러일으켰다. 향족이란 종래 문벌을 자랑하던 사족들과 달리 공명첩, 납속 등 경제력을 바탕으로 하여 새로이 양반층으로 대두하던 존재였고 향임층으로 차임되던 존재들이었다. 이들이 조선후기 신분제의 변동 속에서 양반신분으로 발돋움했다 하더라도 곧바로 양반으로 인정받은 것은 아니었다. 이들이 향촌에서 양반의 지위를 누리고, 또 인정을 받으려면 향안에 등재되어야 했다. 예를 들면

> 대저 외방의 土俗에 있어 향안에 入錄한 연후에야 양반으로 행세한다.[44]

는 것이 이를 가리키는 것이었다. 따라서 향안 입록을 둘러 싼 문벌을 자랑하는 사족과 새로이 양반으로 인정받으려는 향족과의 대립은 불가피한 것이라 할 수 있겠다.

물론 향안을 놓고 사족과 향족의 대립은 지역간에 차이가 있었다. 특히 경상도의 경우는 정경세의 「尙州鄕案錄序」에

> 영남 60여 고을은 향안이 있는데 유독 안동과 우리 상주가 가장 성하고, 그 선발은 가장 어렵다. 어찌하여 성하고 어려운가 하면 世族들이 많은 까닭이다.[45]

라고 한 것은 앞서 본 남원, 전주, 나주, 영광 등 전라도 지방의 사정과는 차이가 있다고 하겠다. 즉 경상도 지역의 사족들의 향안, 그 실무기구인 향청은 향족과의 대립이 임진란, 병자란 이후의 다른 지역보다는 심각하지 않았다고 생각할 수 있다. 그러나 경상도 지역에서도 같은 양상이 나타나게 되었으니 富民들이 군역을 피하기 위하여 "升鄕", "濫陞鄕品" 하고 있다는 현상이 지적

44 『승정원일기』 1057책 영조 26년 6월 14일 을유

45 『상주지』 권2 鄕射堂題名錄

되고 있고[46], 또한

陞鄕之習은 혹 영남의 풍속을 생각해 보건대 鄕綱이 가장 승하니 蕩然함에는 이르지 않은 듯하다. 지금 암행어사의 계를 보건대 낭자하고 요행을 바라 상도에서 벗어남이 관서처럼 심하지는 모르겠으나 향강이 옛날 같지 않은 생각이 든다.[47]

고 하여 경상도 지방도 陞鄕 현상이 심해져 점차 향강이 변해가고 있음을 말하고 있다. 문제 삼고 있는 경주 지방의 사정도 예외는 아니라고 본다. 향안, 향청을 놓고 사족과 향족간의 대립이 심해져 향촌의 사정이 점차 변해가고 있음을 짐작할 수 있겠다.

향촌에서 향안 입록을 둘러싼 사족과 향족의 대립은 향안, 향청의 변질을 초래하였는데, 이와 함께 외부에서도 변질을 촉진시킨 것으로 효종 5년에 제정된「營將事目」을 들 수 있다.「영장사목」에는 향청과 관련된 항목이 들어 있는데 그것은 軍務에 대한 향청의 책임부여 규정이다. 즉 군무에 대한 중대한 잘못이 있는 수령은 영장이 직접 국왕에게 啓聞하고, 가벼운 잘못은 수령을 보좌하는 좌수, 색리를 杖 80 이하에 한해 직접 처분하게 한다. 또 속오군, 軍器의 정비는 좌수와 병방의 소관으로 규정하며, 해당 좌수와 疤記를 병사, 영장에게 보내 대역 기피하지 못하도록 하며, 춘추의 군사훈련, 유사시 군대동원에 좌수가 군사를 지휘하도록 규정하고 있다.[48] 이처럼 종래에는 없던 군무를 맡기고 처벌을 한다는 점에서 사족들의 향임 회피는 쉽게 짐작할 수 있겠다. 윤선도가「呈全羅方伯書」에서

오늘날 향중에서 향임을 천거하려 해도, 수령이 택하여 써보려 해도 뜻처럼 되지 않는 바는 일이 옛날 규약과 다르기 때문이다. 군무를 향소에 책임지우고 軍器

46『정조실록』권13 11년 4월 병인

47『비변사등록』170책 정조 11년 5월 초3일

48『비변사등록』17책 효종 5년 3월 16일.「영장사목」에 대해서는 전천효삼,「이조의 향규에 대하여」『조선학보』78, 1975, 78-80쪽 참조

를 향소에 책임지우고 犒軍을 향소에 책임지우고 陸操에 반드시 향소를 수행하게 하며 조금만 뜻과 같지 않으면 잡아들여 무거운 곤장을 가한다. …… 때문에 忘生逐利하는 자들만이 이 향임을 참을 뿐 廉潔守正한 사람들은 한사코 회피하고 있다. …… 참된 향소를 맡을 사람을 다시 어디에서 얻을 수 있으랴. 부득이 못나고 거칠며 재물이나 좇는 자들로 차임하여 채우고 있다.[49]

고 하여 향청에 군무를 책임지운 결과 사족의 향임 회피에 따른 향청, 향임의 변질을 지적하고 있다. 이는 바로 영장사목의 영향을 말해주는 것이라 하겠다. 이는 결국 향족들의 대두를 더욱 촉진시켰던 것이다. 그 결과

근래 이래 향강이 퇴폐, 해이해져 인연과 曲徑으로 향임을 圖占하니 온 고을의 권한이 모두 이러한 무리들에게 돌아간다. 姻親과 족당들도 세를 믿고 역을 면하고 있다. 非文非武하고 놀고먹는 부류들이 향족을 자칭하며 軍案에서 이름을 빼고 있다.[50]

고 하여 향족들이 향임을 독점하고 향권을 장악하고 있다는 것은 향촌내에서의 주도권이 사족에서 변질된 향청을 배경으로 등장하는 향족에게도 점차 옮겨져 가고 있음을 나타내고 있다고 생각한다.[51]

전통적으로 문벌사족들이 강성하던 영남지방에서 조차 다른 지역과 마찬가지로 향촌 내부에서 경제력을 앞세운 신흥양반인 향족의 대두로 인하여 향안, 향청에 "升鄕", "濫陞鄕品"의 현상이 나타나고 있었다. 또한 종래에는 없던 군무를 향임들에게 책임 지워 사족들이 중심이 되어 있던 향안, 향청이 변질되고도 있었다. 이에 경주뿐 만이 아니라 다른 고을에서도 향청과는 다른 별도의 향촌기구가 주목되었으며, 그것이 이전에 있었다가 없어져버린 사마

49 윤선도, 『孤山遺稿』 권4 정전라방백서

50 『일성록』 정조 10년 정월 22일

51 향족의 대두는 그들이 가진 경제력에서도 연유하고 있음은 '향임의 직첩이 모두 富戶에게 돌아간다' (『정조실록』 권29 14년 3월 갑진)고 한 것에서도 알 수 있다.

소였다고 하겠다. 안정복의 『雜同散異』 司馬所約令에

> 사마소와 鄕約堂, 鄕序(堂)은 서로 간섭하지 않는다. 비록 시끄러운 일이 있다 하더라도 서로 견주지 말라[52]

고 규약해 놓은 것, 또는 경상도 善山의 「防弊節目」에

> 1. 좌수는 蓮桂所에서 薦出한다. 그리고 鄕薦이 아니면 들이지 않는 것은 古規에 의거하여 준행한다.[53]

고 한 것은 향족들에게 장악된 향청과 거리를 두거나, 예전처럼 양반사족들이 사마소를 이용해 다시 장악해보려는 의도였다고 볼 수 있겠다.

사마소의 중건 배경으로 또 지적하고 싶은 것은 서원의 변질이다. 서원의 등장, 발달과 함께 생원 진사들의 교육장소였던 사마소가 쇠퇴하였다는 것은 앞장에서 지적하였다. 초기 서원의 주요 기능은 교육이었고, 또한 서원의 입원 자격은 생원 진사를 위주로 한 양반자제로 국한시키고 있었다. 李濟臣의 「鯸鯖瑣語」에

> 지방향교와 문묘가 있는 곳에는 조정에서 관원을 보내 가르치도록 하였으니 서원과 비교하면 높고 낮음에 현저히 차이가 난다. 그런데 서원의 유생은 참판 주세

52 안정복이 지은 『잡동산이』에 수록되어 있는 사마소약령은 사마소에 대한 제반 규정으로 사마소를 아는데 귀중한 자료가 된다. 이 약령이 어느 때 작성된 것인지 분명하지는 않다. 그가 정조 3년에 충청도 목천현감으로 재직할 때에 「사마소를 복설하였다. 사마소는 고을 선비들이 공부하는 곳이다. 국초부터 창설되었는데 중간에 없어졌다. 이에 관에서 재력을 보조하고 조약을 세웠고, 여러 유생들을 달래 복설하였다.」(『순암집』 연보 정조 3년 을해)고 하여 목천사마소의 복설에 간여하고 규약을 작성하였다고 한다. 이때의 조약이 사마소절목으로 보인다.(『木州政事』 司馬所節目) 그런데 사마소약령은 사마소절목보다 내용이 훨씬 자세하고 풍부하다. 이로 미루어보아 정조 3년 이후에 사마소절목 뿐만 아니라 당시 각 군현의 사마소 齋式, 齋規 등을 모아서 사마소약령은 작성하였을 것으로 짐작할 수 있다. 따라서 공통적인 내용과 성격을 지닌 것으로 생각할 수 있다.

53 『영남향약자료집성』 선산부 「防弊節目」, 242쪽

붕이 원규를 세우기를 선비 가운데 향시합격자를 머물게 하였고 합격하지 않았다면 반드시 문리가 조금 가능한 자로 보충하였다. 그러므로 과거공부하는 자가 아니면 들어가지 못하였다. 향교는 생원진사에 합격한 사람은 가지 않아 못나고 군역을 피해보려는 무리들이 많이 몰렸다. 그러니 당시 사람들이 향교를 천시하고 서원을 높이 받들었으며, 무지한 자들 또한 스스로 서원유생을 가장하여 수령들을 헐뜯거나 칭찬하므로 수령들 또한 조심하고 무서워하면서 대접하였다.[54]

라 한 것처럼, 초기 서원의 사회적 지위와 교육적 효과는 현저하였다는 것은 서원이 양반사족들의 집결소로 사회적 영향을 십분 발휘할 수 있었음을 의미한다고 하겠다.

그러나 서원이 조선 후기에 각지에서 남설되면서 서원의 기능도 변질되었으니, 곧 祀賢的 기능이 더 강하게 되었다.[55] 그리고 서원의 祀賢的 기능으로의 변모는 서원이 私廟化, 家廟化하는 현상으로까지 발전하였다.

E-① 우부승지 김조택이 말하였다. "서원의 폐단은 다 말할 수가 없다. 서원의 설립이 금지된 후 影堂이라 일컫는 것이 곳곳에 창립됨이 폐단의 하나이다.[56]
② 임금께서 경상도관찰사 이형원에게 말씀하셨다. "듣건대 영남사람들이 家廟를 鄕祠로 만들고 향사를 서원으로 만들어 서로 돌려가며 모방하여 없는 고을이 거의 없다고 하니 진실로 고질적인 폐단이라 하겠다.[57]

즉 서원의 남설을 규제하자 영당의 형태로 우선 건립해 놓고 뒤에 영당을 향현사로, 다시 향현사를 서원으로 승격시킨다는 것은 서원의 가묘화를 반증해 주는 증거라 할 수 있겠다.

그러면 서원의 변질을 초래한 사람들은 누구일까. 서원의 祀賢 위주로의

54 『대동야승』 권57 淸江先生 鯸鯖瑣語
55 정만조, 「17·18세기의 서원.사우에 대한 시론」『한국사론』 2, 1975.
56 『영조실록』 권10 2년 11월 무술
57 『정조실록』 권46 21년 2월 경자

변모는 당쟁의 심화와 사족들의 보수적 움직임에서였다.[58] 그러나 사묘화, 가묘화 되는 것은 이와는 또 다른 이유가 있으리라 생각한다.

F-① 전라우도 암행어사 이진순이 서계하기를, "대저 근일의 서원건립의 기도는 慕賢하려는 정성에서 나온 것이 아니고 鄕俗趨勢의 부류들이 拔身의 디딤돌로 삼으려는 것이다. 만약 儒賢, 名臣이 일찍이 그 지방을 지나갔거나 子弟門人으로 貴賢者가 있으면 서원의 건립을 주창하는데 인연을 맺으려는 계책으로 그러한 것이니 그 습속이 가히 나쁘다고 하겠다"고 하였다.[59]
② 병조판서 박문수가 서원의 폐단을 말하기를 "卿相까지 벼슬에 이르면 현양하는 자가 있다. 즉 富豪避役의 무리가 서원 건립의 의견을 내고 본가의 자제들은 수령에게 간청을 넣어 크게 서원을 세우니 단청이 환하다. 군역을 두려워하는 간민들이 한 서원에 투속하는데 많으면 수백에 이른다"고 하였다.[60]
③ 경상도관찰사 조시준이 상소하였다. "1. 서원의 추향, 鄕祠 신설의 폐단이다. 祠院의 첩설, 追配는 나라에서 금지하였는데 전후의 칙교가 더욱 엄하였다. 그런데 근래에 법망이 점차 해이되고 향풍이 날로 변하여 먼 지방의 무식한 무리들이 떼를 이루어 서로 부르고 화답하고 서울에 출몰하여 예조에 끈을 달아 狀題를 내고 받는데, 혹 關文을 얻으면 새로운 서원을 창건하고 추향을 함부로 행하는데 조금도 지체하거나 곤란함이 없다. 이는 慕賢尊師의 뜻에서 나온 것이 아니다. 혹은 자손이 선조를 믿고 의지하려는 것이고, 혹은 비천하고 미미한 자들이 의지하여 행세하려는 것이다. 院門에 投跡하려는 것은 전혀 신역을 모면하고 피해보려는 것이다.[61]

이상의 예에서 보듯이 서원을 건립하는 목적은 "慕賢尊師"에 있는 것이 아니라 주향, 추향, 배향되는 인물들의 자손이나 문인들과 인연을 맺어보려는 향속추세의 무리, 부유하여 역을 피해보려는 무리, 무식한 부류들이 拔

58 정만조, 「17·18세기의 서원.사우에 대한 시론」『한국사론』 2, 1975.
59 『서원등록』 권5 갑진(경종 4년) 4월 28일
60 『영조실록』 권47 14년 8월 기축
61 『정조실록』 권12 5년 12월 병신

身, 行世, 避役 등을 위해서라는 점이다. 이는 달리 표현하면 「圖執鄕權」[62], 「討索之計」[63]라 할 수 있는 것이다.

서원이 당색 부식을 위하여, 사족들의 지위 유지를 위하여 곳곳에서 남설되고, 기능도 祀賢 위주로 변화되었음을 물론, 사족 전체의 공동협의와 이해에서가 아닌 몇몇의 개인적 발의에 의하여 창건되는 서원의 가묘화, 사묘화 추세에 따라 서원은 여러 가지 폐단을 야기하게 되었다. 이에 서원은 「閑遊避役之地」[64], 「紛紜鬪鬨之場」[65], 「醉飽之場」[66], 「雜人哺餟之場」[67] 등등의 평가를 받았고, 중앙정부에 의하여 갖가지 규제의 대상이 되었다. 결국 영조 17년에는 숙종 40년 이후에 조정의 허락 없이 사사로이 건립하거나 추향, 배향한 서원, 사우 170여개소가 철폐되기도 하였다.[68]

이처럼 서원은 점차 사족들의 집결소로서, 사족들의 이해를 대변해 주는 향촌기구로서의 의미를 상실해가고 있었다. 물론 서원이 전혀 사족과 관계없는 것으로 변한 것은 아니었다. 서원의 운영을 맡은 원임들은 대부분 사족이었고, 따라서 사족들의 영향력은 아직 크게 존속하고 있다고 볼 수 있겠다. 그러나 사묘화, 가묘화 되어 가는 경우 사족 전체 보다는 서원과 관련있는 일부 사족들의 이해와 깊게 연결된 사적기구로 변해가고 있다고 할 수 있지 않을까 한다. 경주지방의 서원 건립 예를 보아도 이 점은 뚜렷하게 나타나고 있다.

경주의 서원은 모두 30개소인데 숙종 이전에 건립된 것은 서악서원, 옥산서원, 매월당사 3개소이고, 정조, 순조대가 각각 7개소로 가장 많다. 그런데

62 『영조실록』 권47 14년 5월 기사

63 『비변사등록』 222책 순조 34년 10월 22일, 『순조실록』 권34 34년 3월 을해

64 『서원등록』 권1 을묘(숙종 1년) 9월 28일

65 『숙종실록』 권45 33년 9월 병신, 『승정원일기』 542책 경종 2년 7월 18일

66 『영조실록』 권47 14년 5월 을축

67 『정조실록』 권38 17년 10월 신유

68 『영조실록』 권53 17년 4월 임인, 갑인. 『증보문헌비고』 권210 학교고 9에는 300여소가 철훼되었다고 하여 숫자의 차이가 있다.

서원에 향사된 인물을 보면 경종대를 기점으로 贈職을 받은 인물들이 주향, 배향되고 있으며 또한 압도적으로 많다. 주향, 배향된 인물은 모두 40명(중복 2명)인데 숙종 이전까지 10명을 제외한 30명 가운데 증직자가 주향은 10명(1명 중복), 배향은 4명(1명 중복)에 달한다. 그리고 나머지 인물들도 승지, 군수, 진사, 참봉, 정랑, 교리 등의 직위를 가졌던 인물이 8명에 달한다. 이러한 사실은 경주지방의 서원이 전기와 달리 사족 전체의 이해보다는 주향, 배향된 인물과 관련있는 가문의 이해와 깊게 연결되어가고 있음을 나타내는 것이라 하겠다.[69]

그러면 경주 사마소를 중건하고 연계안을 재작성하는데 앞장섰던, 또한 운영에 참여한 인물들의 가문을 『만성대동보』, 『교남지』, 『경주시지』 등에 의거하여 살펴보도록 하자.

李德祿은 본관은 여주, 경종 원년 생원시에 합격한 사람으로, 회재 이언적의 5대손이다. 그의 증조는 선조 때에 진사시에 합격하고 蔭仕로 현감을 지낸 李宜潛, 고조는 판관을 지낸 李應仁으로, 경주의 대표적 문벌사족 가운데 한사람이었다.[70]

孫景杰은 본관은 경주, 월성군 손중돈의 후손으로 경종 원년에 생원시에

---

69 『교남지』 권4 경주군 校院. 『교남지』에는 각 군현별로 서원이 수록되어 있는데 중간에 철훼된 서원도 조사되어 있어 어떠한 기록보다 많은 숫자를 보이고 있다. (補註) 뒤에 찾아낸 경주의 서원 사우는 모두 47개였다. 그러나 향사된 인물들을 보면 18세기 이후에는 증직자와 낮은 벼슬에 머문 사람들이 대부분이어서 서술 내용이 그리 잘못되지는 않았다고 생각한다.(윤희면, 『조선시대 서원과 양반』(집문당, 2004), 3장 18,19세기 문중서원의 남설과 서원의 퇴색, 110-113쪽). 그리고 다른 연구에서는『동경통지』(1933년)를 이용하여 경주의 서원 사우 38개를 열거하고 대부분이 18세기 이후 문중의 이해관계 속에 설립된 향현사나 문중서원이라고 언급하고 있다.(이수환, 「경주 세덕사 연구」『민족문화논총』45, 2010, 182-183쪽)

70 1934년 조선총독부에서 조사한 바에 의하면 당시 경주에서 양반으로 존경을 받고 있던 성씨는 강서면 良洞의 손씨와 이씨, 邑校洞의 최씨로, 양동 손씨는 손중돈, 이씨는 이언적, 최씨는 최진립의 자손이라고 한다.(『生活狀態調査』 其七 慶州군, 1934년, 135쪽)

著	--언적	--응인	---의윤	---- 조(진사,直長)
(始居慶州)	(문과,우찬성,謚號 文元)	(판관)	의증	
			의활(문과,군수)	
			의잠(진사,현감)	--업 --- 학 --- 덕록(생원)

합격하였다. 그의 고조 孫宗賀는 인조 때 음사로 사옹원 주부를, 5대조 孫時는 임진란 때에 공이 있어 판관을 역임하고 원종에 녹훈된 바 있는, 여주 이씨와 어깨를 나란히 하는 대표적 문벌가문의 한사람이었다.[71]

柳宜健은 본관은 瑞山, 文僖公 淑의 후손으로 5대조 允廉이 경주로 이거한 뒤 대대로 경주에 살고 있었다. 그는 영조 11년에 진사시에 합격하였고, 학문이 높아 경주 유림 및 지방관에게 존경을 받았고, 사후에 문집(『花溪先生文集』)이 간행되었다.

南龍萬은 본관은 英陽, 순천부사 남구명의 손자로 영조 32년에 진사시에 합격하고 참봉에 천거되었다. 학문이 높아 경주부윤으로 도임한 洪良浩의 초빙을 받아 인재를 가르쳤고, 사후에 문집(『活山集』)이 간행되었다.

이처럼 이들은 모두 생원시, 진사시에 합격하였고, 문벌사족 집안이거나 학문으로 존경을 받던 인물들이었다. 결국 사마소를 중건하고 운영을 하였던 인물들을 통하여, 또한 앞서 살펴본 여러 요인들을 종합해 보면 사마소를 중건하고 연계안(사마안)을 재작성한 것은 경재소 혁파, 영장사목 실시 등에 따른 향청의 변질, 향임층의 변화, 그리고 향안을 둘러싼 사족과 향족간의 대립에 따른 향안의 변질과 罷置에서 나온 조치였다고 하겠다. 그리고 사족들의 집결소였던 서원이 사현 위주로 기능이 변모하고, 더 나아가 사묘화, 가묘화 되는 추세에 따라 서원과 관련 있는 몇몇 가문의 이해를 대변하는 사적 기구로 변질되고 있었던 것도 또 하나의 원인이라 할 수 있다. 곧 당시 경주의 양반사족들이 신분제 변동, 향촌사회의 변화에 대응하여 자신들의 신분적 우위를 나타내며, 지배계급으로서의 위치를 공고히 하려는 노력의 결과라 하

71 昭 -- 중돈 --- 光曙 -- 魯 -- 종계 --- 건 ---- 덕승(문과, 지평)
(문과, 병의, (문과, 吏判, 월성군 光嶹 -- 지(진사) - 종복 — 태길(진사) -- 애인
계천군) 諡號 景烈) 光晛 -- 시(판관) - 종하(주부) - 과(첨중) -- 여두
식 — 여계 — 시권 — 景杰(생원)

(보주)손경걸 이름이 사마방목에는 宋景杰로 잘못 기재되어 있다. 한국역대인물종합정보시스템(http://people.aks.ac.kr)에도 마찬가지이다. 1717년(숙종 43), 1733년(영조 9)의 경주부 良佐洞 洞案에 李德祿(重興丁巳辛丑司馬), 孫景杰(大之壬戌辛丑司馬)이 기재되어 있다.

겠다.

文蔭生進의 희사, 사족들의 보조로 중건한 밀양 사마소의 「節目」에

향중의 각 문중으로 分排에 빠져서 스스로 添補하기를 원하는 자도 역시 들어옴을 허락한다. 비록 한 두명이라도 만약 出義顧助하려는 자가 있으면 예에 따라 명단에 들이되 鄕案의 후예가 아니면 참여를 허락하지 않는다[72]

고 하거나, 숙종 9년에 중수된 居昌司馬錄의 서문에

내가 이 錄을 보건대 비록 많은 수는 아니지만 사족으로 이 고을에 사는 사람들은 모두 이들의 자손이다.[73]

고 하여 향안의 후예이거나 양반사족이 아니면 사마안 입록을 할 수 없다고 한 것 등은 바로 향안의 변화에 대응하여 사마안, 蓮桂案[74] 등을 재작성하는 이유를 나타내주는 것이라 하겠다.[75]

사마소에 출입하고 사마안에 이름을 올릴 자격은 원칙적으로 생원진사시에 합격한 사람에게만 제한하고 있다.

---

72 『영남향약자료집성』 밀양군 「密陽蓮桂所契案」, 467쪽

73 『松川先生文集』 권2 重修居昌司馬榜錄序

74 사마안은 생원 진사합격자를, 연계안은 여기에 문과합격자를 포함하여 기재한 것이다. 따라서 사마안, 연계안의 수록 범위는 과거합격자에만 국한하였기 때문에 향안과 비교하면 극히 한정적이고 또 권위적이었다.

75 (보주) 향교는 유교국가인 조선에서 문묘가 소재하는 유학의 상징이었고 교육과 교화의 중심지였으며, 또한 상하질서를 뒷받침하던 명분의 중심지이기도 하였다. 그러하여 향교는 양반사족들에게 지배신분으로서의 이해를 잘 대변해 줄 수 있는 활동장소였고, 반면에 향임을 독점하던 향족이나 疏通의 추세 속에서 지위를 높여가던 서얼들에게 아직도 문턱이 높은 향촌기구였다.(윤희면, 『조선후기 향교연구』(일조각, 1990), 『조선시대 전남의 향교연구(전남대출판부, 2015)) 그래서 나온 것이 바로 중간에 없어진 사마소의 재발견이었다고 하겠다. 곧 향교와 상하로 연결되고 과거합격자로서 향교의 제반 운영이나 활동을 자문하거나 간여할 수 있는 전기의 사마소의 실상을 후기에도 그대로 되풀이 해보고자한 목적에서였다고 생각한다.

청금록에 들어 있는 고을 유생으로 사마시에 합격한 사람들은 모두 入錄하고 入榜하는 차례대로 기록한다. 閑散庶孼로 位次에 방해되는 자들은 입록하지 않는다. 식년에 생진에 입격한 사람이 있으면 회집일에 상읍례를 행한 뒤에 청금록(;사마록)에 쓴다.[76]

이렇게 생원진사시에 합격한 사람이 나오면 기존의 사마들이 모여 자격(신분)을 심사하고 상읍례를 마친 뒤에 참여를 허락하였다.

사마소의 임원 구성은 고을마다 다소의 차이가 예상되지만, 『잡동산이』 사마소약령에

都有司는 1인으로 생원 진사 가운데 나이와 덕망을 겸한 사람을 택하여 삼고, 掌議는 2인으로 생원 진사 가운데 門望과 행의를 겸비한 사람을 택해 삼는다.

라고 규정하고 있다. 실제 다른 지역의 예를 보면

G-①齋長 1인 上有司 1인[77]
②文會齋는 일명 사마재라고 하는데 향교 곁에 있다. 齋任은 2인이다.[78]
③사마소 장의 2인 書員 1명 고직 1명 사령 1명 保直 20명[79]
④會中에서 生進文蔭 가운데에서 1명, 유학 1명을 薦出하여 연계소유사로 삼는다.[80]

라고 하였듯이 임원의 명칭은 다소 차이가 있으나 도유사(재장), 장의, 유사 등 2~3명의 재임을 두고 있었다.

경주 사마소도 유의건의 「풍영정기」에 「南君(龍萬)이 遞任하고 李敦栢 군

76 『잡동산이』 사마소약령
77 『용성지』 권3 학교
78 『光州邑誌』 학교
79 『호서읍지』 신정아주지 학교
80 밀양군 「밀양연계소계안」(『영남향약자료집성』 467쪽)

이 대신하였다.」[81] 고 한 것이 있는데, 이것이 사마소의 직임(재임)으로 다른 지역의 도유사 혹은 재장에 해당하는 것이라 하겠다. 그리고 그 밖에도 적어도 1-2명 정도의 임원(예건대 유사 또는 장의)이 더 있었을 것으로 보여지는데, 향청 보다는 소규모의 기구로 존재하고 있었으리라 짐작된다.[82]

이들 재임들이 사마소의 운영을 담당하였음은 물론이다.

H-①齋中의 곡물은 장의가 친히 출입을 감독한다.[83]
②會集 때의 器皿은 장의가 재곡을 거두어 마련하고 체임할 때 서로 주고 받아 破失되지 않도록 한다.[84]

이렇게 재정의 관장, 강신의 준비를 하였으며 경우에 따라서는 향교 재정에 대해서 간여하기도 하였다.[85]

사마소의 활동은 어떠하였을까. 경주의 경우 실제 어떠한 활동을 하여 향촌에 영향력을 미치고 있었는지 분명하지 않다. 읍지를 보면 사마소가 호남지방에서는 사마재라는 이름으로 주로 學校條에 기재되어 있어 학교기관과 같은 인상을 주고 있다. 영남지방의 경우는 校院條에 사마소, 사마재, 연계소라는 이름으로 수록됨이 다수이며, 혹 公廨, 樓亭條에 들어 있는 예도 있다. 물론 읍지작성에 있어 기재의 편의도 생각해 볼 수 있지만 대부분 학교기관으로 파악하고 있다는 것은 사마소가 생원, 진사들이 모여 학문을 토론하고 大科를 준비하는 곳이기 때문이라 하겠다.

---

81 『화계선생문집』 권9 영귀정기

82 숙종 27년에 건립된 충청도 牙山 사마소의 경우 장의 2인, 書員, 庫直, 使令 각 1명, 그리고 保直 20명이 있다고 한다.(『충정도읍지』 권47 新定牙州誌), 『잡동산이』 사마소약령에는 도유사 1인, 장의 2인, 서원, 사령 각 1명, 보직 30명이라 규정되어 있다. 반면에 향청의 구성은 향임(좌수, 별감) 3-4인과 서원, 고직, 사령 등 보직을 제외한 鄕外人이 10-40명이 있었던 것과 비교하면(김용덕, 『향청연구』, 1978, 76-78쪽) 사마소의 인원 구성은 향청에 비하여 소규모였음을 알 수 있겠다.

83 밀양군 「밀양연계소계안」(『영남향약자료집성』 467쪽)

84 『잡동산이』 사마소약령

85 「사마소유사가 直月을 겸대하고 1년마다 교체한다」(『嶺營捄弊節目』 삼가현향교구폐절목성책)

향읍의 생원, 진사들이 結契하여 會集하는 곳을 사마소라 일컫는다. 邑底에 수칸의 건물을 갖추고 춘추로 설연하여 화목함을 돈돈히 한다. 경전의 요지를 강론하고 혹 行義를 격려하여 藏修하는 곳으로 삼으니 역시 하나의 學宮이다.

라고 한 것, 또한

향교와 사마소는 한 몸이나 사이가 없음은 부당하다. 피차의 석전제 때에 생원, 진사가 入齋하면 書員이 대령하고, 사마소의 會集에는 校僕이 함께 대령하여 자문에 대비한다. 향교 재직이 오면 사환을 준비하여 대접한다.[86]

고 하여 향교와 사마소의 긴밀한 관계를 언급해 놓은 것은 사마소의 학교기관으로서의 성격을 반증한다고 하겠다. 때문에 순조대에 중건되는 충주사마소의 경우 사마소를 향교 옆에 건립하는 것을 「興學敦教之意」라고 표현한 것이다.[87]

사마소는 생원 진사들의 강학장소로뿐만 아니라 자제들의 居接 장소로도 활용되고 있었다.

契門中의 年少有才者를 가려 뽑아 매년 한차례에 1-2일씩 陞降 거접하며 50번 이상 齋會 고강하여 권장 홍기하는 방도로 삼되 재력이 넉넉함을 기다려 시행한다.[88]

---

86 『잡동산이』 사마소약령

87 이채, 『華泉集』 권9 사마재기. 여기서 한 가지 더 언급할 것은 조선후기에 각 고을에서 건립되는 양사재에 관해서이다. 향사재는 명칭대로 학교기관인데 유학을 위한 강학처라고 한다. 『광주읍지』 風俗條에 「영조 때에 군수 高晳이 立待할 때에 임금이 광주 풍속을 질문하였다. 고석이 대답하기를 '사마재가 있으니 생원 진사들이 학문을 위해 모이는 곳이고, 양사재가 있는데 幼學들의 강학하는 곳입니다"라고 하였다」고 하여 사마재와 달리 양사재는 유학들이 공부하는 곳이라고 하였다. 양자의 관계가 어떠한지, 건립, 구성, 재정, 활동 등등의 문제에 대해서는 다른 기회를 얻어 살펴보고자 한다.(보주) 양사재에 대해서는 윤희면, 「조선후기 양사재」『이원순교수화갑기념사학논총』, 1987(『조선시대 전남의 향교연구』(전남대출판부, 2015. 수록)에서 다룬 바가 있다.

88 밀양군 밀양연계소계안(『영남향약자료집성』 467쪽)

또한 사마소에서는 생원 진사들이 춘추로 講信하여[89] 경전을 강론하고 유도를 誡飭하고 파회 뒤에는 연회를 열어 친목을 도모하였다. 이때에는 수령도 초빙하여 함께 자리하는 것이 관례였던듯 하다.[90] 경주 사마소에서도 춘추 강신의 활동을 벌이고 있었으며,[91] 생원시에 합격한바가 있던 경주부윤이 참여하여 詩會를 가지기도 하였다.[92]

사마소의 활동으로는 강학과 강신 이외에 생원 진사 상호간의 상호부조도 꼽을 수 있다. 사마재에 드나드는 생원 진사들은 학교 시설에 드나드는 것이기도 하지만 비슷한 처지에 일종의 계를 맺은 것이기도 하였다. 다시 말해 사마안이란 일종의 契案이기도 한 셈이었다. 계를 맺은 취지답게 이들은 서로의 어려움을 돕는 상부상조를 하였다. 사마재 규약에 吉凶相顧[93], 吉凶相保[94]라 함이 이를 말하는데, 주로 상을 당했을 때 위로를 하고 부조를 하는 일이었다.

I-①齋員이 父母夫妻의 4상을 당하면 尊賻한다. 재원에 환란이 있으면 재회에서 서로 구한다.[95]

② 1. 계원이 사고를 만나면 5량을 부조하였으나 계속 유지할 수 없으니 지금부터

89 「1. 매년 춘추로 강신한다.」(영암향교 사마재선생안 재헌), 「춘3월 추9월 일기가 따뜻하고 無故한 날을 택해 모임을 한다」(『잡동산이』 사마소약령)

90 「태수가 만약 사마시에 합격자라면 연회날에 도유사 장의 등이 참석하기를 稟請한다.」(『잡동산이』 사마소약령)

91 경주에서도 춘추로 講信을 설행하고 있었음은 「풍영정중수기」에 「每良辰齊會之席」이라 한 것에서 확인할 수 있다.

92 경주도 사마소에서 試會를 열어 문학과 학문을 논하는 모습을 보이고 있으며(『화계선생문집』 권5 詩), 현재 경주 사마소에 걸려 있는 詩額에도 부윤과 생원 진사가 함께 시회를 열고 있음을 보여주고 있다.(「慶州府 趙明鼎 五言詩」). 경주부윤 조명정(1709~1779)는 영조 11년에 생원시에 합격한 이력이 있다. (보주) 사마소 현판은 영조 38년(1762) 경주부윤 洪良漢(영조 23년 생원 합격)이 쓴 것이다.

93 「곡성사마재중수서」

94 노진, 『옥계선생문집』 권5 (함양)사마재제명록서 「춘추의 강신, 길흉의 相保는 온 고을 斯文의 아름다운 뜻이다.」

95 영암향교 「사마재선생안」 재헌

1량 종이 1속으로 한다. 계임이 각원에게 알리면 모두 護喪할 것.[96]

사마소는 학교기구로서의 활동뿐만 아니라 향촌문제에도 간여하였다. 1864년에 작성된 경상도 선산의 「防弊節目」에 향소와 公兄(;향리)의 得人이 방폐의 첩경임을 전제하면서 다음과 같이 규정하기도 하였다.

> 1. 좌수는 연계소에서 천출하고 鄕薦이 아니면 불입한다는 古規에 의거하여 준행한다.
> 1. 향청에서 公兄을 駁正하여 斥去하는데 만약 향교 및 연계소에서 발론한 바가 아니면 聽施하지 않는다.
> 1. 좌수가 별감을 향천할 때 예를 시켜 향교와 연계소에 통고하고 천출한다.[97]

이러한 규정은 양반사족들이 향권을 주도해가려는 향청과 향리들을 古規를 들어 다시 장악해보려는 노력으로 이해되며[98], 결국 사족 중심의 향촌질서를 재확립해 보려는 시도로 볼 수 있겠다. 이는 곧 사마소의 중건 의도 및 활동방향을 나타내주는 것이라 하겠다.

또한 사마소는

> 고을 안의 선비, 庶人으로 혹 효자열부나 행의가 뛰어나 모두 인정하는 바의 사람이 있으면 회집일에 표출하여 태수에게 장을 갖추어 품보하여 勸奬之地로 삼는다. 완악향리가 혹 관을 盜弄하고 민간에 작폐하여 장부책을 刀割하여 재곡을 도둑질하는데 면전에서는 발각되지 않고 밖에서 의견이 분분한 자는 태수에게 아뢰어 그 죄를 엄히 다스린다. 고을의 사족 품관 및 民庶가 持强凌弱, 武斷鄕曲하여 패

96 「함창연계당완의」 갑신 12월 12일 추가 完議

97 『영남향약자료집성』 선산부 「防弊節目」, 242~243쪽

98 (보주) 한 예로 1834년에 경상도 선산부에서 왜관으로 보내는 田稅를 동전으로 바꾸어 납부하는 과정에서 이서층들이 부정을 저지르자 蓮桂所가 나서 公會를 열어 옛 향규를 복원하고, 향임, 향리, 풍헌 등을 새로 선출하는 기반을 마련하는데 앞장서기도 하였다.(『영남향약자료집성』(1986) 「一善鄕約節目」)

행이 명백한데도 두려워하고 꺼리는 바가 없는 자는 관가에 품보하여 그 죄를 징치한다. 더욱 심해져 개전하지 않는 자는 上司에 품보하여 依律處斷한다.[99]

고 하여 윤리강상 모범자의 포상추천, 원악향리나 무단호강자의 규제 등도 있었다. 이는 보통 향교나 서원에서, 그리고 향청에서도 수행하는 것이었다. 그러나 사마소의 그것은 향청처럼 지방관의 통치를 보좌하는 것이라기보다는 향촌 내 지배신분인 양반사족으로서 향풍의 교화라는 측면이 더 강한 것에서 나온 것이라 하겠다.

사마소의 재정기반을 보면 경주의 경우 1925년에 쓰여진 崔鉉弼의 「風詠亭重修記」에

青馬(:갑오년) 이후에 과거제도가 폐지되었다. 약간의 土田은 供億과 유지에 족하다.[100]

란 한 구절에서 약간의 전답을 지니고 있음을 알 수 있으나, 그 밖의 다른 재정기반에 대해서는 기록이 없다. 다른 지역의 예를 보면 다음과 같다.

J-①司馬齋 畓十二斗落只(『용성지』 권3 학교)
②鄕校 校畓 七石一斗落 又十七斗落 司馬畓(『호남읍지』 옥과읍지 사례)
③司馬所 南部 一册地字 田三作一結四十一卜四束 十八負 十負九束 雇位屯田 結付鄕校(『호서읍지』 공주지 권2)
④司馬保 十七名 每名 錢一兩(『호남읍지』 태인현읍지 읍사례성책)
⑤司馬保 十名 錢二十兩(『호남읍지』 광주읍지 읍사례책)
⑥司馬所 在鄕校下 掌議二員 書員一人 庫直一名 使令一名 田土(載本所案) 稅船 一隻 保直二十名(『충청도읍지』 신정아주지)
⑦本所의 契房으로 비록 佳巖里를 定給하였지만 보호의 길로는 만무하기에 다른

99 『잡동산이』 사마소약령
100 현재 경주 사마소에 현액되어 있다.

校院의 예처럼 매년 1석을 잡역조로 정해 지급할 것.(「청주사마소절목」(1729년))

전답, 保人, 稅船, 계방촌 등을 갖고 있고, 사마소의 유지를 위한 인적기반으로 書員, 고직, 사령 등을 거느리고 있음을 알 수 있다. 전답 등은 양반사족들의 鳩財에[101] 주로 의지하였겠지만, 보인, 고직, 사령 등은 지방관의 협조에 의지하였을 것이다. 안정복이 작성한 「사마소약령」에는 다음과 같은 규정이 있다.

고을의 良賤으로 富實한 자 30명을 가려 취해 태수에게 아뢰고 成册踏印하여 보직으로 정한다. 매년 가을 백미 및 다른 잡물 약간을 바치게 하여 춘추로 회집하는 비용으로 삼는다. 관리 가운데 영리한 자 1인을 별도로 택하여 태수에게 아회고 書員을 차임하는데 재곡, 기물 및 사마소의 家舍를 관장하고 간호케 하는데 큰 까닭이 없으면 갈지 않는다. 또 邑底의 閒丁 1인을 택하여 태수에게 아뢰고 使令으로 정해 일을 부린다.

이처럼 保直, 書員, 使令을 갖추는데 지방관의 도움을 받아야 한다는 점인데, 사마소가 향청과 성격이 다른 것이지만 지방관과 긴밀한 관계를 맺어야 생원, 진사들의 집결소로서의 기능을 유지할 수 있었음을 말해준다 하겠다. 지방관의 입장에서는 사마소가 지방통치에 방해가 되는 것이 아니라면 별 문제시하지는 않았을 것이다. 오히려 생원, 진사들의 집결소이고, 강학처이며, 또 이들이 영향력을 발휘하여 향촌을 교화하는 등 향촌사회를 원만히 유지하는데 유리하게 작용하였다는 점에서 십분 협조하였을 것이다.

경주 사마소도 예외는 아니었다고 본다. 그러나 사마소가 생원, 진사들의 춘추강신, 친목, 학문을 닦는 것에 치중하는, 즉 교육기관으로서의 의미를 벗어나지 못하고, 유지에 지방관의 도움에 크게 의존하였다는 사실은 스스로의 한계를 나타내는 것이었다. 그리고 사마소에 참여하는 사람들이 생원 진사

101 「自任鳩財董工」(『화천집』 권9 사마재기), 「鳩財於境內儒生」(『호서읍지』 목천현지 공해조) 등

들이었다는 점에서 현실적으로 생원시, 진사시에 합격하지 못한 양반들에게는 그 의미가 줄어드는 셈이었다. 이에 사족들간의 관계도 원활하지는 못하였을 것이다. 따라서 경주뿐만이 아니라 다른 지역도 마찬가지였겠지만 사마소의 중건, 활동이 양반사족 전체의 이익을 보장하고 대변하기에는 상당히 곤란하였을 것이다.[102]

더구나 조선후기에 생원 진사에 합격하는 사람들이 현저하게 증가하였고[103], 이에 따라 사마소를 중건하였던 사람들과는 다른 신분의 출신자도 사마소에 참여자격을 얻게 되었다. 경주의 경우 『掾曹龜鑑續篇』 感觀錄에

> 崔栢齡, 崔濟漢, 崔鵬遠, 朴春東은 모두 경주 향리의 아들로 사마에 합격하여 향중의 蓮桂案에 同參하였다.[104]

라고 하는 현상도 나타났던 것이다.[105] 안정복의 「사마소약령」에 "寒散庶孼은 사마록에 입록하지 못한다"고 규정하는 폐쇄성을 보이고 있지만, 사마안에 입록할 자격을 얻은 향리자손들이 점점 늘어난다는 점은 경주의 문벌사족들이 신분적 우위를 도모해 보려고 사마소를 중건하였던 의도를 위협하는 것이라 하겠다.[106] 결국 사마소는 지역에 따라 본래의 목적을 수행하지 못하고 폐지되거나 수차례 중건되고 있었다.

---

102 김인걸, 「앞의 논문」, 243쪽

103 송준호, 「앞의 논문」, 30쪽

104 『掾曹龜鑑』, 643쪽(서강대인문과학연구소, 1982)

105 사마방목과 『경주시지』를 찾아보면 최백령은 영조 2년(1726) 식년시 진사(33세), 최제한은 영조 39년(1763) 증광시 생원(31세), 최붕원은 정조 22년(1798) 식년시 진사(31세), 박춘동은 순조 5년(1805) 증광시 진사(33세)에 각각 합격하였다.

106 (보주) 그러나 이들 향리 자제들이 실제 사마안에 이름을 올렸으리라고는 생각하기 어렵다. 양반사족들이 이들을 사마안에 천거하고 입록을 허락할리가 없었기 때문이었다. 경주 사마안이 없어 단언하기는 곤란하지만 1937년에 작성된 경상도 종합읍지인 『교남지』 경주부 사마 항목에 이들 이름을 찾아볼 수 없는 것은 아마도 이 때문일 것이다. 그런데 1971년에 작성된 『경주시지』에는 이들 이름을 확인할 수 있다. 班常을 가리려는 시대가 이미 아니었기에 가능한 일이었다고 생각한다.

K-① (아산)사마소는 향교 아래에 있다. 康熙 신사년(숙종 27년)에 참판 임홍망, 진사 홍서하, 생원 유득기가 창설을 건의하였다. 건물은 8칸으로 新舊榜 사마들이 相揖하는 곳이고 춘추로 많은 선비들이 모여 講信하는 곳이다. 지금은 廢止되었다.[107]
② (대구)사마재는 府의 동쪽, 향교 곁에 있다. 영조 경인년(46년)에 향중에서 鳩財하여 재를 세웠다. 본 고을의 生進榜次錄案, 상량문 및 題詠, 間經回文은 다 기록할 수 없다. 근래 기울고 퇴락하였기 때문에 지금 임금님 정해년(순조 27년)에 修葺하였다. 판관 조종순이 재액을 써 걸었다. 지금은 퇴락하였다.[108]
③ 지난 병진년(영조 12년)에 鄭會一 君이 개연하여 고을 관아 동쪽에 한 구역을 점유하여 (진주)사마소라는 것을 경영하였고 다음 해에 공사를 끝냈다. 堂宇는 세워지고 廳舍도 역시 갖추어져 지금 우리들의 강학하는 곳이 되었다. 불행히도 鄕風이 옛 같지 않고 士氣가 쇠약해져 이 齋가 잡초가 우거지고 황폐한 뜰이 되지가 오래되었다. 어찌 우리 고을의 개탄할 바가 아니겠는가. 경자년(헌종 6년) 겨울에 사림들이 校宮에 일제히 모여 중수의 의견을 내니 협조할 마음이 없을 수 없었다. 함께 힘을 합쳐 鳩財募工하여 옛터를 닦은지 5개월이 지나 공사가 끝이 났다. 곧 신축년 6월이었다. 그리고 시종 그 일을 의론하고 주관한 사람은 鄭匡文, 河鳳運이었다.[109]

이상의 기록에서 보듯 중건된 사마소가 본래의 기능을 발휘하지 못하고 퇴락되거나 거듭 중건되고 있는데, 주된 원인은 고을에서 생원 진사 합격자가 지속적으로 배출되지 않았기 때문이기도 하지만, 바로 "鄕風이 옛날과 같지 않고 士氣가 쇠약해졌다"(사료③)라는 지적도 작용하였기 때문일 것이다.

결론적으로 조선후기에 중건되는 경주사마소를 포함한 다른 고을의 사마소는 전기의 것과는 커다란 차이가 있었다. 생원, 진사들의 집결소로서 춘추강신, 친목, 강학 등의 활동은 외면적으로 비슷할지는 모른다. 그러나 전기의 사마소가 고을에서 성균관의 기능을 대신하고 관권에 대응하여 향론을 주도하고 있었으나, 후기에 중건되는 사마소는 신분제 변동에 따른 향촌사회 구

107 『신정아주지』 이 읍지는 순조 19년에 작성된 것이다. 따라서 숙종 27년에 중건된 사마소는 순조 19년 이전에 폐지되었음을 알 수 있다.

108 『영남읍지』 대구읍지 학교

109 「晉陽司馬案序」, 「晉陽蓮桂案跋」

조의 변화 속에서 생원, 진사에 합격한 사족양반들이 신분 우위를 확보하기 위한 보수화의 한 표현이었다. 더구나 변모가 거듭되는 사회 추세 속에서 생원 진사들만의 집결소로서는 사족 전체의 이해를 대변하기에는 점점 미흡한 향촌기구가 되어가고 있었다.[110]

4. 사마소와 경주 崔富者

경주 사마소 옆에는 속칭 '9대 진사 10대 만석꾼'이라는 경주 최부자의 거대한 한옥이 있다. 정약용의 「전론 1」에 만석을 거두어들이는 나라 안 부자로 호남 왕씨와 함께 지적된 영남 최씨는[111] 아마도 이 경주 최부잣집을 가리키는 것으로 생각된다.

경주 최부잣집의 가계를 조사해 보면 〈圖 3〉과 같다.[112]

최부잣집은 경주 최씨 가운데 司成公派에 속하는 집안으로, 사성공 崔汭는

> 최예는 최치원의 후손으로 태조대에 문과에 나아가고, 한림을 역임하였으며 사성에 이르렀다. 郡邑을 맡아 청백으로 이름이 났다.[113]

고 한 인물이었다. 사성공파가 살았던 곳은 『貞武公崔先生實記』 권1 연보에

110 사마소의 중건이 사족들의 보수적 움직임에서 나온 것이라면 이것이 주로 삼남지방에 국한되어 나타나는 이유는 문벌사족들이 상대적으로 삼남지방에 집중되어 있었기 때문이 아니었을까 한다. 북부지방은 사족들이 드물고 또 향임이 주요직임으로 간주되고 있었다는 점에서 삼남지방과는 사정이 달랐다고 하겠다.(『영조실록』 권119 48년 7월 경자) 따라서 조선후기에 향촌내부의 여러 변화 속에서도 질적이 차이가 있었기 때문에 북부지역에서는 사마소의 중건이 몇몇 큰 고을을 제외하고는 그다지 두드러지지 않았다고 생각한다.

111 『여유당전서』 1집 論

112 〈圖 3〉은 『만성대동보』, 『교남지』, 『동경잡기』, 『경주시지』, 『貞武公崔先生實記』 등을 참고하여 작성한 것이다. 『정무공최선생실기』는 병자호란 때 순절한 崔震立의 연보, 행장, 龍山書院(숙종 26년 건립, 37년 사액)에 관한 기록들을 모아 영조 51년에 용산서원에서 간행한 것이다.

113 『교남지』 권2 경주군 인물. 그는 태조 2년에 문과에 급제하였다.(『국조방목』 권1 태조 계유 春場榜)

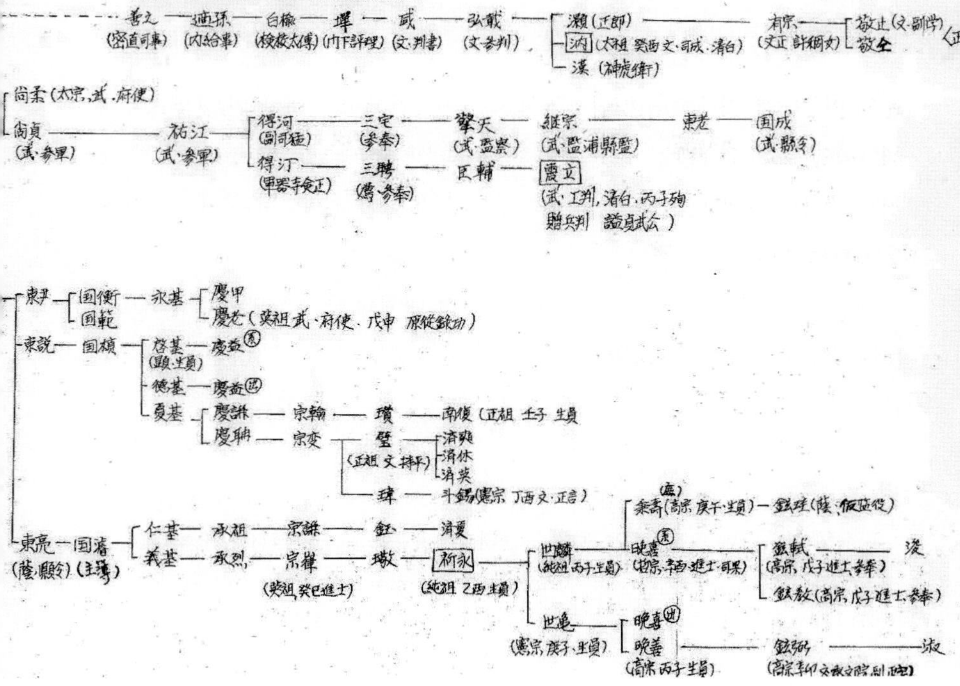

公(정무공 최진립)은 경주인으로 세세로 경주부의 동쪽 東皇 5리에 살았다. 曾祖考 通禮公(;得汀)이 처음 見谷 龜屋洞에 卜居하였다.

고 하였으며, 연보에 계속 이어

신종 만력 4년 병자(선조 3년)에 공이 9살 때 參判公(;臣輔)이 伊助里에 別墅를 세웠고 공이 따라 갔다. 참판공이 만년에 별서를 卜築하여 서식할 곳으로 삼았는데 공의 자손이 그대로 살게 되었다.

고 하여 최진립의 자손들이 이조리에 살게 된 내력을 설명하고 있다(현재 월성군 내남면 이조리)

최진립은 최예의 7대손으로 임진왜란 때 의병으로 참전하고 후에 무과(선조 27년)에 급제하여 공조참판을 역임하였다. 병자호란 때 公州營將으로 참전하여 殉死하였고, 효종 때에 貞武公으로 시호된 인물이었다. 정무공 최진립의 후손들이 경주 이조리에서 중심되는 가문으로 등장하게 된 것은 정무공 때부터인 듯하다. 원래 이조리는 파평 윤씨 일족이 번성하던 곳이었는데 16세기 말 경주 최씨가 세력을 차지하게 되었고, 이어 최씨의 동족마을이 형성되었다고 한다.[114]

이처럼 한 집안이 자기네의 뛰어난 인물을 내세워 한 지역의 중심세력으로 등장하여 위세를 떨치고 있었던 일은 흔히 있었던 바다. 정약용이 「跋擇里志」에서

> 나라 안에서 莊墅의 아름다움은 오직 영남이 제일이다. 때문에 사대부들이 厄을 당해도 수백년간 尊富함이 시들지 않는다. 그 풍속에서 집안에서 각기 한 조상을 받들어 한 莊을 점하여 사는데 처소를 분산하지 않고 공고히 유지하여 근본을 뽑아버리지 않는다. 이씨가 퇴계를 받들어 陶山을 점하고 류씨가 서애를 받들어 河回를 점하는 것과 같다.[115]

고 한 지적 그대로라 하겠다. 그리고 최진립의 후손들은 최치원을 모시는 서악서원, 최진립을 모시는 용산서원을 통하여 경주 내에서 지배사족으로서의 위치를 공고히 하고 있었다.

최진립의 후손 가운데 현재의 사마소 옆으로 집을 지어 이사 온 것은 崔祈永(영조 44년, 1768년생)대였다고 한다. 대략 1800년 전후라고 하는데, 이조리에서 분가해 온 것이다. 분가해 온 이유는 풍수지리에 의한 것이라 하는데, 현재의 위치(현 경주시 校洞)로 옮겨와 집을 지은 것이 경주향교와 바로 인접하였기 때문에 당시 경주 유림들간에 논란이 있었다고 한다.[116]

최씨 집안이 사마소의 중건에 어느 정도 간여하고 있었는지는 분명하지 않다. 다만 사마소에 참여하고 있던 사람은 최기영의 조부인 崔宗侓이었을 것

114 조선총독부, 『生活實態調査』 其七 慶州郡, 1934, 259-260쪽

115 『여유당전서』 1집 발

116 경주시 교동에 살고 있는 사성공 18대손 崔淑氏의 말이다(1982년 5월의 구술)

이다. 왜냐하면 최종률은 영조 49년 증광시에 진사 합격하였기에[117] 자연히 중건된 사마소에 참석하였을 것이다. 그 후 최부잣집이 사마소와 더욱 긴밀한 관계를 맺게 된 것은 최기영 때부터라 생각한다. 먼저 최기영의 장남 崔世麟(정조 15년생, 1791년)이 순조 16년(1816) 병자식년시 생원시에 합격하였고, 그 뒤 최기영이 순조 25년(1825) 을유식년시 생원시에 합격하였다. 따라서 부자가 나란히 사마소에 참여하게 되었음은 물론이다.

그런데 최부잣집은 여기에 그치지 않고 사마소 옆에 炳燭軒이라는 별채의 건물을 짓고 있는 것이 주목된다. 崔晩善의 「병촉헌중수기」에

> 옛날 돌아가신 할아버지 龍庵公(;최기영)께서 정자(;풍영정)의 서쪽에 터를 닦아 몇칸의 小屋을 세우고 병촉헌이라 額하였다. 그 뜻은 諸老들이 모여 학문을 좋아하고자 한 것이다. 임진년(순조 32년, 1832년)에 창건하였다.[118]

라고 되어 있다.

그러면 諸老들을 위한 별도의 정자를 세운 이유는 무엇일까. 이는 최기영의 아들 최세린이 같은 생원시에 합격하여 사마소에 동석하는 일이 생기게 되고, 또 노소의 합석에서 오는 불편함이 있었기 때문이라 한다. 그리하여 老司馬들의 별도의 모임 장소로 사마소 바로 옆에 병촉헌이라는 별채를 세운 것이라 한다.[119] 부자간, 노소간의 합좌에서 오는 불편함 때문에 병촉헌을 세웠지만, 결과적으로는 老司馬들을 사마소의 중심에서 후퇴하고 최세린을 비롯한 젊은 사마들이 주도권을 잡아가게 되었을 것이다. 그리고 뒤에 최세린의 동생 崔世龜가 헌종 6년 경자식년 생원시에 합격하여 사마소에 참여하게 되자 사마소는 더욱 최부잣집의 주도 아래에 들어간 것으로 믿어진다.

117 『경주시지』 인물 사마

118 병촉헌에는 2개의 병촉헌중수기가 현액되어 있다. 1890년에 쓴 최만선의 중수기, 1932년에 쓴 崔鉉弼의 중수기이다.

119 최현필의 「병촉헌중수기」

〈병촉헌 현판〉

이렇게 최부잣집이 사마소를 통하여 경주에서 주도권을 잡아가는 것과 함께 최기영의 후손들은 연거푸 사마, 문과에 급제하였다. 그 결과 사마소는 최부잣집의 사적 기구처럼 변모한 인상을 준다. 〈도 3〉에서 보듯 최기영 3부자 이후에 사마, 문과에 급제한 사람들은 崔晩喜(철종 12년 진사), 晩善(고종 13년 생원), 鉉軾(고종 25년 진사), 鉉教(고종 25년 진사), 鉉弼(고종 28년 문과)로 4대에 걸쳐 생원 진사 7명, 문과 1명 등 모두 8명이 배출되었다. 여기에 최세린의 庶子인 崔秉壽(순조 17년생)가 고종 7년(1870) 경자식년 생원시에 합격한 것을 합하면 4대에 9명의 과거 합격자가 배출된 셈이고 이에 9대 진사라는 명예스러운 별칭이 붙게 된 것이라 하겠다. 이처럼 연이은 생원, 진사, 문과합격자의 배출로 경주 사마소는 이제 경주 사족들의 이해를 대변해 주는 기구라기보다는 최부잣집을 중심으로 운영되는 사적 기구로 변모해 가는 모습을 보여준다고 하겠다.

앞장에서 말한 바와 같이 사마소는 각 고을에서 중건되고 있지만 기능, 구성, 활동에 비추어 볼 때 사족들의 집결소로서 한계를 지니고 있었다. 그렇더라도 신분제의 동요에 따른 향촌 내부 변화 속에서 사마소를 통하여 양반신분을 유지하고 또한 지배신분으로서의 지위를 굳건히 하려는 노력의 일단을 경주 최부자와 사마소의 관계에서 엿볼 수 있지 않을까 한다.

5. 맺음말

이와 같이 경주 사마소의 건립, 중건, 그리고 사마소와 경주 최부잣집의 관계에 대하여 살펴보았다. 경주 사마소의 기록이 너무 부족하여 다른 지역의 것을 많이 참고하면서 서술하였던 관계로 어느 정도의 성과를 거두었는지는 의심스럽다. 지금까지의 서술을 요약해 보면 다음과 같다.

경주 사마소는 경주 양반사족들의 생원 진사의 합격 정도에 비추어 볼 때 성종대나 연산군대, 늦어도 중종 초년경에는 세워진 것으로 추측된다. 사마소는 훈구파의 유향소 장악에 대항하고자 사림파 계열의 생원 진사들이 별도의 향촌 기구로 세운 것이 아니었다. 사마소는 여러 사정 때문에 성균관에서 수업할 수 없었던 고을의 생원 진사들의 교육장소로 마련된 것이었다. 따라서 사마소의 건립 연도는 고을의 사정에 따라 제각기 다를 수밖에 없었다. 그러나 어디까지나 교육기관으로 마련된 것이기에 향교와 매우 인접한 곳에 세워지기 마련이었다.

사마소는 齋長을 선임하고 규식을 마련하여 운영하였다. 그리고 교육활동에 필요한 토지, 노비, 곡물 등의 재정이 마련되어 있었다.

사마소는 생원, 진사의 집결소로서 유향소처럼 향론을 주도하고 향촌 일에 간여하는 경우도 흔히 있었다. 이에 중앙에서는 자주 폐단이 지적되었고, 규제의 대상이 되기도 하였다. 또한 서원이 등장하여 향촌의 중심기구가 되어감에 따라 사마소는 점차 쇠퇴되어갔다. 경주의 사마소도 서원의 등장으로 점차 위축된 듯 하며, 이후 임진란 때 불에 타버리고 그대로 방치되었다.

경주 사마소는 영조 17년에 경주의 문벌있는 생원 진사들에 의하여 중건되었다. 그리고 이들의 명단을 담은 蓮桂案도 재작성되었다. 사마소의 중건과 연계안의 재작성은 경주뿐만 아니라 주로 삼남지방 여러 고을에서 대체로 숙종 ~ 정조대에 일어나고 있었다. 이는 향촌 내부의 어떤 변화에 대응하는 것이라 생각하는데, 그 변화를 사마소가 향촌기구의 일종이라는 점에서 같은 향촌기구인 향청, 서원의 변질에 국한시켜 찾아보았다.

우선 향청의 변질을 보면 경재소의 혁파, 영장사목의 실시로 양반사족들이 향청, 향임을 회피하였다. 이에 향안, 향청에서 제외되었던 향족들이 대두하게 되었다. 이는 결과적으로 향안의 파치와 향청의 변질을 초래하였고, 사족들이 점점 향촌 내에서 주도권을 상실해가는 추세에 놓이게 되었다.

그리고 다른 이유로 서원의 변질을 들었다. 서원이 사족 전체 보다는 서원과 관련있는 일부 양반들과 깊게 연결되어 사묘화, 가묘화 되어가는 추세에 놓여 있었고, 실제 규제의 대상이 되어 일부 서원이 철폐되기도 하였다.

결국 사마소의 중건, 연계안의 재작성은 사족이 중심이 되었던 향안, 향청, 서원의 변질에서 기인하는 것이었고, 문벌을 자랑하던 양반사족들이 지배신분으로서의 지위와 신분적 우위를 도모하기 위한 목적에서 비롯한 것이었다.

사마소는 전기처럼 임원을 선임하고 규식을 만들어 운영하였지만 소규모의 기구밖에 될 수 없었고, 활동도 생원 진사의 춘추강신, 친목, 학문에 국한되어 있었다. 따라서 향론을 주도하여 주도권을 발휘하기에는 한계가 있었다. 더구나 사마소는 생원 진사에 한정되어 있어 현실적으로 생원 진사에 합격하지 못한 양반사족들에게는 의미가 줄어드는 셈이었고, 따라서 사족 전체의 이해를 대변해주는 것과는 거리가 멀 수밖에 없었다. 이에 사마소는 곧 폐지되거나 거듭 중건되기도 하였다.

경주 사마소 옆에는 경주의 대표적 사족 가문 가운데 하나인 경주 최부잣집이 있다. 최부잣집은 생원 진사에 합격하여 사마소에 참여하였고, 사마소 안에 별도의 건물(병촉헌)을 세워 주도적인 위치를 차지하였다. 그리고 4대에 9명의 생원, 진사, 문과 합격자를 배출하면서 사마소를 거의 사적 기구로 삼아가고 있었다.

이상과 같이 조선후기에 사마소를 중건하여 양반의 사회적 지위를 유지해 보려는 노력을 엿볼 수 있고, 사마소가 양반사족의 이익을 대변해주는 기구로서의 의미를 점점 상실해 가자 이제는 한 가문에서 사마소를 주도하여 양반의 지위를 공고히 하려는 노력을 펼치고 있었음을 볼 수 있었다.(『역사교육』 37·38합집, 1985 게재, 수정 및 자료 보강)

제2장

전라도 고창 사마안 연구

전라북도 고창 향교의 西齋 뒷켠에는 팔작지붕의 작고 아담한 건물이 있다. 좌측에 양사재, 우측에 사마재라 쓴 편액이 걸려 있다. 다른 고을에서는 양사재와 사마재가 따로 세워지는 것이 보통인데, 고창은 매우 드물게도 한 건물을 두 재가 나누어 쓰고 있다.

생원 진사의 교육장소이자 향촌기구인 사마재가 설립되려면 생원 진사 한 두 명 정도로는 미흡하고 여러 명이 일시에 합격하거나, 또는 해를 이어 계속 배출되어야 가능하였다. 그러기에 사마재의 건립은 고을마다 제각기 차이가 나기 마련이었다. 고창 고을에서 사마재가 만들어진 때를 알아보기 위해 「사마방목」에서 고창 거주의 생원 진사를 조사해보면 다음과 같다.

〈표 1〉 고창 고을 생원 진사 합격자 수

	중종	명종	선조	광해	현종	숙종	영조	순조	철종	고종	합계
사마방목(고창)	1	2	1	2	1	8	3	2	1	4	25

인조 이전의 사마방목은 결락이 많아 정확한 숫자가 파악되고 있지는 않지만, 고창에서 사마재가 건립되고 사마안이 작성될 정도의 생원 진사가 배출

된 시기는 숫자로 보면 숙종대 일 가능성이 크다고 하겠다. 이와 관련하여 진사 안중섭(1808~1883)이 쓴 「司馬齋上樑文」에

> 杻洞에서 향교를 옮겨왔으니 萬曆 年間(1573-1619)의 기록과 유적이 화려하고 영정을 암자에 잘 모셨으니 한 선비의 업적으로 기록될 만하다. 같은 시대에 8 진사가 배출되었다고 기록하고 있으니 아름다운 그 심성 저와 같이 웅장하였고, 더구나 또 몇 가문이나 형제들이 연이어 문과에 급제하였으니 그 문장이 이처럼 융성하였네.[1]

라고 한 것이 주목된다. 곧 선조 22년(1589년)에 고을 동쪽에 있는 향교를 서쪽의 현 위치로 옮기는 사실과 함께[2] 생원 진사가 한 시대에(아마도 숙종대) 8명이 배출되었음을 강조하고 있다. 18세기 이후에 다른 여러 고을에서 사마소가 복설되고 사마안이 다시 작성되는 것에 비추어볼 때, 고창에서도 늦었지만 숙종대 무렵에 처음 사마재를 창건하고 사마안을 작성하였을 가능성이 크다고 할 수 있다. 적어도 사마재는 몰라도 사마안만은 작성하였을 것으로 보인다. 고종 4년에 작성된 『사마재선생안』의 凡例에

> 1. (사마)案은 鄕先生이기에 縣誌(:읍지)와 舊案에 실려 있는 이름이 아니면 입록을 허락하지 않는다.

고 하면서 언급한 舊案이 아마도 이때 작성된 사마안일 것이다. 그 뒤 생원 진사의 배출이 원활하지 않자 사마재 활동과 사마안 작성이 거의 유명무실해진 것으로 보인다.

고창 사마재의 건립이나 중수의 기록을 찾아보면 다음과 같다.

---

1 『고창향교지』 권2(1965년, 고창향교) 사마재상량문

2 『고창향교지』 권1 교궁건치연혁

① 옛날에는 聖廟 동쪽에 있었으나 고종 27년(1890) 경인년에 고을 선비 金榮喆, 柳泳圭, 金相烈이 성묘 서쪽 지금 자리에 창건하였다. 순종 임금 뒤 정축년(1937)에 유춘석, 김진현이 중수하자고 의견을 내놓고 양사재의 옛 額板을 서쪽 처마에 걸었다. 상세한 것은 權益相, 柳永善이 쓴 기문에 실려 있다.[3]
② 사마재는 대성전 서쪽에 있다. 고종 27년(1890) 경인년에 진사 金榮喆, 선비 柳泳圭, 金相烈이 유림들에게 의론을 물어 창건하였다. 그 때의 수령은 李載哲이다. 상량문이 있다. 진사 安重燮이 쓴 옛 司馬齋上樑文과 設契의 서문이 있다. 순종 임금 뒤의 임오년(1942)에 유춘석, 김진현이 의견을 내어 중수하였다. 양사재의 옛 액판을 동쪽 처마에 함께 걸었다. 권익상, 유영선이 함께 썼다. 장의 1인 색장 1인을 두었다.[4]

두 기록을 종합해 보면, 사마재는 본래 향교 동쪽에 있었으나 중간에 없어졌다가, 1890년에 고을 선비들이 지금 자리인 향교 서쪽에다 창건(중건)하였다고 되어 있다. 그 뒤 1937년에 중수하자는 의견이 나와 1942년(?)에 중수를 마무리하고 양사재의 예전 액판을 사마재 서쪽 처마에다 걸었다고 한다. 현재도 고창향교의 서재 뒷쪽에 있는 건물에 사마재, 양사재의 현판이 나란히 붙어있어 위의 기록을 뒷받침하고 있다.

위 기록에서 주목되는 것은 사마재에 양사재의 액판을 함께 걸었다는 점이다. 이로 보면 사마재가 건립, 중수되고 양사재가 사마재 건물을 빌어 사용한 것처럼 보일 수도 있다. 그러나 실상은 정반대로 양사재가 건립, 이건되고 사마재가 양사재 건물 반쪽을 빌어 사용한 것이다.

안중섭은 73세 때인 1880년(고종 17)에 진사 합격한 인물로, 그가 쓴「司馬齋設契序」를 보면 사마재와 양사재의 관계를 좀 더 구체적으로 알 수 있다.

순조 임금 신유년(1801)에 비로소 양사재를 명륜당 동쪽에 별도로 건립하였는데 지금 임금(고종) 정묘년(4년, 1867)에 地坐가 기울고 차갑다고 하여 명륜당 서쪽으

3 『고창향교지』 권1 사마재 건치연혁
4 『牟陽誌』 校宮(1963년 柳浩錫編)

〈고창 사마재와 양사재〉

> 로 옮겨 건립하면서 옛 규모보다 더 크게 하였으니, 그 제도가 구체적으로 갖추어졌건만 유독 사마재는 미처 건립하지 못하였다. 내가 발언하여 사마재 선비 역시 처음에는 양사재 선비였으니 건물을 어찌 꼭 구별할 필요가 있겠는가. 동쪽방 서쪽방으로 2개를 구분하여 동쪽방을 사마실이라 하고 서쪽방을 양사실로 하는 것이 어떻겠는가 하니 모두들 좋다고 하였다.[5]

곧 1801년에 명륜당 동쪽에 건립한 양사재를 1867년에 명륜당 서쪽으로 이건하면서 사마재를 따로 건립하려했으나 재정의 형편이 닿지 않기에 이루지 못하였다. 그리하여 사마재를 건립하는 대신 양사재를 반으로 갈라 동쪽에는 사마재라는 편액을, 서쪽에는 양사재라는 편액을 달아 함께 쓰도록 하였다는 것이다. 양사재에서 공부하고 사마시에 합격하면 사마재에 출입을 하는 셈이 되니 서로를 구별할 필요가 없다는 이유에서였다.

그 뒤 1890년에 건물을 중수하면서

5 『고창향교지』 권2 司馬齋設契序

(양사재를) 순종 뒤 신유년(1921년)에 서쪽 높은 언덕으로 옮기려했으나 공사는 크고 힘은 적어 이루지 못하였다. 거둔 재물로 사마재를 중수하고 서쪽에다 양사라고 편액을 달았다.[6]

고 한 것처럼 1921년에 양사재를 옮기려다가 일이 커 추진하지 못하고 그 돈으로 사마재를 중수하였다. 또한

① 賢俊이 배출되어 국학에 오른 분들을 손가락으로 다 셀 수 없다. 이에 고을에 사마안이 있고 또한 향교 앞에 사마재 양사재를 세워 강학의 장소로 삼았다. ....정축년(1937년) 봄에 공사를 시작하였으나 모아놓은 돈이 부족하였다, 진사를 낸 집안들의 후예들이 자발적으로 出捐하여 5월에 준공을 고하였다. 옛 모습을 복구하여 동에는 사마, 서에는 양사라 편액을 걸었다.[7]
② 대성전 아래에 사마재 양사재가 있었는데 퇴락하여 풍우를 견디지 못하니 길 가던 선비들이 모두 한탄한지 오래되었다. 고을의 선비들이 의견을 하나로 모아 수년동안 저축하고 長利하여 정축년(1937년) 여름에 중수하여 一新하였다. 진사의 후예들이 義捐金을 내어 완료할 수 있었다. 이에 동에 사마, 서에 양사라 편액을 걸었다.[8]

고 한 것처럼, 1937년에 사마재 중수를 시작하고 사마 후손들의 도움을 받아 공사를 마무리한 것이라 하겠다.

양사재는 조선 전기에는 보이지 않던 것이었는데 후기에는 "養士齋는 列邑의 通規"라고 할 정도로 거의 모든 군현에서 설립되고 있었다.[9] 고창 양사재의 설립은 정조 때부터 시도되었는데, 1795년에 고창현감으로 부임한 南履範[10]이 지난번 수령 박행윤이 지급하였던 鄕約錢과 이자를 찾아내 이 돈으로

6 『고창향교지』 권1 양사재 건치연혁

7 『고창향교지』 권2 고창사마재중수기(1939년 권상근 기)

8 『고창향교지』 권2 고창사마재중수사실기(1937년 유영선 기)

9 윤희면, 「양사재의 설립과 운영실태」『정신문화연구』57, 1994), 『조선시대 전남의 향교연구』(전남대출판부, 2015 수록)

10 남이범은 1743년생, 본관은 의령, 1774년(영조 50)년에 생원 진사 양시에 합격하고 음직으로 관직

50여두락의 토지를 매입하였다. 토지에서 地代를 거두었으나 유생들이 한 달 거접에 겨우 쓸 정도여서 양사재 건물을 세우는 대신 규약을 만들어 향교에서 공부하는 것으로 대신하였다.[11] 현감 남이범이 체직한 뒤 1801년 겨울에 고창 유림들이 앞장을 서서 고을 유림들과 문중에 청구하여 수백량을 모으고, 새로 부임해 온 수령의 도움을 받아 1802년에 양사재를 향교의 동쪽에다 자리를 잡고 건립하였다.[12]

1802년에 향교 동쪽에 건립된 고창 양사재는 교육활동을 전개한 것으로 짐작할 수 있으나 세월이 흘러 건물이 낡고 터도 습기가 차기에 양사재를 명륜당 서쪽으로 이건하였다. 고종 4년(1867)에 이 일이 완성되었다. 그러면서 옮겨온 양사재 건물을 반으로 나누어 사마재와 함께 쓰도록 하였던 것이다.[13] 안중섭이 쓴「司馬齋設契序」에

> 임오년간(1882)에 오랜 숙원사업을 폈으니 옛날에 능히 하지 못한 사업을 창설하였다. 동쪽 서쪽 두 곳 방은 비록 대의를 밝히고 일을 다스리는 규모에는 미치지 못하였지만 중앙 한칸 대청은 역시 영재를 육성해내는 즐거움을 자아내는 장소로 제공할만하다. 3년마다 과거를 치루는 날 포부를 펼 수 있으니 당기는 화살마다 갑과와 을과에 적중할 것이고 천년만에 인자한 임금 태평시대 만났으니 이따금 군자들이 떼를 지어 모여들 것이다.

을 시작하여 1795년(정조 21)에 고창현감으로 부임하였다.

11 『고창향교지』 권2 養士財力創置序 (기미(1797년) 8월 하순 지현 南履範 識)

12 『고창향교지』 권2 養士財力創置序 (임술(1802년) 7월 하순 진양인 姜檼 識) 고창읍지 『모양지』의 교궁조에 보면 「양사재. 옛날에는 향교 동쪽 언덕에 있었다. 순조 22년 임오년에 창건하였다. 고종 4년 정묘년(1867년)에 향교 서쪽 언덕으로 이건하였다. 동쪽은 사마재, 서쪽은 양사재라 하였다. 지금은 퇴락하였다. 옛 터에 고등보통학교를 세웠다. 선비 심련이 쓴 창건상량문, 수령 李寬福이 쓴 기문이 있었으나 전해지지 않는다. 진사 안중섭이 쓴 이건기가 있다』 고 하여 1822년에 창건하였다고 되어 있으나 1802년을 잘못 기록한 것이다.

13 양사재의 옛터가 현재 고창고등학교 자리이다. 1918년에 고창군 부안면 오산리에 일본인 마스도미 야스자에몬[枡富安左衛門]이 오산학당을 설립하였다. 1919년 4월 14일 사립 오산학교로 인가를 받아 운영 중에 재정난으로 폐교 위기에 처하자 고창군민들이 고창군민대회를 개최하여 만장일치로 성금을 모아 1922년 4월 1일 학교를 인수하였다. 그리고 1925년에 현 위치로 校舍를 이전하였다

고 하면서 양사재에서 공부하여 생원 진사에 합격하면 사마재로, 이에 그치지 않고 문과에 급제하여 고창 고을에서 인재가 많이 배출할 수 있을 것이라 강조하였다.

이처럼 고창 고을에서는 따로 사마재를 건립하지 못하고 양사재에 얹혀 생원 진사의 모임장소를 마련하였는데, 이에 그치지 않고 사마계를 결성하였다.

> 齋는 재력이 없으면 건물이 노후하지 않을 수 없고, 재물은 계가 아니면 이자를 낼 수 없다. 각자 淵源家(:사마를 배출한 집안)가 약간의 재물을 내어 계를 한다. 우리 고을 읍지에 이름을 올리지 않은 司馬榜은 참여하지 않도록 하는 것은 자기 고을에도 재가 있기 때문이다.[14]

사마재의 존속을 위하여 재력이 필요하였기에 淵源家(:사마를 배출한 집안)들이 재물을 내고 사마계를 결성하였다. 사마계원의 자격은 고창 고을 출신으로 한정한다고 하였다. 그리하여 사마계를 결성한 고창의 생원 진사와 후손(이전 생원진사의)들은 사마안을 작성하기에 이르렀다.

다른 고을의 사마재와 사마안은 생원 진사 합격자들이 앞장서서 만들거나 중건, 續修하기 마련인데 고창은 합격자가 적어 후손들이 사마계를 결성하고 만든 사례이기도 하다. 아무튼 고종 4년(1867) 8월에 양사재를 향교 옆으로 이건하면서 양사재 반쪽에 사마재 현판을 걸면서 사마재를 궁색하게나마 마련하였다. 그리고 12월에 사마안을 만들었다. 이때의 사마안은

> 1. 사마안은 正統 6년 신유년(세종 23, 1441)부터 시작하여 철종 9년 기미년(철종 10, 1859)까지 419년에 걸쳐있다. 10板에 써 넣었고 아래에 남긴 빈 8板은 뒤를 대비한 것이다. (범례)

라고 한 것처럼 고창에서 처음 생원 진사가 배출되었다는 세종 23년부터

14 『고창향교지』 권2 司馬齋設契序

철종 10년까지 생원 진사의 이름을 수록하였다. 사마안을 만든 고종 4년까지 생원 진사 합격자가 더 있었더라면 연대가 늘어났을 터인데 철종 10년에 생원 합격한 李集仁을 마지막으로 아직 합격자가 배출되지 않았기 때문이었다.

현재 고창향교에 소장되어 있는 『사마안』(명칭은 사마재선생안)에는 모두 52명의 생원 진사 이름이 수록되어 있는데, 原編, 續編, 新編으로 구분되어 원편에는 28명, 속편에는 19명, 신편에는 5명의 이름이 있다. 신편은 고종 4년 이후에 합격한 생원 진사들로 사마안을 만들 때에는 없었던 이름이었다.

고창 고을의 사마 명단을 모아 정리하면 다음과 같다.

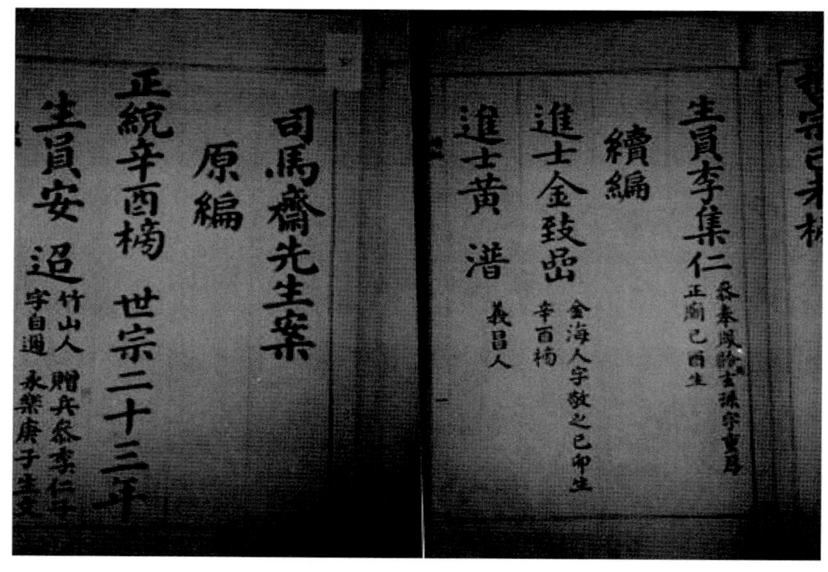

〈고창사마안 사진〉

〈표 2〉 고창의 사마 명단 기록과 인원[15]

	세종	세조	예종	성종	연산	중종	인종	명종	선조	광해	인조	효종	현종	숙종	영조	정조	순조	헌종	철종	고종	미상	합계
사마방목(고창)						1		2	1	2			1	8	3		2		1	4		25
牟陽誌(1793)																						32
고창사마안 原編	1	2	1	3	1	4			4	2			1	5	1	1	1		1			28
고창사마안 續編											1			13	1		2				2	19
고창사마안 新編																				5		5
『조선호남지』 王代 수정	1	2		3	1	6			5	2	1		2	18	2	1	3		1	4		52
『조선호남지』 원래 표기	1	2		1	3	4	1		3	4			2	5	18		3		1	4		52

정조 12년(1788)에 전국에 관문을 내려 읍지를 작성해 올리도록 명령을 하였다. 아마도 이와 관련하여 만들어진 것으로 보이는 고창읍지인 『牟陽誌』(1793년)의 인물조에 등재된 생원 진사를 찾아 정리하면 다음과 같다.

〈표 3〉 『牟陽誌』(1793년) 인물조에 수록된 생원 진사 명단[16]

忠臣	孝子	義士	行義	科宦	蔭仕	生進	합계
6명	22	11	7	26	32	23	
1명 (유동휘)	2 (서유령, 서응성)	1 (유철견)	2 (김경희, 유만령)	0	3 (임중형, 유규, 이봉령)	(9)	32

일반적으로 읍지의 생원 진사 명단은 고을의 사마안을 그대로 轉載하거나 참고하는 것이 보통인데, 고창의 경우는 생진 항목과 별도로 9명을 다른 항목에 따로 분산해서 넣은 특징이 있다. 蔭仕 등으로 벼슬한, 또한 行誼가 뛰

15 사마안의 원편, 속편, 신편을 더하면 모두 52명으로, 왕대별의 수록이 착오가 있기는 하지만 사마안의 원편, 속편, 신편을 한데 묶어 정리한 『조선호남지』의 숫자와 일치한다. 그런데 선조대에는 曺夏發(사마방목 결락으로 연대, 직역 등 확인 못함)이 들어가고, 그 대신 고종대의 송태회(화순)가 빠져 52명에는 변화가 없다. 「사마방목」에는 있는 명종 1년(1546) 진사 합격한 趙億世(龍安人, 직역은 貢生, 아버지는 戶長 조희로)와 영조 14년(1739) 진사 합격한 李命岳(아버지는 호조좌랑 이조원)은 사마안 명단에 빠져 있다.

16 『모양지』 생진 항목에 들어 있는 柳哲男은 사마방목에서 확인하지 못하였다. 그의 형 유현남은 생원 진사를 같은 해에 동시 합격한, 이른바 雙蓮인데 읍지에는 생원으로만 기재되어 있고, 합격이 의심스러운 유철남은 진사로 기재되어 있다.

어난 선조들을 더 두드러지게 하려는 의도로 보이기도 하지만[17], 반면에 숙종 대 만들어졌다고 여겨지는 사마안(舊案)이 불충분하였기 때문이 아닐까 하는 생각이 든다.

고종 4년의 고창사마안은 어떠한 과정을 거쳐 작성되었으며, 원편과 속편으로 나눈 이유는 무엇일까. 앞의 범례에서 邑誌와 舊案에 실려 있어 문헌으로 입증할 만한 생원 진사는 원편에 넣고 연대가 불확실하면 속편에 넣었다고 한다. 곧 원편과 속편의 구분은 근거 자료의 확실 유무에 있었다. 그러나 사마안을 작성할 때 기존 자료만을 근거로 작성한 것은 아니었다. 이어지는 범례에 따르면

> 1. 公文에 근거가 있으나 流落하여 單子가 없는 자(;단자를 내지 못한 자), 私牒이 입증할 수 있으나 누락되었다고 단자를 낸 자는 모두 續編에 붙여 疑問을 전한다.

고 하여 사마안을 작성할 때 후손들에게 單子를 받았음을 알려주고 있다. 그리하여 생원 진사의 후손들이 단자를 내면 이를 읍지와 舊案에서 확인하여 이름을 있는 인물들은 原編에 넣었던 것이다.

사마안 원편에 이름을 등재하면서

> 1. 성과 이름 아래에 본관, 자를 쓰고, 이어 어떤 선현의 후손이며 어떤 벼슬을 써 넣은 것은 씨족을 밝히고자 함이다. 연대를 써넣은 것은 합격한 해이다. 문음, 그리고 벼슬을 쓴 것은 實錄에 대비한 것이다. 公文에 없으면 생략하였다.

고 하여 집안 내력을 밝히려고 하였다.

---

17 『모양지』를 만드는 책임자는 도유사 유영이(본관은 고흥, 병자호란 때 倡義하고 碧山祠에 향사된 察訪公 柳鐵堅의 5세손), 별유사는 유격(柳鐵堅의 6세손), 김성률(본관은 광산, 을사사화로 은거하고 蘆山祠에 향사된 노계공 金景憙의 8대손)로, 모두 고창의 양반 사족 성관의 일원이었다.

〈표 4〉 고창 사마안 원편 수록자 명단

	이름	본관	직역	직책	거주	연대	집안 내력	비고
1	安 沼	죽산	생원?	세종	고창	1441	문과, 좌리공신. 아들 안자전(읍지 음사)이 고창에 始居	읍지 과환 (사마표시없음)
2	林仲亨	조양	생원	세조	고창	1446	좌의정 임세미 子	읍지 음사
3	安子誠	죽산	진사?	세조		1468?	안초① 子, 牧使	
4	安子謹	죽산	진사 무자 방	세조	미상	1468	안자성③ 동생, 승훈랑	방목(1469)
5	曺承祖	창령	생원	성종	미상	1483	조석생 자, 직제학	읍지 생진
6	安 恒	죽산	생원?	성종		1492?	안자성③ 자, 현령	
7	金命元	광산	진사?	성종		1492?	김오행 자, 副正	읍지 음사 (사마 표시 없음)
8	徐有齡	이천	생원	연산		1504	서호 현손, 참봉	읍지 효자
9	金龜瑞	광산	생원	중종		1510	김명원⑦ 자	읍지 생진
10	金漑卿	청풍	생원	중종		1516	김현 孫, 감사 金義之 증손	읍지 생진
11	金景憙	광산	생원	중종	고창	1534	김명원⑦ 孫	읍지 行義
12	徐應星	이천	진사	중종	고창	1543	서유령⑧ 자,	읍지 효자
13	柳東輝	고흥	진사	선조	고창	1579	유춘발 자, 정사공신	읍지 공신
14	金泰宇	광산	진사	선조	고창	1606	김경희⑪ 자	읍지 생진
15	柳賢男	고흥	생진	선조	서울	1610	유동휘⑬ 從姪	읍지 생진
16	柳哲男	고흥	생진?	선조		1610?	유현남⑮ 동생, 유동휘⑬ 종질	읍지 생진
17	柳 㵱	고흥	생원	광해	서울	1612	유현남⑮ 자,	방목(1618) 서울
18	柳鐵堅	고흥	생원	광해	고창	1615	유동휘⑬ 姪, 찰방	읍지 義士
19	柳萬齡	고흥	진사	현종	고창	1661	유철견⑱ 자, 참봉	읍지 行義
20	柳以澤	고흥	진사	숙종	고창	1699	찰방 柳澐 현손	읍지 생진
21	柳 奎	고흥	생원	숙종	고창	1705	유운 현손, 直長	읍지 음사
22	柳寅樞	고흥	진사	숙종	고창	1708	유규㉑ 종질	읍지 생진
23	柳翊漢	고흥	생원	숙종	고창	1713	유만령⑲ 질	읍지 생진
24	李鳳齡	경주	생원	숙종	부안	1714	이제현 후손, 참봉	읍지 음사
25	柳永觀	고흥	생원	영조	고창	1774	유익한㉓ 종증손	읍지 생진
26	李光信	연안	생원	정조	부안	1790	僉樞 이세온 자	
27	柳東植	고흥	진사	순조	무장	1827	유운 7대손	
28	李集仁	경주	생원	철종	고창	1859	이봉령㉔ 현손	(19명)

모두 28명을 담고 있는데, 읍지에서 19명(생진 10, 인물, 행의 등 9)을 확인할 수 있다. 그런데 생원 진사에 합격하지 않은 것으로 보이는 인물들도 원편

사마안에 등재되어 있다. 예를 들면 안초(①)와 그의 아들 안자성(③), 손자 안항(⑤)은 방목에서 확인하지 못하였으며(안자성, 안항은 읍지에도 없음), 김명원(⑦), 유철남(⑯)도 확인하지 못하였다. 이는 후손들이 선조들이 합격하였다고 단자를 냈기 때문이며, 사마안을 작성한 사람들도 마침 읍지에 수록되어 있기에 꼼꼼히 확인하지도 않았기 때문일 것이다.

원편에 들어 있는 28명의 본관은 정리하면 다음과 같다.

〈표 5〉 고창 사마안 원편 수록자 본관

	세종	세조	예종	성종	연산	중종	명종	선조	광해	현종	숙종	영조	정조	순조	철종	고종	합계
사마방목(고창)						1	2	1	2	1	8	3		2	1	4	25
고창사마안 원편	1	2	1	3	1	4		4	2	1	5	1	1	1	1		28
본관	죽산	조양 죽산	죽산	창령 죽산 광산	이천	광산 2, 청풍 이천		고흥 3 광산	고흥 2	고흥	고흥 4, 경주	고흥	연안	고흥	경주		

고흥 유씨 12, 죽산 안씨 4, 광산 김씨 4, 창령 조씨 1, 조양 임씨 1, 이천 서씨 2, 청풍 김씨 1, 경주 이씨 2, 연안 이씨 1 등이었다. 1867년에 양사재를 옮기면서 사마재의 현판을 걸고 사마안을 작성하는데 간여한 인물들의 면모를 보면

> 지금 임금 4년 정묘 8월에 修屋하고 12월에 修案하였다. 司馬齋 營繕 광산후학 김철원, 창령후학 조현승, 죽산후학 안석필, 講長 고흥후학 유지기, 先生案 輯編 죽산후학 안중섭, 校正 고흥후학 유경선, 司書 죽산후학 안석필[18]

등으로 모두 원편에 들어 있는 많은 수를 점하는 생원 진사와 같은 본관이고 후손임을 알 수 있다. 결국 사마안을 만든 목적은 생원 진사들의 후손들이 선조를 내세워(합격하지도 않은 몇몇 선조들을 포함시키면서) 자신들이 고창

18 『사마재선생안』 凡例

에서 유서 깊은 양반들의 후손임을 과시할 목적에서였다고 하겠다. 그러기에 이들은 사마재를 만들고 사마안을 작성하면서 凡例에

1. 안의 매 板에는 반드시 몇 판이라고 써 넣어 위조를 방지하였다.
1. 안을 만들어 櫃에 넣고, 궤는 봉하여 藏에 보관하는데 藏의 열쇠는 유사가, 궤의 열쇠는 講長이 갖는다. 모두 모이지 않으면 奉審할 수 없고 新榜 역시 함부로 써 넣을 수 없다.

라고 하여 함부로 몰래 이름을 써넣는 행위를 막으려고 하였을 뿐만 아니라 사마안을 각별히 관리하여 양반의 후예가 아니면 사마안에 이름을 올릴 수 없도록 하였던 것이다. 따라서 1860년대 고창 양반들이 사마재를 자신들만의 기구로 활용하고 사마안을 관리하여 신분적 혼효를 적극 막고자 하였음을 알 수 있겠다.

그렇다면 원편이 아닌 속편에 들어 있는 인물들은 누구였을까. 속편에 들어 있는 19명의 명단을 정리하여 보도록 하자.

〈표 6〉 고창 사마안 續編 수록자 명단

	이름	본관	직역	합격연대	거주지	전거	비고
01	金致嵒	김해	진사	辛酉 榜		?	
02	黃 濬	의창	진사	?		읍지	
03	奉天愼	하음	진사	인조(1639)	영광	방목, 읍지	병판 奉楫 7대손, 직역은 業儒
04	奉日暉	하음	진사	숙종(1681)	전주	방목, 읍지	봉천신③ 아들, 직역은 業儒
05	奉日華	하음	진사	숙종(1675)	고창	방목, 읍지	봉일휘④ 동생, 직역은 校生
06	邊 寓	원주	생원	숙종(1691)	고창	방목, 읍지	아들은 생원 변여호⑩(부안)
07	李喜相	함평	생원	숙종(1687)	덕산	방목	아버지는 통덕랑 李之萬
08	李 泓	완산	생원	숙종(1682)	고창	방목	아버지 이시휘도 진사(서울)
09	羅天鼎	금성	진사	숙종(1683)	나주	방목, 읍지	아버지 나희도 생원(나주)
10	邊汝虎	원주	생원	숙종(1696)	부안	방목, 읍지	변우⑥ 아들
11	崔聖度	완산	생원	숙종(1696)	전주	방목, 읍지	
12	李雲鳳	함평	진사	숙종(1708)	나주	방목, 읍지	증지평 이덕수 증손, 이운룡⑮과 형제

13	孔大鵬	창원	생원	숙종(1705)	고창	방목, 읍지	
14	李萬脩	전주	생원	숙종(1711)	고창	방목, 읍지	
15	李雲龍	함평	진사	숙종(1719)	흥덕	방목, 읍지	이운봉⑫과 형제
16	李顯道	완산	진사	숙종(1719)	서울	방목	
17	宋殷錫	용성	진사	영조(1727)	고창	방목, 읍지	
18	吳夏哲	해주	생원	순조(1801)	고창	방목	문과 급제(1804)
19	金澤華	광산	생원	순조(1809)	고창	방목	

『모양지』(1793)에 등재된 생진 23명 가운데 13명이 속편에 수록되어 있는데, 범례에

> 1. (사마)案은 鄕先生이기에 縣誌(읍지)와 舊案에 실려 있는 이름이 아니면 입록을 허락하지 않는다. 案은 합격한 연대순으로 하였기에 文獻이 족히 믿을만하면 原編에 넣었고, 연대가 확실하지 않으면 續編에다 부쳤다.

고 한 대로라면 13명 모두 원편에 들어가야 마땅하지만 속편에 넣은 이유는 무엇일까 하는 점이다.

속편의 인물들은 크게 세 부류로 나눌 수 있을 것 같다. 하나는 거주지가 고창이 아닌 경우이다. 이들은 처향이나 외향 등으로 고창과 연고를 맺었던 이들로 원편에 수록되어도 상관이 없는 경우였다. 그러나 안중섭이 작성한 「司馬齋設契序」에,

> 재는 재력이 없으면 건물이 노후하지 않을 수 없고, 재물은 계가 아니면 利子를 낼 수 없다. 각자 淵源家(:사마를 배출한 집안)가 약간의 재물을 내어 계를 한다. 우리 고을 읍지에 이름을 올리지 않은 司馬榜은 참여하지 않도록 하는 것은 자기 고을에도 재가 있기 때문이다.

고 하여 사마를 배출한 淵源家들이 재물을 내어 사마계를 맺었고, 이들 중심으로 사마안을 작성하였으며, 따라서 고창과 연고가 있어 예전에 사마안에는

들어있었지만 현재는 고창과 관련이 없어진 인물들은 배제하여 속편으로 분류해 놓은 것이라 하겠다. 속편 19명 가운데 거주지가 고창이 아닌 사람이 9명이고 미상이 2명인데, 이들 대부분이 다른 고을 생원 진사에 해당하는 경우라 하겠다.

두 번째는 단자를 내지 못한 경우이다. 이들은 거주지가 고창으로 되어 있지만 고종 4년 현재 고창을 떠나서 후손들이 단자를 내지 못한 인물이나 집안이었기 때문이었을 것이다.

> 1. 公文에 근거가 있으나 流落하여 단자가 없는 자(;단자를 내지 못한 자), 私牒이 입증할 수 있으나 누락되었다고 단자를 낸 자는 모두 續編에 붙여 疑問을 전한다.(범례)

고 하여 「公文은 있으나 流落하여 단자를 내지 못한 자」라고 한 것이, 첫번째의 다른 고을의 생원 진사도 포함되어 있겠지만, 바로 이들을 가리키는 것이라 하겠다.

그리고 세번째는 신분의 하자 때문이라 짐작된다. 「私牒이 입증할 수 있으나 누락되었다고 단자를 낸 자」에 해당하는 경우이다. 그 대표적인 예로 하음 봉씨 3부자(3,4,5번)를 들어보면, 봉천신은 세종대 병조판서 奉楫의 7대손이라 하지만(읍지) 직역이 업유였고, 그 아들 봉일휘도 업유, 그리고 봉일화는 직역이 교생이었다. 향교 교생이라는 직역은 조선 후기에는 서얼이나 평민의 상층부가 담당하기 마련이었기에, 좀 더 추측하자면 봉천신 3부자의 신분적 내력은 庶族이었을 가능성이 크며, 아니면 경제적으로 성장하고 있었던 평민의 상층부가 아니었을까 싶다. 이들은 읍지에는 이름이 있지만 고종 4년에 사마안을 작성할 때 참고하였을 舊案에는 이름이 없었기에, 그리하여 후손들이 私牒을 붙여 선조들이 생원 진사임을 입증하면서 단자를 내었지만 신

분적 하자로 말미암아 속편으로 분류되었던 것이라 하겠다.[19]

곧 고종 4년에 작성된 고창사마안의 원편과 속편의 구분은 고창 양반사족들의 신분관이 그대로 적용된 결과였다. 그리고 1867년 이후의 사마안에는 新編이라 하여 고창 출신의 생원 진사 합격자 4명(안동 김씨 부자, 죽산 안씨, 청도 김씨)과 함께 화순 출신으로 고창에 이주한 생원 송태회 등 모두 5명을 기재해 넣었다.

〈표 7〉 고창사마안 신편 수록자 명단

	이름	본관	직역	합격연대	거주지	방목	비고
29	金養大	안동	진사	1874	고창	방목	
30	安重燮	죽산	진사	1880	고창	방목	사마안 작성, 편집
31	金相範	청도	생원	1886	고창	방목	
32	宋泰會	여산	진사	1888	화순	방목	1918년 吾山高普를 설립하여 민족사상을 고취한 儒林, 항일운동가
33	金榮喆	안동	생원	1894	고창	방목	㉙김양대 아들, 사마재 창건

이들 모두 고창 고을에서 양반 사족으로 평가받고 있던 인물들이라 하겠다. 결국 19세기에 이르러 신분질서가 붕괴되어간다고 일반적으로 이해하고 있지만 고창에서는, 다른 고을도 마찬가지였지만, 19세기 말까지도 양반사족 중심의 사마재와 사마안이, 더 나아가 향촌질서가 여전히 관철되고 있음을, 혹은 관철이 강요되고 있음을 보여주는 것이라 하겠다.

1900년대 이후 지방지와 향교지에는 이들 명단이 어떻게 처리되고 있는지를 살펴보도록 하자.

1935년에 편찬된 『조선호남지』 고창편에는 생원 진사 52명이 수록되어 있는데, 이는 사마안의 원편, 속편, 신편을 한데 묶어 정리한 것이다. 왕대별의 수록이 착오가 있기는 하지만 고종대의 송태회(화순)을 빼고 선조대에 진사에 합격하였다는 曺夏發(본관은 창령, 部將 조인걸의 손자, 사마방목 결락으

19 『사마방목』에 의하면 명종 원년(1546)에 진사 합격한 趙億世가 찾아지는데, 직역은 공생이고 아버지는 호장 趙希老였다. 향리 자제인 그의 이름은 읍지나 사마안에서 찾아볼 수가 없다.

로 확인 못함)을 넣어 모두 52명을 담고 있다. 사마안이 신분을 고려하여 구분한 것이라면, 『호남지』는 이에 상관없이 함께 열거하여 표면적으로 신분제의 잔재를 벗어난 것으로 파악할 수 있다.

그 이후 작성되는 고창의 군지, 『고창향교지』(1965년) 등에는 사마안을 그대로 등재하는 정도에 그치고 있다.(2018년 新稿)

제3장
19세기말 전라도 남원의 司馬所 鄕戰

1. 머리말

조선시대 각 고을에 司馬所(또는 司馬齋)라는 것이 있었다. 사마란 소과 합격자인 생원, 진사를 가리키는 말이니, 사마소란 바로 생원, 진사들이 모이는 곳, 또는 모여 공부하는 서재라 할 수 있다. 생원, 진사에 합격하면 성균관에 입학하여 문과 준비를 하는데, 여러 가지 사정 때문에(문과 실패, 경제적 곤란, 질병, 가사 등) 고향으로 돌아온 생원, 진사들의 교육장소로 마련한 것이 사마소였다. 그리고 성균관에서 청금록을 작성하듯 사마소에서도 자기 고을 생원, 진사들의 이름을 적어 넣은 司馬案(또는 司馬錄)을 작성하였다.[1] 따라서 사마소는 지방의 성균관이라 할 수 있으며, 향교와 서로 연결되어 향교 시설을 빌어 이용하거나 향교 안이나 근처에 따로 시설을 마련하기도 하였다.[2]

사마소의 건립 시기는 생원, 진사의 배출이라든가 성균관의 입학 여부 등

1 윤희면, 「경주 사마소에 대한 일고찰」 『역사교육』 37 · 38합, 1985.(본서 1장)

2 『신증동국여지승람』 권35 光山縣 학교. 사마소는 처음에는 향교의 시설 일부를 빌려 사용하였으나, 양반만 아니라(額內, 또는 上額) 평민도(액외, 또는 中額, 下額) 입학이 가능한 교생과 생원, 진사와는 자격과 위상의 차이가 있기에 점차 별도의 건물을 마련해 나갔다.

고을 형편에 따라 제각기 달리하였다.[3] 사마소는 교육정도가 비슷한 서원의 등장과 발달로 위축되었고 임진왜란과 병자호란으로 대부분 불타버린 채 방치되었다가, 대체로 숙종 이후에 여러 고을에서 중건되었고 사마안도 재작성되었다. 신분제 변동 속에서 양반사족들이 지배신분으로서의 지위와 신분적 우위를 도모하기 위한 목적에서였다.

양반사족들의 중심기구인 남원 사마소에서 1877년과 1892년에 두 차례의 鄕戰이 일어났다. 생원, 진사에 합격하였지만 양반사족들로부터 양반이 아니라고 배제당한 이들이 사마소 참여와 사마안 입록을 주장하고 나섰기 때문이었다. 이 과정에서 양측은 치열하게 감영과 관아, 암행어사에게 上書를 올렸고, 상서 작성과 여론 조성에 앞장섰던 양반사족들 몇몇은 官權을 능멸하였다는 죄목으로 여러 달 감옥에 갇히는 수모를 겪기도 하였다.

본고에서는 남원 사마재의 운영모습에 이어 19세기 말에 벌어졌던 두 차례 鄕戰의 전말을 자세하게 알아보려고 한다. 사마소를 고수한 양반사족과 도전하는 이들은 어떠한 집안이었을까, 향전을 통하여 그들이 추구하려던 가치는 무엇이었는가, 지방관들의 입장과 태도는 어떠하였으며 향전은 어떻게 결말을 지었을까 등을 살펴보려고 한다. 이러한 남원 사마소의 향전 모습을 통하여 향촌사회에서의 신분제 갈등을 알아보고, 조선후기의 신분제 변동과 신분제 해체 정도를 어떻게 해석해야 하는가도 가름해보고자 한다.[4]

2. 남원 사마소와 사마안

사마소는 성종 19년에 김종직 등 영남사림파의 노력에 의하여 복설된 유향

3 필자가 확인한 가장 빠른 사마소와 사마안은 세종 20년에 세워진 경상도 함창의 경우이다.(『輿地圖書』 및 『嶠南誌』 권9 咸昌郡 校院)

4 남원 사마재의 향전에 대한 자료는 『조선사회사자료 1(남원)』(국사편찬위원회, 1990)에 수록된 32건의 上書, 單子, 稟目이다. 이를 이용한 연구로는 김현영, 『조선시대 양반과 향촌사회』(집문당, 1990, 176-179쪽)가 있다. 문제의 비중에 비하여 소략하게 언급하고 지나갔기에 좀 더 자세한 논의가 필요하다는 판단에서 본고를 작성하게 되었다.

소가 경재소를 통하여 훈구파에게 장악된 것에 반발하여 사림파 계열의 생원, 진사들이 별도로 세운 것이라 이야기되고 있다.[5] 사마소가 사림파 계열이라고 할 여부는 고을에 따라, 생원, 진사의 성향에 달린 것이겠지만, 남원 사마소는 연산군 4년 8월에 있었던 유자광의 계에서 처음 확인할 수 있다.[6]

〈표 1〉 태조 ~ 연산군 2년 남원고을 생원, 진사 배출[7]

	태조	정종	태종	세종	문종	단종	세조	예종	성종	연산
龍城誌			1	5	2	2	7	1	11	3
사마방목				8					2	
남원사마안									3	2

남원 사마소를 누가, 언제 설립하였는지를 알려주는 자료를 찾을 수 없지만, 사마 배출 현황으로 미루어 사마소 건립은 세종부터 연산군 2년 사이로 짐작해 볼 수 있다. 그러나 세조 때라면 유향소를 혁파하는 등 강력한 중앙집권적 체제를 갖추어 나가는 시기이기에 사마소의 건립 가능성은 낮을 수밖에 없을 듯하며, 세종대와 성종대가 가능성이 높아 보이는데 마침 『남원사마안』의 이름이 성종 14년 급제자인 邢璣부터 시작되고 있어 아마도 이 무렵에 설립되었다고 보는 것이 자연스러워 보인다.[8]

---

5 이태진, 「사림파의 유향소 복립운동」 『진단학보』 34, 35, 1972, 1973, 403-405쪽.

6 『연산군일기』 권31 4년 8월 계유

7 남원의 사마 합격자를 알려주는 자료는 남원읍지인 『龍城誌』(숙종대 편찬, 208명 수록), 『南原府司馬齋司馬案錄』(남주원 편, 1918년, 372명 수록), 『帶方蓮桂案』(1938년, 854명 수록으로 생원 진사(重試 및 문과합격 포함) 716명, 문과 138명), 『사마방목』(동방미디어 CD, 남원 384명, 一新(남원에서 降邑) 5명)이 있다. 『용성지』에는 숙종 25년까지의 합격자가 수록되어 있으며, 『남원부사마재사마안록』은 편찬기준이 밝혀져 있지 않으나 명단을 비교해 보면 庶出들은 제외되어 있음을 알 수 있다. 『대방연계안』은 합격 여부가 의심스러운 사람이 생원 진사 63명, 문과 44명이나 되어 이용에 세심한 주의가 필요하다. 『사마방목』은 인조 이전은 缺年이 많아 전모를 알기 힘들다. 〈표 1〉은 『대방연계안』을 참고하여 왕을 구분하고, 명단을 서로 비교하여 작성하였다.

8 연산군 4년 유자광의 계에서 남원과 함께 거론된 함양은 『사마안』에 세종 6, 문종 1, 단종 2, 세조 5, 예종 3, 성종 20, 연산군 10명의 사마합격자가 기록되고 있어, 함양 사마소도 성종 대에 건립되었을 가능성이 높다고 하겠다.(『司馬齋題名案』(박상규 편, 함양 蓮桂齋, 1914년)(보주) 이때의 함양 사마소는 향교를 이용하여 모임을 가졌던 것 같으며 사마안이 작성된 때는 중종대, 사마소가 건

남원 향교가 태종 11년(1411년)에 만들어졌고, 현재 위치로 옮겨 온 것이 세종 25년(1443년)이라 하는데, 남원 사마소는 아마도 향교의 한 시설을 빌리기 보다는 고을의 규모로 보아 향교 안에나 근처에 건립되었을 것이다.[9]

사마소는 향촌에서 폐해를 입히는 존재라 하여 자주 규제를 받고 있었다. 선조 6년에 유성룡이 경연 자리에서 혁파하자고 주장한 것도 사마소가 생원, 진사들의 교육기관이라는 본래의 기능에서 벗어나 향촌사회의 제반 사항에 간여하며 위세를 떨치고 있었기 때문이었다.[10] 이러한 중앙의 규제와 함께 사마소는 서원의 등장과 발달로 점차 쇠퇴해져 간 것 같다. 초기서원의 입학자격은 생원, 진사를 우선으로 하였기에 사마소를 대신할 수 있었다.[11] 남원 사마소도 점차 규제의 대상이 되었음은 물론, 새로운 향촌기구로 등장하고 있던 서원에 밀려 퇴색되어 갔다고 생각된다. 마침 남원향교가 정유재란 때에 전소되었다가 1601년에 복구되었는데, 남원 사마소도 다른 고을의 경우처럼 그대로 없어졌다가 숙종 이후에 복설되는 추세 속에서 다시 등장한 것으로 짐작할 수 있다.[12] 복설 이후에 남원 사마소는 순조 29년(1829년)에 화재로 소실되었다가 남원부사의 도움으로 복원되기도 하였다.[13]

남원 사마소도 다른 고을과 마찬가지로 齋長과 有司의 임원이 있었고, 춘추강신, 상호부조, 친목도모 등을 담은 齋式(또는 規式)을 만들어 활동을 하였다.[14] 고을과 관련해서는 향교 석전제의 獻官, 南岳 香祝의 典祀를 맡기도

립된 때는 이보다 더 늦다.(5장 참조)

9 현재 남원 사마소는 향교 대성전 옆에 4칸 건물로 세워져있다. 처음부터 이 자리에 있었는지는 확인할 수 없지만, 향교 근처를 크게 벗어나지는 않았을 것이다.

10 『증보문헌비고』 권235 직관고 22.

11 임진왜란 전까지 남원에 설립된 서원으로 창주서원(1579년), 고룡서원(1583년)이 있다. 서원이 유향소, 사마소 등을 대신하는 포괄적인 기능을 지니며, 사림들의 집결소가 되는 새로운 향촌기구로 나타났다는 견해는 윤희면, 「백운동서원의 설립과 풍기사림」 『진단학보』 49, 1980, 78-81쪽 ; 『조선시대 서원과 양반』(집문당, 2004) 56-60쪽 참조.

12 윤희면, 「경주 사마소에 대한 일고찰」 『역사교육』 37 · 38합, 1985. 196-197쪽

13 『남원향교지』 권1 사마재중건기(1969년, 남원향교)

14 사마소의 재식은 대개 비슷했던 것 같다. 전라도 곡성 사마소는 「齋式은 1.吉凶相顧, 1.患難相恤, 1.過失相規, 1.春秋講信이다.」(「곡성사마재중수서」)라 하였고, 경상도 함양 사마소는 「춘추로 강

〈남원 사마재〉

하였다.[15] 생원, 진사의 교육과 활동에 필요한 재정기반으로 수령이 도움을 주거나 자체적으로 마련한 노비와 殖利 등을 갖추고 있었다. 아울러 사마소를 유지하는데 필요한 인원으로 書員, 庫直 등도 소속되어 있었다.[16]

사마소는 어려운 소과합격자의 모임장소이기에 고을에서의 사회적 지위는 대단하였다. 따라서 지위에 걸맞게 여러 향촌문제에 간여하여 영향력이 큰 여론을 형성하기 마련이었다. 그런데 사마소에는 사마가 아닌 사람도 드나들어 모임을 가졌다. 사마들의 후손 및 향교에 드나드는 교임, 유생 등 章甫와 문과에 급제하거나 음직 등으로 벼슬을 하다가 낙향한 前現職 관료들도 사마소에 드나들었다. 그리하여 향촌과 사마소에 문제가 발생하였을 때 司馬有司, 章甫有司, 搢紳有司를 두어 각각의 이해관계를 대변하고 조정하기도

신하고 길흉을 相保하니 온 고을 사문의 아름다운 뜻이 얼마나 가상한가.」(『玉溪先生文集』 권5 司馬齋名錄序)라 한 것에서 유사함을 엿볼 수 있다.

15 『조선사회사자료 1(남원)』, 6-1-13 上書(552쪽), 다음부터는 「향전자료」 6-1-13 상서(552쪽)로 표기한다.

16 윤희면, 「경주 사마소에 대한 일고찰」 『역사교육』 37 · 38합, 1985. 190-191쪽.

하였다.

생원, 진사에 합격하면 사마안에 등재할 자격을 얻게 된다. 합격을 하면 향교 대성전에서 나아가 공자 위패에 절을 올리는 謁聖을 하는 것이 관례이며, 그런 다음 기존의 사마들이 사마소에 모여 신입 사마의 자격을 심사하고 이름을 사마안에 써넣는다(題名, 入錄, 付標라 한다). 새로 사마안에 이름을 올린 사람은 新入禮錢을 내고 크게 잔치를 벌이는 것이 관례였다. 신입 관원이 처음 치루어야 하는 허참례와 비슷한 이러한 잔치를 新參會[17], 또는 文酒會[18]라고 부르기도 하였다. 그런데 모든 합격자가 사마안에 이름을 올릴 수 있는 것은 아니었다. 여기에도 일정한 기준과 자격이 있었다. 사마안에 이름을 올린 사람(先案)의 후예이거나 문벌이 있어야 했다.[19] 양반들의 표현을 빌리자면 地閥과 世德이 요구되었던 것이다.[20]

「사마방목」이 거의 온전한 인조부터(영조 1회분만 누락) 고종까지 남원 사마의 사마안 입록 실태를 조사해 보면 다음과 같다.

〈표 2〉 인조~고종 남원 사마의 사마안 입록 실태[21]

자료 \ 왕별	인조	효종	현종	숙종	경종	영조	정조	순조	헌종	철종	고종	합계
사마방목	39	13	26	49	4	27	15	10	8	12	86	288명
남원사마안	38	12	25	47	4	27	15	8	6	9	47(44)	237명
(%)	(97)	(92)	(96)	(96)	(100)	(100)	(100)	(80)	(75)	(75)	(55(51))	(82)

『사마방목』에 거주지가 남원으로 기재된 사마들의 사마안 수록 비율이 19세기에 들어서면 점차 떨어지고 있으며, 합격 정원의 확대로 합격자가 대폭

17 全球(1724~1806), 『半巖集』 己酉臘月立春日設司馬所新參會(경상도 영주)

18 「1. 무릇 추후에 과거에 합격하여 당연히 이 연계안에 들어가야 할 자는 대략 四館의 許參禮를 모방하여 술항아리를 갖추어 一場에서 文酒會를 열도록 하였다.」(「단양연계회시첩」(1688년))

19 「향전자료」 6-1-2 상서(536쪽)

20 「향전자료」 6-1-9 상서(548쪽)

21 고종대 사마안 등록자 47명 가운데 영천 이씨 3명이 들어 있으나, 이들은 후술할 1892년의 향전 당사자들이었다. 이들을 제외하면 44명이 된다. 그러면 입록 비율은 51%이다.

늘어나는 고종대에 이르면 비율이 절반 정도에 그치고 있다.

사마소 향전이 일어나는 고종대 이전에 사마안에 이름을 올리지 못한 생원, 진사 12명의 명단과 신분 특징을 알아보고자 하자.

〈표 3〉 사마안 미입록 남원 사마(인조~철종) 12명의 명단과 신분 특징

왕별	이름	용성지	사마안	연계안	사마방목	특 징
인조	許 昕				○	사마방목에 許通 표시
효종	玄和祖				○	유일한 여주 현씨 합격자
현종	朴泰章				○	유일한 나주 박씨 합격자
숙종	崔載齡				○	숙종15년 생원, 부친은 가선대부중추부동지사
숙종	金錡皓				○	숙종 36년 생원, 系父는 충무위부사과 金世鳴
순조	權以度			○	○	순조 1년 진사, 생원 權適經(사마안 수록)의 현손
순조	權時應			○	○	순조 34년 진사, 진사 權瑀(사마안 수록)의 현손
헌종	閔敦爀				○	유일한 여흥 민씨 합격자
헌종	韓時達				○	헌종 6년 생원
철종	李碩豪			○	○	전주 이씨, 庶出
철종	李震林			○	○	전주 이씨, 庶出
철종	趙鉉廷				○	철종까지 유일한 순창 조씨 합격자

(*○은 수록 표시)

우선 숙종 25년까지의 사마 합격자를 담은 『용성지』에 수록되지 못한 4명의 사마는 어떤 신분적 하자를 짐작하게 해준다. 마침 허흔이 방목에 許通으로 표시되어 서자임을 분명히 알 수 있으니 이들 4명은 庶出이거나 가문이 미미한 존재가 아닐까 싶다.

그렇다면 숙종 25년 이후의 합격자도 신분은 비슷해 보인다. 철종대의 이석호, 이진림은 후술할 고종 때의 사마소 향전에서 양반들의 上書에 "中徒"로 지적되고 있어 서출임을 알 수 있다. 나머지 6명은 방목으로는 알 수 없으나 1918년에 발간한 『남원사마재사마안』에는 서출들이 수록되지 않는 것으로 미루어 이들도 서출일 가능성이 크며, 혹은 사마에 처음 합격한 姓貫이라는 점에서 아직 남원고을에서는 양반으로 대우를 받지 못하는 미미한 집안이라고 생각할 수도 있다. 결국 사마안에 이름을 올리지 못한 12명 사마의 집안

내력과 신분으로 미루어 볼 때, 사마안에는 문벌양반들만이 이름을 올릴 수 있었다고 하겠다.[22]

생원, 진사는 식년시와 증광시에만 각각 100명씩 선발하였는데 철종 9년부터 합격자의 수를 늘려나갔고, 고종대에는 더욱 수를 늘려나갔다.[23] 생원, 진사의 정원 증가와 비례하여 남원고을에서도 고종대에 합격자가 격증하였다. 그러나 생원, 진사에 합격하고도 사마안에 입록하지 못한 사람들이 거의 절반에 달하고 있다.(표 2) 따라서 이들의 불만은 커질 수밖에 없었으며, 사마안 양반과 사마안에서 배재된 비양반들과의 향전은 언제든 예견할 수 있는 일이 되어가고 있었다.

3. 1877년 향전

豪富하다는 평을 받을 정도로 재산을 일군 李海龜가 고종 11년(1874년) 증광시에 75살의 나이로 생원 합격하였다.[24] 이에 사마안에 이름을 올리려고 하였으나 남원 유림들의 반대로 뜻을 이루지 못하고 있었다. 유림들의 말을 빌리면 이해구는 순천에서 살던 천한 신분(賤種)으로 곡성을 거쳐 남원으로 살러 들어온 인물이었다고 한다. 본관이 전주이고 효령대군의 후예로 자처하지만 유림들은 고종 원년(1864년)에 갑자기 宗籍에 올리고 항렬을 바꾸는 등 托名, 冒錄한 것으로 보았다. 말하자면 僞譜, 買譜한 것으로 보았던 것이다.[25] 따라서

22 양반들은 자신들을 士家司馬라 부르고, 양반이 아닌 이들을 卑下司馬로 부르면서 서로를 구별하고 있다.(「향전자료」 6-1-5 상서(541쪽)

23 이진옥, 『조선시대 생원진사연구』(집문당, 1998), 41쪽 주85의 〈표〉

24 이해구는 「사마방목」에 1800년생, 본관은 전주, 직역은 유학, 거주지는 남원, 성적은 148명 생원 가운데 3등 64로 기재되어 있다. 생전에 許傳과 교유하였다고 하는데(『대방연계안』 권2 고종조) 허전의 문집에서 교유 여부를 알려주는 글귀를 찾아내지는 못하였다.

25 「향전자료」 6-1-4 상서(539쪽), 6-1-5 상서(541쪽)

본읍 사마재는 고을 사족의 先案이 봉안된 곳입니다. 國賢이고 鄕賢입니다. 先案의 후예 이외에 地閥이 두드러지지 못한 자들은 案에 부치는 것을 허락하지 않았습니다. 이는 300년간 내려오는 조약이고 이미 하나의 定規가 되었습니다.[26]

고 하면서 양반사족의 전통을 강조하는 유림들 앞에서 문벌과 世德이 떨어진다는 이해구의 사마소 참여는 애초부터 불가능해 보이는 일이었다.

사마안의 입록을 거절당한 뒤에 이해구의 아들 李敏植[27]은 적지 않은 뇌물을 쓰고 鄕員인 安宗濂, 吳成善 등에게 청탁하여 이해구의 이름을 사마안에 몰래 올리는데 성공하였다. 유림들의 말로는 이해구가 鄕品이라 거짓하고 官令을 빙자하였다고 하는 것으로 보아[28] 재산을 가진 이해구 일가에서 관아와 결탁하고 鄕族이라 하면서 몇몇 향원들을 뇌물로 달래어 이름을 올린 것으로 판단된다.

몰래 사마안에 付標한 것을 알아챈 사마와 장보들은 향교에서 모임을 가지고 이해구의 이름을 칼로 도려내었다. 그리고 이러한 사실을 글로 적어 남원부사에게 올리니 부사는 「士論이 있는 곳에 조치하는 것이 어떠한가」라고 題音을 내려 유림들의 행동을 묵인하였다.[29] 사마와 유림들은 재발을 막기 위해서 이해구의 아들 이민식을 불러 좌중에 앉히고 暗錄한 죄를 꾸짖는 등 면박을 주는 面責을 하였다. 이에 이민식이 스스로 사마안에서 아버지 이해구의 이름을 지우는 것으로 1875년의 사태는 일단락되었다.[30]

사마안에 입록을 원하는 사람들은 이해구 뿐만이 아니었다. 고종대에 생원, 진사 합격인원을 대폭 증가시킴에 따라 양반이 아닌 신분층에서도 생원, 진사가 다수 배출되었다. 이들도 사마안에 이름을 올려 남원 고을에서 양

---

26 「향전자료」 6-1-2 상서(536쪽)

27 이민식은 1838년생으로 직역은 유학, 고종 22년(1885년) 乙酉庭試에 44명 가운데 19등으로 문과 급제하였고, 벼슬은 사간원 정언을 지냈다.

28 「향전자료」 6-1-4 상서(539쪽)

29 「향전자료」 6-1-6 상서(543쪽)

30 「향전자료」 6-1-6 상서(543쪽)

반으로 인정받고 행세하고 싶은 것은 인지상정이었다. 그러나 유림들은 양반이 아닌 사마들을 中徒, 卑下로 구별하면서 이들의 입록 요구를 거절하였다.[31]

> 본읍에 진사로 이해구와 같은 처지가 4, 5인이나 됩니다. 이해구가 사마안에 사사로움을 쓰면 이해구 같은 무리들이 계속 이어져 조롱할 것입니다. …… 본읍의 中徒 進士 李碩豪, 李敏圭, 李鎭0은 대대로 이 고을에 살고 효령대군의 후예로 璿譜에 실려 있어 來歷과 行身에 있어 이해구 같은 부류와 다르지만 감히 본안에 입록하지 못하고 있음을 바로 이해구가 눈으로 보고 있습니다.[32]

위에서 거론된 이석호, 이진림[33]은 철종 12년(1861년)에 진사, 李敏圭는 이석호의 아들로 고종 2년(1865년)에 생원 합격하였지만[34] 庶出인 관계로 사마안에 입록을 못하였다. 유림들은 이해구를 허용하면 전례가 되어 양반 아닌 사마들이 계속 사마안과 사마소에 들어올 것을 우려하였기에 이해구의 사마안 입록을 완강히 거부하였다. 사마안, 사마소를 배타적으로 고수하여 양반 사족으로서의 신분적 우위를 유지하고 싶었기 때문이었다.

사마안에 들어가지 못한 이해구 부자는 서울과 감영을 오가며 양반관료, 지방관들과 친교를 쌓아나갔다. 그리하여 2년 뒤인 1877년(고종 14년) 여름에 남원부사가[35] 생원 李海龜를 司馬案에 이름을 올려주도록 당부하는 帖文

31 고종때 남원 사마합격자 87명의 姓貫은 47개인데, 사마안에 입록 못한 성관은 20개였고 이 가운데 15개 성관은 고종대에 처음 사마를 배출한, 따라서 문벌이 미치지 못한 사람들이라 판단할 수 있다.

32 「향전자료」 6-1-6 상서(543쪽)

33 상서에는 李鎭0으로 되어 있으나, 사마안이나 방목에서 확인할 수 없었다. 사마안에 오르지 못한 비슷한 이름으로 李震林이 있는데, 오위장을 지냈다고 한다.(『대방연계안』 권2 철종조)

34 「사마방목」에는 李珉奎로 되어 있고 거주지는 靈光으로 기재되어 있다.

35 당시 남원부사는 吳達善(1811년생)이었다. 본관은 해주, 철종 원년(1850년) 증광시에 생원 합격하고 음관으로(부친은 경상좌도 수군절제사 오치수) 관직을 시작하였으며, 1875년 9월부터 1877년 7월까지 재임하였다.(이동희 편, 『조선시대 전라도의 감사 · 수령 명단-전북편-』(전북대 전라문화연구소, 1995년, 63쪽) 및 『사마방목』(동방미디어)). 19세기에 남원부는 음관 출신자가 수령으로 부임하는 고을이었다.

을 사마소에 내려 보냈다. 이를 받아든 사마소에서는 서둘러 사마와 장보, 진신들이 모임을 갖고 부사의 지시가 옳지 못하니 따를 수 없다는 내용을 담은 稟目을 작성하여 관아로 찾아갔다. 이 때 남원부사는

> (官에서 題辭하기를)士論은 사론이고 體例는 체례이다. 지금 이 많은 선비들이 일제히 왔으면, 의당 명함을 내어 뵙기를 청하고 먼저 사정이 어떠한지를 안 다음에 왈가왈부해도 불가한 것이 아니거늘 私家에 드러누워 있다가 갑자기 품목을 바쳐 승부를 겨루려고 한다. 士習이 이러하니 어찌 (부사로써) 말하지 않을 수 없겠는가. 狀頭 3인을 먼저 벌 줄 것. 정축 7월.[36]

이라 하여, 품목을 내는 절차를 문제 삼아 남원유림(사마, 장보, 진신 모두를 아우르는 말로 儒林이라는 용어를 사용하고자 한다)들의 의견을 묵살하고 관권을 능멸하려 한다는 혐의를 두어 서명자의 대표인 狀頭 幼學 李炳宇, 尹京鉉, 金性九 세 사람을 下獄하고 품목을 만들 때 의견을 주동한 사마유사인 진사 李涑宇, 장보유사인 유학 盧極壽, 진신유사인 前校理 李友會도 함께 감옥에 가두라고 하였다.[37] 이로 인하여 남원향교 가을 석전제를 교임과 헌관의 유고로 거행하지 못하는 초유의 사태가 발생하기도 하였다.

남원부사는 이와 같은 처분을 감영에 보고하였고, 감영에서는 장두들을 엄히 다스리라는 판결을 내려 부사의 입장을 옹호하였다. 이후 4년 동안 이해구의 사마안 입록을 둘러싸고 유림과 이해구 측의 공방이 계속되었다.

남원부사와 감영의 조치에 불만을 품은 유림들은 1877년 7월에 다시 유회를 열고 전라감사[38]에게 올릴 上書를 작성하였다. 상서를 할 때에는 많은 인

---

36 「향전자료」 6-1-2 상서(536쪽)

37 진사 이속우는 마침 서울로 올라갔기에 遠族이, 유학 노극수는 향교 교임이었는데 동생이, 전교리 이우회는 계집종이 대신 囚禁당하는 수모를 당하였고, 곧 방면되었다.(「향전자료」 6-1-2 상서(536쪽)

38 이때의 전라감사는 李敦相(1815년생, 본관은 용인, 1864년 증광문과에 급제)으로 고종 13년(1876년) 9월에 부임하여, 15년(1878년) 8월에 이임하였다.(이동희 편, 『앞의 책』, 16쪽)

원이 참여하여야 더 효력이 있을 터이니 유회에 참석한 유림들뿐만 아니라 각 면리에 있는 유력 문중에 연락을 취하여 상서에 찬성하는 유림들의 名帖(일종의 위임장)을 받아왔다. 그리하여 장두인 幼學 金星龍, 진사 許埉, 前正言 李基東(이들이 장보유사, 사마유사, 진신유사)을 포함한 144명의 연명 상서를 가지고 감영으로 올라갔다. 이들은 상서에서 이해구를 사마안에 부치지 않은 것은 수백년 동안 정해 내려온 규칙과 鄕綱에 따라 한 것이고, 남원부사의 지시는 鄕綱에 맞지 않기 때문에 따를 수 없다고 주장하였다.[39]

감사가「이미 남원부사의 보고에 따라 題音을 내렸다」고 하면서 이들의 상서를 물리치자, 같은 狀頭로 111명이 연명하여 고을의 공론, 공의를 형벌로 누르려는 관아의 처사를 지적하는 내용의 상서를 다시 감사에게 올렸다. 이에 대하여 전라감사는

> 한 나라의 모범이 되는 것으로 서울의 首善之地(;성균관)만한 것이 없다. 그러나 地閥이 낮은 진사라 해서 사마방목에 들지 못했다는 것을 듣지 못하였다. 또한 謁聖하는 禮式에 참여하지 못했다는 것도 듣지 못하였다. 本官(남원부사)의 준엄한 판결과 감영에의 보고는 모두 관과 민의 도리와 체통을 살펴서 論斷한 것이거늘 空官 중일 때에 감히 억지로 罪를 뒤집어 씌웠다고 하여 문자에 올려 官長을 욕하고 헐뜯으니 이게 백성된 도리라 할 수 있는가. 진실로 놀라운 일이다. 기강과 관계있으니 그대로 둘 수가 없다. 장두인 김성룡은 任實로 옮겨 감옥에 가두고 한차례 刑問하고 보고할 것을 移文할 것. 정축 7월 23일 兼官.

이라고 題音을 내려 남원 유림들의 요구를 물리쳤다.[40]

1877년 겨울에 이임하는 남원부사 오달선이 앞서 처벌하도록 한 狀頭 세 명 가운데 연로하여 귀가하였다가 곧 죽은 이병우를 제외한 윤경현, 김성구를 풀어주었으나, 이해구의 사마안 입록은 여전히 분란거리로 남겨져 있었다.

39「향전자료」6-1-1 상서(535쪽)
40「향전자료」6-1-2 상서(536쪽)

1877년 12월에 향교에서 사마, 진신, 장보 등 67명이 모여 유회를 열고 신임부사[41]에게 품목을 올려 그간의 사정을 자세히 설명하면서 선처를 부탁하고, 또한 암행어사[42] 에게도 연거푸 4번의 상서를 올렸다. 먼저 1877년 여름에 남원부사에게 품목을 올리다가 절차를 잘못하였다는 죄를 입은 狀頭 윤경현의 아들인 幼學 尹泰希와, 감영에 상서를 하였다가 官長을 모욕하였다는 혐의를 입고 임실 감옥에 갇힌 장두 金星龍의 아들인 幼學 金永基가 연이어 암행어사에게 상서하였다. 80세가 넘은 아버지가 수개월간 억울하게 감옥에 갇히고 刑配를 당했으니 자기와 이해구는 불구대천의 원수가 되었다고 하고, 모든 분란의 원인이 된 이해구를 고을 밖으로 逐아내어 명분을 바로 잡고 기강이 세우도록 해달라고 호소하는 내용이었다.[43]

1877년 12월에 남원 유림들도 145명, 87명의 연명으로 암행어사에게 두 차례 상서를 하면서, 이해구 때문에 고을에 분란이 일어나 양반사족들이 억울하게 죄를 입거나 벌을 받고 있으니 그를 反坐之律(무고죄, 위증죄)로 다스려 주길 요청하였다. 그리고 우리들의 요청은 명분과 기강을 세우려는 것이지 官令에 저항하려고 하는 것은 아니며, 사마안 입록은 고을의 公議 문제이지 감영이나 관아에서 처결할 문제는 아니라는 점을 재차 강조하였다.[44]

이해구 측도 감영과 남원부에 상서를 하면서 유림들을 派頭徒黨으로 몰아붙이고, 또한 암행어사에게도 상서하여 자기들은 전주 이씨 효령대군의 후손으로, 곧 璿派의 후예로 양반의 맥이 확실하니 사마안 입록에 전혀 하자가 없음을 호소하였다.[45]

이들의 개별 상소와 연명 상소를 받은 암행어사는 「營邑의 題決」을 옹호하

41 신임부사는 李容準으로 본관은 완산, 음직으로 벼슬을 시작하였고, 1877년 9월부터 1880년 11월까지 재임하였다.

42 1877년에 전라좌도 암행어사로 파견된 이는 沈東臣이었다. 1824년생, 본관은 청송, 1850년(철종 1년) 증광시에 문과 급제하였다.

43 「향전자료」 6-1-4 상서(539쪽), 「향전자료」 6-1-7 상서(545쪽)

44 「향전자료」 6-1-5, 6 상서(541, 543쪽)

45 「향전자료」 6-1-3 품목(538쪽)

고[46], 이해구가 世閥은 떨어지지만 璿譜에 들어있으니 賤流라고 할 수는 없다고 하면서[47] 유림들의 건의를 물리쳐버렸다.

이렇게 양반사족들에게 불리하게 돌아가던 사태는 해가 바뀌어 1878년에는 다른 방향으로 판결이 나기 시작하였다. 1878년 2월에 유림들은 175명의 연명으로 암행어사에게 다시 상서를 하여 豪强함을 믿고 분란을 일으키는 이해구를 고을 밖으로 쫓아내 줄 것을 요청하였다. 이에 대하여 암행어사는

> 이해구가 비록 억울함이 있다고 하지만 온 고을 여러 선비들의 공론이 이와 같으니 사마안에 다시 이름을 올리는 것이 불가능하다는 것은 양쪽의 말을 기다리지 않아도 확실하다. 다시는 거론하지 말라는 뜻으로 판결하거니와, 毁出하자는 의견도 너무 심한 것 같다.[48]

고 하여, 鄕綱과 명분을 앞세우는 유림들의 주장을 물리치기가 어려웠기 때문이었는지 양쪽의 의견을 서로 없었던 것으로 하여 결과적으로 이해구의 사마록 입록에 반대하는 판결을 내리고 말았다. 이것이 이른바 유림들이 강조하는 「戊寅年 봄의 明決斷案」[49]이 되었다.

암행어사의 판결이 있은 지 3년 뒤인 1881년(고종 18년) 4월에 이해구측에서는 감사의 교체를 틈타 감영에 다시 호소하였다.[50] 그리하여 감영에서는 이해구 문제를 다시 검토해 보라는 議送을 남원에 보내왔고, 부사가 이를 사마재에 통고하였다. 1878년에 이미 이해구 문제는 일단락지은 것으로 알았던 사마와 유림들이 사마소에서 모임을 갖고 사마유사 李會銓, 장보유사 崔錫謨, 진신유사 前校理 李友會를 狀頭로 모두 159명이 연명하여 남원부사[51]에

46 「향전자료」 6-1-4 상서(539-540쪽)

47 「향전자료」 6-1-5 상서(541쪽)

48 「향전자료」 6-1-8 상서(546쪽)

49 「향전자료」 6-1-9 상서(548쪽)

50 1876년의 이돈상에서, 1878년 8월에 沈履澤으로, 1881년 2월에 李秉文으로 교체되었다. 이병문(1826-)은 본관은 전주, 1848년(헌종 14년) 증광시 문과에 합격하였다.

51 이때의 남원부사는 具然翼으로 1880년 12월부터 1881년 11월까지 재임하였다.

서 상서하고 나섰다. 그들은 사마안에 賤種으로 선파를 자처하는 이해구를 입록시킨다면 고을의 미천한 생원 진사들이 일제히 들어온다고 할 때 막을 방법이 없으니 죽음으로 막을 수밖에 없음을 호소하였다. 그리고 부사에게 보다 감영에 먼저 상서하여 議送하라는 제음을 고을에 내미는 무엄하고도 절차에 어긋난 이해구측의 행위를 지적하기도 하였다. 아울러 1878년에 암행어사의 「明決斷案」으로 다툼이 그친줄 알았는데 몇 년 안 되어 다시 분란을 일으키는 이해구를 재발 방지를 위해서라도 고을 밖으로 쫓아내 줄 것을 요청하였다.[52]

또한 전주 이씨 유림들은 이해구측이 신임감사에게 같은 貫鄕임을 내세워 다시 검토해 보라는 의송을 받아온 것으로 판단하고[53] 따로 남원부사에게 상서하였다. 자기들은 10대 이상을 남원에서 거주하고 있지만 이해구가 璿派라는 것을 듣지도 못하였고, 근본도 모르는 천종인 이해구를 선파를 冒錄하고 사대부를 능멸하고 명분을 어지럽힌 죄를 물어 고을 밖으로 쫓아 버릴 것을 요청하였다.[54] 그리고 같은 내용의 상서를 감사에게도 올려 위로는 法司에, 아래로는 선파에, 옆으로는 鄕黨에 죄를 얻은 이해구를 처벌해 줄 것을 요청하였다.[55]

유림들은 1877년의 상서에서는 이해구가 지벌이 낮은 中徒, 卑下임을 강조하더니, 1881년의 상서에서는 감사가 전주 이씨임을 의식해서인지 나라에서 璿譜를 고칠 때 軍伍之類, 派系無傳之徒들이 성이 이씨이면 모두 선파라 하고 冒入하였는데 이해구는 그때 선파를 冒錄한 賤種임을 강조하고 나섰다.[56] 그리고 사마안에의 입록 거부는 앞서 암행어사의 판결로 인정받은 것이기에, 이제는 이해구 일가를 고을 밖으로 쫓아 내어 다시 분란이 일어나는 것을 막

52 「향전자료」 6-1-9 상서(548쪽)
53 「향전자료」 6-1-11 상서(550쪽)
54 「향전자료」 6-1-10 상서(549쪽)
55 「향전자료」 6-1-12 상서(551쪽)
56 「향전자료」 6-1-13 상서(552쪽)

자고 의견을 모아놓은 것 같았다.

이해구의 선파 모록을 강조하고 나선 유림들의 주장이 효과를 거두었는지 남원부사는

> 선파라 칭하고 감히 의송을 올렸다. 그리하여 온 고을에서 稟單하였다. 감영에서 濫意를 살펴보았으니 감히 다시 분란을 일으키는 뜻은 없을 것이다. 엄한 題音으로 족한 것 같다. 지금 이 營門의 판결 이후 어찌 이전의 습속을 다시 반복하겠는가. 辛巳 5월 11일.

이라 하여 감영에서 유림들의 입장을 편드는 판결을 내려주었음을 알려주고, 그 대신 이해구 일가를 남원 밖으로 쫓아내는 것은 지나친 일이라는 입장을 보였다.[57]

이리하여 6년을 끌어온 이해구의 사마안 입록 문제는 일단락 짓게 되었다. 사마소와 사마안이 양반사족의 독점물임을 주장한 유림들의 명분과 입장이 그대로 유지되었다. 부유함과 과거에 급제할만한 학식을 갖춘 비양반들이 양반사족에게 도전하기에는 아직 힘에 부치는 실정이고 사회분위기였던 것이다.

이해구 일가는 사마안 입록에는 뜻을 이루지 못하였지만 이해구의 아들 이민식이 고종 22년(1885년) 乙酉庭試에 문과 급제하여 사간원 正言을 지내는 등 양반 집안으로서의 자격을 갖추어 나감에 따라 서울 생활에 치중하여서인지 굳이 사마안 입록에 연연할 필요를 이전처럼 크게 느끼지는 않았던 것 같다.

그러면 1877년부터 1881년까지 4년 동안 이해구의 사마안 입록을 반대한 사마와 유림들의 집안을 살펴보도록 하자. 이때의 상서와 품목 13건에 나온 이름을 성씨별로 조사해 보면 다음과 같다.

---

57 「향전자료」 6-1-10 상서(549쪽)

〈표 4 〉1877년 ~ 1881년 남원 上書 儒林의 성관과 인원[58]

성관33	진주강	능성구	안동권	김	풍천노	박	남양방	장연변	면천복	진주소	은진송	고령신	청송심	순흥안	남원양	오	유	남원윤	이	나주임	홍성장	鄭	창원丁	趙	나주陳	남원晉	평강채	최	진주하	청주한	양천허	진주邢	장수황	
총원	12	1	12	181	39	46	31	12	2	17	10	1	22	52	36	34	35	29	334	3	18	52		18	7	7	3	82	6	31	44	4	37	1225
실원	7	1	6	85	19	12	13	3	1	10	6	1	7	20	16	17	16	14	161	2	10	8	15	5	2	2	2	40	2	10	17	1	15	546
사마안	○	○	○	○	○	○	○	○	○	○	○	○	○	○	○	○	○	○	○	○	○	○	○	○	○	○	○	○	○	○	○	○	○	
서원성씨				○	○	○	○	○		○		○		○	○	○		○	○			○	○	○		○		○		○		○	○	

(*○은 수록 표시)

33개 성씨 546명에 달하고 있는데, 일부 성씨(김,박,오,유,이,정,조,최)의 성관을 정확히 구별하지 못한 상태이지만 이들 성씨는 모두 사마안에 본인이나 선조 이름을 올리고 있다는 점이다. 따라서 이들은 사마소에 사마나 장보, 진신으로 관심을 기우리고 중요한 결정에 참여할 수 있었다. 또한 이들 대부분은 남원의 서원, 사우 28개소(30개인데 중국인 2개소 제외)에 모셔져 있는 인물들과 같은 성관을 가진 사람들이었다.

결국 생원에 합격한 이해구를 賤種, 中徒로 간주하고 사마안 입록에 반대한 사람들은 생원, 진사에 합격한 선조를 둔 사람들이고, 서원, 사우에 모셔져 있는 인물들의 후손들로서, 곧 남원에서 내로라하는 양반사족들이라 할 수 있겠다.

4. 1892년 향전

고종대에 사마의 정원을 대폭 늘림에 따라 남원에서 사마 합격의 수가 크

58 이들의 본관은 單本이면 확인이 가능하나, 複本인 경우, 예를 들면 이씨 가운데에는 남원에는 廣州, 경주, 연안, 재령, 전주, 홍주 등이 있고, 김씨는 강릉, 경주, 김해, 부안, 순천, 안동, 언양 등이 있어 모두를 확인할 수가 없기에 합쳐서 통계를 냈다.

게 증가하였다. 고종대의 사마 배출과 사마안 입록 실태를 보면 다음과 같다.

〈표 5〉 고종대 남원의 사마 합격과 사마안 입록 비율[59]

	고종1	2년	4년	7년	10년	11년	13년	16년	17년	19년	22년	25년	28년	31년	합계
사마합격자	4	2	6	4	8	5	1	1	8	5	12	7	8	15	86
사마안입록	4	2	5	2	3	2	0	0	5	4	7	1	5(2)	7	47(44)
%	100	100	83	50	38	40	0	0	63	80	58	14	63(25)	47	55(51)

고종대에 들어와 사마의 합격은 점점 늘어나고 있지만 사마안 입록 비율은 오히려 떨어지고 있으며, 심지어 고종 25년(1888년)에는 7명 합격자 가운데 1명만 입록되기도 하였다. 이는 양반사마들의 기준으로 볼 때 사마안에 이름을 올릴 만한 신분이 그만큼 적다는 것이 되겠고, 따라서 사마안 입록을 둘러싼 갈등은 점점 더 심각해지고 있다고 하겠다.

1877년에 있었던 이해구의 사마안 입록 문제는 中徒라 하고 卑下라 하는 庶出이나 부유한 평민들의 양반사족에 대한 도전이라고 한다면 1892년의 사마소 향전은 吏族인 寧川 李氏들의 도전이었다.

본관이 寧川인 李周燮, 李必燮 형제(아버지는 李圭膺)와 李在喜(아버지는 李弘燮)가 1891년(고종 28년) 증광시에서 생원, 진사에 합격하였다. 한 집안에서 한꺼번에 숙질 세 명이 소과에 합격하는 경사를 맞이하였다. 이들은 사마의 자격으로, 또 「교임안」과 「풍헌안」에 일족의 이름이 있음을 근거로 사마안 입록을 요구하였으나, 양반사마와 유림들은 門地가 미천한 자들을 쫓아내는 것은 400년 전래의 규칙임을 앞세우면서 반대하였다.

李喆燮의 본관은 寧川입니다. 영천 이씨로 남원 고을에 양반을 칭하는 사람은 하나도 없습니다. 단지 읍내에 사는 향리들만이 있을 뿐입니다. 이철섭은 그 족속입니다. 그러므로 그 족친들을 보면 그들의 姻戚은 모두 읍중의 서리이고, 또 그 족

59 고종 28년의 사마안 입록자는 앞으로 서술할 영천 이씨 3명이 포함되어있어 이들을 제외하면 2명에 그치고 있다.

속들은 風約의 천한 직임을 맡고 있습니다. 이 모든 것을 저희들은 직접 보았고 환히 알고 있는데, 어떻게 저들과 더불어 하여 고을의 先案을 하루아침에 탕연케 하겠으며 휩쓸어 넣어 나눔이 없게 만들 수 있겠습니까. 壬辰 11월.[60]

유림들은 영천 이씨들이 향리의 후손이라는 점을 지적하고 있다.[61] 따라서 신분이 천한 저들의 이름을 사마안에 올려 선조와 자신들을 더럽힐 수 없다고 주장하고, 사마안 입록 요구의 근거로 삼고 있는 「風憲案」에서 李圭和의 이름을, 「校任案」에서 이재희의 아버지인 李弘燮의 이름을 관아에 보고도 하지 않고 삭제해버렸다.[62] 영천 이씨들은 「풍헌안」과 「교임안」에서 자기네 이름이 임의로 삭제되는 억울함과 양반사족들의 반대로 생원, 진사에 합격하고도 사마안에 이름을 올리지 못하는 실상을 호소하였고, 남원부사는 삭제를 주동한 鄕員 7, 8명을 하옥하고 말았다.[63]

18세기에 들어와 향안의 입록 문제를 둘러싸고 사족과 향족들이 갈등을 벌이다가 결국 남원에서 향안이 파치되었다. 파치와 비슷한 시기에 양반사족들은 향선생, 향헌, 부헌, 직월이라는 風憲組織을 통하여, 향족들은 좌수, 별감 등 향임조직을 통하여 각각 향권에 참여하였다. 直月이란 바로 풍헌조직을 실제 꾸려나가는 有司로 한번에 5, 6명이 임명되었다. 직월들의 명단은 「대방풍헌안」이라는 이름으로 작성된 명부에 기재되어 있어 「直月案」이라

---

60 「향전자료」 6-2-14 상서(575쪽)

61 남원에서 향리직을 독점한 吏族은 南原 梁씨와 寧川 李氏였다. 1663년부터 1902년까지 이방 112명 가운데 남원 양씨가 56명, 영천 이씨가 50명이었다. 호방과 형방에도 두 성씨의 독점 현상은 두드러지고 있다.(이훈상, 「조선후기 이서집단과 무임집단의 조직 운영과 그 특성-전라도 남원의 각종 선생안-」, 『한국학논집』 19, 1990, 190-191쪽)

62 이규화는 『풍헌안』에 1890년에 直月에서 遞任된 것으로, 이홍섭은 『장의안』에 1889년 봄에 체임된 것으로 기록되어 있다. 이홍섭이 6명 가운데 네 번째로 기록되어 있어 副任인 장의가 아니라 末任인 色掌 3명 가운데 한 사람으로 판단할 수 있다.(『남원교지』 권2)

63 「이 때에 본읍 관가에 미처 稟目으로 적어 올리지 않았기에 저희들이 죄를 입어 향원 7, 8명이 갇히었다」(「향전자료」 6-2-4 상서(558쪽)) 이때의 남원부사는 閔種烈(본관은 여흥, 고종 2년 생원 합격)이고, 1890년 6월부터 1892년까지 재임하였다.

부르기도 한다.[64] 이 조직은 1895년 갑오개혁으로 지방제도가 개혁될 때까지 존속하였는데, 19세기에 들어와서는 일부이지만 직월에 사족이 아닌 신분들이 취임하는 사례가 간혹 있었다. 홍문관 교리를 지낸 李友會가 1878년에 쓴 「月憲新案小序」에서 직월에 사족들이 아닌 부류들이 취임하는 사례가 있음을 개탄하고 있지만[65] 19세기 말까지 직월은 거의 대부분 양반사족이 맡는 것이 아직까지는 관례였다. 직월이 하는 일은 남원부사를 돕는 일, 향임을 규찰하는 일, 그리고 향임과 함께 民庫를 관장하는 일이었다. 민고란 고을의 재정기구로 대동법 이후에 잡역세를 거두어 운영하고자 할 목적으로 설립되었다가, 점차 지방관청의 중요한 재정기구로 성장하였다. 민고의 실무는 鄕任이 맡고 있지만 감독과 중요 결정은 양반사족들이 맡는 것이 일반적이었다.[66] 남원의 경우도 예외는 아니어서,

> 특별히 민고를 설치하고 任司를 두었으니 하나는 鄕先生, 둘은 鄕憲, 副憲, 直月이다. 향선생은 年高望重한 朝士로써, 향헌은 年高蔭仕로써, 부헌과 직월은 인망과 지벌을 함께 갖춘 사람으로 택하는데 胥吏의 文簿를 규찰하고 향속이 투박함을 교정하니 임사는 고을에서 중차대한 것이다.[67]

라고 하여 양반사족들이 맡고 있는 민고의 직임과 임무를 설명하고 있다.

吏族이라 지목받고 있는 영천 이씨 이규화와 이홍섭은 어떻게 양반사족들이 맡던 「풍헌안」과 「교임안」에 직월과 색장으로 이름을 올릴 수 있었을까. 유림들이 1892년 9월에 전라감사에게 올린 상서에 의하면 이들이 "京司의 소개"와 "鄕人의 沒覺"으로 이름을 올릴 수가 있었다고 하였다.[68] 그리고 이규화는 「풍헌안」 이름 위에 '承傳付標'라는 追記가 붙어 있어 직월로 임명되는데

64 김현영, 『조선시대의 양반과 향촌사회』, 집문당, 1999, 169쪽
65 『남원교지』 권2 풍헌안
66 김덕진, 『조선후기 지방재정과 잡역세』, 국학자료원, 1999.
67 「향전자료」 6-2-4 상서(558쪽)
68 「향전자료」 6-2-4 상서(558쪽)

상당한 곡절이 있음을 짐작케 하고 있다.

영천 이씨가 「민고의 직월」을 맡게 된 이유는 아마도 그들이 富裕하여 납속과 補賑을 크게 하였고, 그로 인해 경향 관아의 후원을 힘입었기 때문이라 생각한다. 상서에 「京司의 紹介」라 하고, 이름 위에 「承傳付標」라 추기하여 단서를 붙이 것이 바로 이를 짐작케 하고 있다.[69] 아울러 양반사족들로서도 민고의 재정 운영을 하는데 부유한 영천 이씨들의 협조를 얻는 것도 일시적이나마 필요한 일로 판단하였을 것이다.[70]

양반사족들의 독점물이었던 향교 교임도 향족과 서얼들의 취임 企圖, 서얼 소통에 따른 정부의 당부와 명령 등으로 일부 지역에서 副任인 장의까지 허용하기도 하였다. 吏族 출신이라는 이홍섭이 색장에 임명될 수 있었던 것은 비록 이례적이고 한시적인 일이었지만 이러한 추세와 무관하지 않다고 생각된다.[71]

대대로 남원에서 이족을 맡았던 영천 이씨 가운데 이규화, 이홍섭 집안은 일찍부터 향리직에서 벗어나 재산을 일구고, 유학을 공부하여 과거에 급제하였다. 정원이 늘어난 증광시였지만 한꺼번에 숙질 3명이 생원, 진사에 합격할 정도로 재력과 학식을 갖추고 있었다. 이들은 과거 합격에 그치지 않고 사마소에 드나들어 양반으로 인정받기를 열망하였다. 양반사족들의 말로는 "公議가 아니었다"[72]고 하지만 직월안과 교임안에 이름을 올리고 있었으니 사마안에도 이름을 올리고 싶은 것은 그들로서는 당연한 요구요 희망이기도 하였다.

---

69 직월안에 기재된 이규화는 직역이 參奉으로 되어 있다. 고종대의 參奉이란 납속, 원납 등으로 얻는 것이 일반적이기에, 이규화도 이 부류에 들어간다고 짐작할 수 있겠다.

70 19세기에 정읍의 사족들은 결속을 다지고 예전과 같은 지배력을 확보하기 위하여 선조들이 士族契를 하던 정자를 중건하고 영당을 건립하였는데, 여기에 부유한 庶孫들을 참여시켜 재정적 도움을 받고 있었다. 양반들은 자기들의 목적 달성을 위하여 서손들을 참여시켰고, 서손들도 양반의 일원임을 자처하고 또 양반으로 인정받고자 원했기 때문이었다. (윤희면, 「조선후기 양반사족의 향촌지배-전북 정읍의 송정, 후송정의 건립을 중심으로-」『호남문화연구』 25, 1997)

71 윤희면, 『조선후기 향교연구』, 일조각, 1990.

72 「향전자료」 6-2-3 상서(557쪽)

남원의 이족 출신인 영천 이씨의 직월, 색장 취임에 대해서 양반사족들로서는 적지 않은 불만이었다. 1891년 (고종 28년) 영천 이씨 세 사람이 생원, 진사에 합격하고 사마안에 입록을 요구하고 나섰을 때 드디어 양반사족들의 불만은 폭발하고 말았다. 그리하여 사마안 입록 요구에 빌미가 된 풍헌안, 교임안에서 이규화, 이홍섭의 이름을 관에 보고도 않고 임의로 삭제하였던 것이다.

양반사족들은 이름 삭제를 주동하여 감옥에 갇히게 된 향원의 석방을 남원부사에게 간청하는 한편, 새로 부임한 감사 李耕稙에게 상서를 하여 이홍섭 등을 삭제한 것은「古規의 복구이고 향론의 衆議」였음을 강조하고, 이홍섭 등이 외람된 마음을 갖지 못하도록 斷案을 내려달라고 간청하였다.[73]

1892년 8월에 불거진 削名 문제는 9월에 남원부사가 본댁에 행차하는 것을 빌미로 감옥에 갇힌 향원들이 풀려나게 되었고[74], 이에 불만을 품은 영천 이씨들은 감영에 자신들의 억울함을 상서하였다. 부임 초에 실상을 잘 몰랐던 신임감사는 유림들의 상서를 받고「官에서 잘 헤아려 士規와 人情이 서로 어그러진 일이 없게 하라」고 제음을 내렸다가,[75] 영천 이씨의 상서를 받은 뒤에

> 처음에는 公議에 따라 入錄하였다가 뒤에 事理에 어긋나고 시끄럽다하여 이름을 잘라내 사람을 不測한 곳으로 빠뜨리는가.

라 하고, 이홍섭, 이규화의 이름을 교임안과 직월안에 다시 넣고, 삭명을 주동한 이들을 엄히 다스리라는 명령을 남원부사에게 내렸다.[76] 감영의 명령을 받아든 남원부사는 포교들을 보내 삭명을 주동한 李會文 등 몇 명을 다시 감옥에 가두고 말았다. 감사의 명령으로 불리함에 처하게 된 양반사족들은 남

73「향전자료」6-2-4 상서(558쪽)
74「향전자료」6-2-8 품목(564쪽), 6-2-12 상서(571쪽)
75「향전자료」6-2-4 상서(558쪽)
76「향전자료」6-2-9 품목(566쪽)

원부사에게 품목을 올려「환록하라는 명령을 萬死로 거부하며 奉行할 수 없다」고 강변하였고, 이에 대하여 남원부사는 감영의 명령이 너무 엄하니 양해하라는 간곡한 당부를 사족들에게 전달하였다.[77]

남원부사의 당부를 받은 유림들은 향교에서 儒會를 갖고 이홍섭의 교임안 환록에 대하여 논의하였다. 향교 재임들은 부사에게 올린 품목에서 유회에서 환록을 거부하기로 결정하였다고 전달하였다.[78] 그리고 유림들은 이규화의 풍헌안 환록에 대해서도「백번을 생각하고 천번을 논의하여도 환록할 수 없다」고 거부의사를 부사에게 분명히 하였다.[79]

양반사족들은 감영에 자신들의 억울함을 호소하는 상서를 올린 끝에 감사의 제음에「본읍에 가서 호소하고 조사를 기다릴 것」이라는 구절이 있음을 보고 이것이야말로 자신들이 기다리던 것이라 하면서 남원부사에게 공정한 조사와 보고를 촉구하였다.[80] 그리고 한편 양반사족들은 이철섭 등이 감영에 올린 상서가 어떤 내용인가를 은밀히 알아보았다. 그들의 상서 속에 사족들의 公論을 몇몇 사람들의 사사로운 미움으로, 割案을 作變으로 몰고 가는 내용이 들어 있음을 보고 경악하였다. 그리고 그들이 집안 내력을 설명해 놓은 것에 결정적인 문제가 있음을 간파하고 남원부사에게 다음과 같이 이의를 제기하였다.

> 그들 선조의 諱는 凌幹으로 고려 때 寧川府院君으로 봉해졌습니다. 영천군의 危告한 충절은 장합니다. 그런데 그 자손이 우리나라에 들어와 본읍의 元定鄕吏 외에는 班名이 하나도 없음은 온 고을이 모두 아는 바입니다. 그러니 그 족속을 어찌 班名이라 할 수 있겠습니까. 그리고 (그들은) 贈敎官 李健과 참봉 李學傳을 儒門의 宗師라 말하는데, 이와 같이 끌어들인 것은 그들의 몽매함입니다. 이건과 이학전의 본관이 居寧(寧川)이라 하지만 저들과는 관계없으며 또 후사도 없는데도 호적

77「향전자료」6-2-9 품목(566쪽)

78「향전자료」6-2-10 품목(568쪽)

79「향전자료」6-2-11 품목(569쪽)

80「향전자료」6-2-12 상서(571쪽)

에 올린 것입니다. 그들의 近族은 風約이고, 그들의 姻戚은 모두 胥吏下賤들입니다. 壬辰 12월[81]

곧 이홍섭 등에게 無後한 양반들의 뒤를 이어 가계를 속였다는 僞籍, 僞譜의 혐의를 씌웠던 것이다.

양반사족들은 감영과 남원 관아에 상소와 품목을 하는 한편, 이홍섭 등이 감영에 상서하면서 자신들의 割案 행위를 사사로운 감정과 작변으로 본 것과 無後한 양반을 끌어들여 양반을 사칭한 것을 성토하기 위하여 儒會所를 열고 전라도 여러 고을에 통문을 보내 儒會를 열기로 하였다.[82]

유회를 연다는 통문을 받은 여러 고을의 양반들은 향교에 모여서, 사족들을 무고하고 서리하천으로 사마안에 입록하려는 이철섭 등을 비난하고 이들의 이름을 배제하여 명분과 기강을 바로 잡을 것을 촉구하는 내용의 통문을 작성하여 남원향교와 유회소에 발송하였다.[83]

감영에서 조사하여 보고하라는 명령을 받은 남원부사는 향전의 사태를 처음부터 면밀히 조사하기 시작하였다. 남원부사가 유림들에게 割案의 주동자가 누구인지를 지명하여 보고하라고 하였으나, 유림들은 누구를 빼고 누구를 넣을 수 없다고 완강히 거부하고 모두가 할안자이고 일을 도모한 자이니 모두같이 죄를 받겠다고 하였다.[84] 남원부사는 할 수 없이 狀頭 몇 사람과 전에 잡아 가둔 사람 중에서 지명하여 감영에 보고할 수밖에 없었다.[85]

주변 고을에서도 사태의 추이를 지켜보는 가운데, 1893년 2월에 남원부사는 저간의 사정을 조사하여 감영에 보고하였고, 이에 대하여 감영에서는 사족들 말에 의하면 「明白斷案」을 내렸다고 한다. 감영의 결정에 고무된 유림들은 증빙이라도 할 요량으로 이치에 맞는 제음을 내려주시면 후세에 참고할

81 「향전자료」 6-2-15 상서(576쪽)
82 「향전자료」 6-2-15 상서(576쪽)
83 「향전자료」 6-2-18, 19 통문(582, 583쪽)
84 「향전자료」 6-2-13 상서(573쪽)
85 「향전자료」 6-2-15 상서(576쪽)

문안으로 삼겠다는 내용의 품목을 남원부사에게 올렸다. 남원부사는 유림들을 위로하면서 감영에서 내린 다음과 같은 판결을 첨부하여 주었다.

> 교안과 향안의 公議 여부는 관에서 알 수 없다. 常見으로 따져보면 사마재가 소중하고 事體가 淸嚴하다고 하지만 兩所보다 꼭 낫지는 않으니 어찌 유독 앞은 후하고 뒤는 박할 수가 있는가. (영천)李門의 지덕과 범절이 비록 펴지지는 않았지만 이미 兩案에 부쳐있는데 어찌 인망과 지덕이 맞지 않는다고 할 수 있겠으며, 일문에서 4명이 (생원 진사에) 등제함은 이 고을 안에서도 부러워할 일이니 이곳이나 저곳이나 이름을 올린다고 해서 부끄러워할 것이 없을 것 같다. 그러나 이 狀稟과 面爭은 화합함을 해치고 온당함을 잃을 것 같으니 세 번을 다시 생각하여 앞으로 뜻이 막혀 억울해하는 한탄이 없도록 할 것.[86]

감사는 영천 이씨의 사마안 입록에는 원칙적으로 하자가 없음을 말하면서도, 고을이 분란에 휩싸이는 것을 우려하여 서로 화합을 당부하고 앞으로 입록할 때에는 신중하게 하라는 판결은 내려 유림들의 削名과 사마안 입록 거부를 사실상 인정하고 말았다. 결국 양반사족들의 입장을 옹호하는 판결이 내려진 셈이었다. 양반사족들은 「교임과 직월, 사마소에의 付標는 사족이 아니면, 향론이 아니면 행할 수 없다」는 원칙을 재확인하고 영천 이씨의 교임안, 직월안에서의 削名과 사마안에의 입록 거부를 끝끝내 고수하였다.

그러면 1892, 1893년에 영천 이씨의 사마안 입록을 반대한 양반사마와 유림들의 집안을 알아보도록 하자. 상서와 품목 16건에 나온 이름을 성씨별로 조사해 보면 다음과 같다.

---

86 「향전자료」 6-2-16 품목(578-581쪽)

〈표 6〉 1892년 ~ 1893년 남원 上書 儒林의 성관과 인원

성관32	진주강	장흥고	안동권	김	풍천노	박	남양방	장연변	진주소	은진송	청송심	순흥안	남원양	오	원주원	柳	남원윤	이	홍덕장	鄭	창원丁	趙	나주陳	남원晋	평강채	최	진주하	청주한	양천허	진주형	홍	장수황	
인원	8	5	9	112	48	18	32	17	15	12	5	41	22	30	1	23	42	123	33	8	13	14	16	8	2	70	4	28	21	2	7	40	821
실원	6	1	5	38	14	6	11	3	8	4	3	17	6	11	1	9	12	50	11	5	5	4	4	3	1	21	3	10	9	2	2	13	368
사마안	○	○	○	○	○	○	○	○	○	○	○	○	○	○	○	○	○	○	○	○	○	○	○	○	○	○	○	○	○	○	×	○	
교임안	○	○	○	○	○	○	○	○	○	○	×	○	○	○	○	○	○	○	○	○	○	○	○	○	×	○	○	○	○	○	○	○	
풍헌안	○	×	○	○	○	○	○	○	○	○	×	○	○	○	○	○	○	○	○	×	○	○	○	○	×	○	○	○	○	○	○	○	

(*○은 수록, X는 미수록 표시)

32개 성씨, 368명인데, 앞서 향전에서 상서에 이름을 올린 33개 성씨(표 4)와 크게 다르지 않으며, 또한 거의 대부분「사마안」,「교임안」,「풍헌안」에 이름을 올린 성씨들이었다.[87] 영천 이씨 사마합격자를 吏族, 胥吏下賤이라 하면서 사마안 입록을 한사코 반대한 이들이 바로 남원 고을에서 자타가 공인하는 양반사족이라 할 수 있겠다

5. 맺음말

사마소는 생원, 진사들이 모이는 곳, 또는 모여 공부하는 서재이고, 생원, 진사들의 이름을 적어 넣은 司馬案(또는 司馬錄)이 작성되었다. 사마소는 세종 이후에 고을 형편에 따라 설립되기 시작하였고, 서원의 등장과 발달로 없어졌으나, 숙종 이후에 활발히 중건되었다. 신분제 변동에 대응한 양반사족들의 신분 고수 움직임이었다. 남원 사마소는 성종대에 설립되어 남원 양반

87「교임안」은 1850년부터 1910년까지의 명단을 정리한 것이고,「풍헌안」은 1851년부터 1895년까지의 명단을 정리한 것이다.(『남원교지』 권2)

들의 향촌기구로 적극 활용되어왔다.

19세기에 들어와 남원고을에서 中徒, 庶出, 吏族 등 양반 신분이 아닌 사람들이 생원, 진사에 합격하는 경우가 점차 많아지고 있었으며, 고종대에는 더욱 늘어나고 있었다. 1877년에는 중도와 서출이, 1892년에는 이족 출신들이 사마소에 참여하고 사마안에 이름을 올려 양반으로 인정받으려고 온갖 노력을 기울였지만 감옥에 갇히는 것도 마다않는 양반사족들의 완강한 반대로 뜻을 이루지 못하였다. 감사와 남원부사들도 생원, 진사에 합격하였으니 사마소에 참여할 자격이 있다고 동정해 주었지만, 地閥과 世德을 강조하고 鄕綱과 名分에 맞지 않은 처분을 받을 수 없다고 하면서 끈질기게 상서를 하고 통문을 돌려 여론을 불러일으키는 양반들의 완강함 앞에 결국 전례대로 하라든가, 좋은 방향으로 타협하라는 등의 애매한 판결로 책임을 비켜나가 결과적으로 양반들의 입장에 동조하고 말았다..

남원양반들의 사마소 고수는 1894년 과거제가 폐지될 때까지 관철될 수 있었다. 조선후기, 말기에 비양반신분이 부유함을 이루고, 과거에 많이 합격하고, 향교나 양사재의 교육에 다수 참여하는 등의 사회경제적 진출과 학문적 성장을 괄목하게 이루고 있었지만 양반사족들이 쳐놓은 문벌과 명분이라는 신분의 굴레를 쉽게 벗어날 수가 없었다. 이는 19세기에 이르러 양반신분제가 거의 해체되었다는 주장과는 어긋나는 모습이기도 하였다.

오늘날 조선시대 신분제의 해체에 대해서는 두 가지 설이 대립하고 있다. 한쪽은 대구호적, 울산호적의 직역 통계 숫자를 근거로 삼아 17세기 중엽 이후 신분제가 해제되기 시작하였고 19세기 중엽에 이르면 인구의 70, 80%가 양반이 되었기에 거의 형해화된다고 하였다. 다른 쪽은 신분제가 전혀 흔들림 없이 오히려 강화되었다고 하고, 19세기 중엽의 농민항쟁을 양반항쟁으로 불러야 한다고 변동론자들을 비아냥한다.

신분제 변동은 사실이지만 변동의 모습은 다르다고 생각한다. 즉 양반층의 분화로 신분과 지주계급이 함께 하여 자타가 공인하는 양반들도 있었지만,

대부분의 양반들은 사회경제적으로 몰락을 거듭하여 평민들과 계급적 차이가 나지 않게 되어가고 있었다. 중인과 평민들도 경제적 성장을 거듭한 결과 몰락한, 또는 몰락하기 직전의 양반과 처지가 비슷하거나 더 나은 사람들이 많아졌다. 이들은 양반들의 문화적 모습이나 생활양식을 흉내 냈다. 학업과 과거 응시, 4대까지의 제사, 족보에의 편입, 노비 부리기, 음택 풍수 등에 열심이었고, 양반들이 출입하였던 서원, 향교, 사마소에 참여를 열망하고 하였다. 이러한 추세가 확산되어 가는 과정에서 사회신분제가 법제적으로 폐지된 것이고, 일제강점기에도 이러한 모습들이 고스란히 이어져갔다고 생각한다.

변동론자들은 중인, 평민들의 양반 흉내를 양반신분으로의 상승이라 본 것이고, 안정론자들은 자타가 공인하는 양반만을 사례로 족보, 방목 등을 살펴보았기 때문이다. 신분제 변동을 인정할 수 있지만 붕괴 단계까지 가지는 않았을 것이라 생각한다. 비양반들의 도전에 대하여 양반들이 우여곡절 끝에 사마소를 고수할 수 있었던 것이 바로 신분제의 해체 정도를 나타내는 척도가 아닐까 생각하고 있다. 그리고 너나없이 양반의 생활문화를 흉내 내고 양반의 후예를 자처하여서 전통적인 반상의식이 무의미해진 시기는 1930년대에 이르러서가 아닐까하는 어림짐작을 하고 있다.[88] (『조선시대사학보』 39, 2006 게재)

88 향전이 있은 뒤 곧바로 갑오개혁으로 사회신분제가 폐지되는데, 남원사회에서 전통적인 신분의 차별이 어떻게 해소되어 가는가를 1918년과 1938년에 20년 간격으로 발간된 두 「사마안」을 통하여 알아보려는 과제는 지면 관계상 별도의 연구로 미룬다.(본서 4장)

참고문헌

『朝鮮社會史資料 1(남원)』(국사편찬위원회, 1990)

『龍城誌』(숙종대 편찬)

『南原府司馬齋司馬案錄』(남주원 편, 1918년)

『帶方蓮桂案』(1938년, 남원)

『사마방목』(동방미디어 CD)

『南原校誌』 권1 (1969년, 남원향교)

『司馬齋題名案』(박상규 편, 함양 蓮桂齋, 1914년)

김현영, 『조선시대 양반과 향촌사회』, 집문당, 1990.

이진옥, 『조선시대 생원진사연구』, 집문당, 1998.

윤희면, 『조선후기 향교연구』, 일조각, 1990.

윤희면, 『조선시대 서원과 양반』, 집문당, 2004.

이동희 편, 『조선시대 전라도의 감사・수령 명단-전북편-』, 전북대 전라문화연구소, 1995.

김덕진, 『조선후기 지방재정과 잡역세』, 국학자료원, 1999.

이태진, 「사림파의 유향소 복립운동」『진단학보』 34, 35, 1972, 1973

윤희면, 「경주 사마소에 대한 일고찰」『역사교육』 37・38합, 1985.

이훈상, 「조선후기 이서집단과 무임집단의 조직 운영과 그 특성-전라도 남원의 각종 선생안」, 『한국학논집』 19, 1990.

윤희면, 「조선후기 양반사족의 향촌지배-전북 정읍의 송정, 후송정의 건립을 중심으로-」『호남문화연구』 25, 1997.

제2편
사마안 등재와 양반의식의 확대 사례

제4장

1930년대 전라도 남원『司馬案』편찬에 비춰진 신분의식

1. 머리말

조선시대 각 고을에는 생원, 진사들이 모이는 곳, 또는 모여 공부하는 서재라 할 수 있는 司馬所(또는 司馬齋)라는 것이 있었다. 그리고 성균관에서 청금록을 작성하듯 사마소에서도 자기 고을 생원, 진사들의 이름을 적어 넣은 司馬案(또는 司馬錄)을 작성하였다. 사마소는 양반들의 독점적인 학교기관이자 향촌기구로 유지되어 왔고, 사마안도 양반이 아니면 이름 올리기가 불가능하였다.

사마소의 건립 시기는 생원, 진사의 배출이라든가 성균관의 입학 여부 등 고을 형편에 따라 제각기 달리하였다. 사마소는 교육정도가 비슷한 서원의 등장과 발달로 위축되었고 임진왜란과 병자호란으로 대부분 불타버린 채 방치되었다가, 대체로 숙종 이후에 여러 고을에서 중건되었고 사마안도 재작성되었다. 사마소의 중건, 사마안의 재작성은 신분제 변동 속에서 양반사족들이 지배신분으로서의 지위와 신분적 우위를 도모하기 위한 목적에서였다.[1]

1 윤희면,「경주 사마소에 대한 일고찰」『역사교육』37 · 38합, 1985.(본서 1장)

19세기에 庶出, 吏族 등 양반이 아닌 사람들이 생원, 진사에 합격하는 사례가 계속 늘어났다. 그러나 양반사족들의 완강한 반대로 이들의 사마소 참여, 사마안 등재 시도는 실패하고 말았다. 그리하여 양반사족들의 사마소, 사마안 고수는 고을의 형편에 따라 다르기도 하였지만 과거제도가 폐지될 때까지 관철되었다.[2]

갑오개혁으로 과거가 폐지되고 사회신분제가 혁파되어 사마안과 사마소는 더 이상 존재 의미가 없어지고 말았다. 그런데 1920년, 30년대에 들어와 사마안이 발간되고 있다. 이들 사마안은 이전의 것을 다시 간행한 것이 아니고, 이전에 누락되었던 인물들을, 그리고 새로운 인물들을 포함되고 있는 점이 주목할 만하다. 따라서 이전에 작성된 사마안과 뒤에 간행된 사마안의 인물들을 비교, 분석하면 30여년이 경과하면서 신분의식이 어떻게 변화되고 있었으며, 어떻게 신분의 차별이 해소되어 가는 있는가를 짐작해볼 수 있으리라 생각한다.

하나의 실례로 전라도 남원의 경우를 살펴보도록 하겠다. 남원에서는 1918년에 『남원사마안』이 간행되고, 1938년에는 『대방연계안』이 편찬되고 있다. 이들 사마안, 연계안은 이전의 것과는 달리 많은 사람들이 수록되고 있으며, 또한 각각의 뚜렷한 특징을 지니고 있다. 이들 두 사마안의 인물들을 분석하여 갑오개혁 이후 신분의식이 어떻게 변화되고 해소되어 가는가를 알아보고자 한다.

2. 1918년 『南原司馬案』의 간행과 신분의식의 잔존

남원 사마소는 성종대에 설립되어 남원 양반들의 향촌기구로 적극 활용되어왔다. 19세기에 들어와 남원고을에서 中徒, 庶出, 吏族 등 양반 신분이 아닌 사람들이 생원, 진사에 합격하는 경우가 점차 많아지고 있었으며, 고종대에는 더욱 늘어나고 있었다. 1877년에는 중도와 서출이, 1892년에는 이족 출

2 윤희면, 「19세기말 전라도 남원의 사마소 향전」 『조선시대사학보』 39, 2006.(본서 3장)

신들이 사마소에 참여하고 사마안에 이름을 올려 양반으로 인정받으려고 온갖 노력을 기울였지만 감옥에 갇히는 것도 마다않는 양반사족들의 완강한 반대로 뜻을 이루지 못하였다. 전라감사와 남원부사, 그리고 암행어사들은 그들이 생원, 진사에 합격하였으니 사마소에 참여할 자격이 있다고 동정해 주었지만, 地閥과 世德을 강조하고 鄕綱과 名分에 맞지 않은 처분을 받을 수 없다고 하면서 끈질기게 상서를 하고 통문을 돌려 여론을 불러일으키는 양반들의 완강함 앞에 결국 전례대로 하라든가, 좋은 방향으로 타협하라는 등의 애매한 판결로 책임을 비켜나가 결과적으로 양반들의 입장에 동조하고 말았다. 남원양반들의 사마소 고수는 1894년 과거제가 폐지될 때까지 관철될 수 있었다. 조선 후기, 말기에 비양반신분이 부유함을 이루고, 과거에 많이 합격하고, 향교나 양사재의 교육에 참여하는 등의 사회경제적 진출과 학문적 성장을 괄목하게 이루고 있었지만 양반사족들이 쳐놓은 문벌과 명분이라는 신분의 굴레를 쉽게 벗어날 수가 없었다.

갑오개혁으로 과거제도가 폐지되니 사마소나 사마안은 더 이상 유지되고 작성될 필요가 없게 되었다. 다만 자신들의 선조가 사마안에 들어있어 양반사족의 후예임을 입증하는 도구로 활용될 뿐이었다.

1905년 10월에 경상도 진주에서 『晉陽蓮桂案』이 발간되었다. 그런데 이전에 없던 인물들이 추가되어 분란이 발생하였다. 연계안 발문에

> 올해 봄에 활자의 役이 창설되었으나 舊本과 크게 어그러짐이 있었다. 怪鬼가 거듭 나오고 의리가 서지 않았다. 슬프다 이 어찌 참을 수 있겠는가. 선조와 관계되는 일이라 용납할 수 없어 마침내 개정하여 重刊하고 先案(에 이름을 올린) 家門에 나누어 배포하였다. 혹자는 "중간하였다고 하지만 어찌하여 전에 인쇄하여 원근의 常漢에게 고루 나누어준 (사마)안을 모두 거두어들이지 않는가" 라고 힐난하였다. 모두 말하기를 "이미 판목을 부셔버렸고 先案 가문에서는 받지도 않았으니 저들이 비록 존봉한다고 하더라도 이 일의 기미를 잘 알아 스스로 불태워버릴 것이니 어찌 우려함이 있겠는가" 라고 하였다.

고 하여 그간의 사정을 전하고 있다. 새로 만든 연계안이 舊本과 다르다는 말은 새로 인물들이 추가되었음을 의미한다고 하겠다.[3] 양반사족 가문에서는 새로 만든 연계안 받기를 거부하면서 항의하였고, 이에 板木을 불태우고 사마안을 개정하여 重刊을 하고 말았다. 이때 원근의 常漢에게 나누어 주었다는 지적은 바로 새로 만든 연계안에 진주고을 양반사족의 기준에서 보면 常漢들이 추가되었음을 의미한다. 곧 갑오개혁 이후 10여년이 지났는데도 전통적인 반상 구별이 여전히 사마안에 작용하고 있음을 보여준다고 하겠다.

1918년에 남원에서 『南原府司馬齋司馬案錄』(1책, 목활자, 이하 『남원사마안』으로 표기)이 간행되었다. 南柱元이 편찬자였는데, 그는 거의 같은 시기에 『朝鮮科宦譜』(8권 8책, 1918년, 남원), 『朝鮮綱獻錄』(6권 6책, 1919년, 남원)을 편찬하였다. 『朝鮮科宦譜』는 고려부터 조선까지 성관별로 문과와 음서 출신자를 정리해 놓은 책이고, 『朝鮮綱獻錄』은 조선시대 충신, 효자, 열녀, 賢媛, 도학, 진휼, 詩律의 항목으로 나누어 인물들을 수록한 일종의 인명사서이다. 이처럼 譜學과 역사에 밝은 것으로 보이는 남주원이 남원의 생원

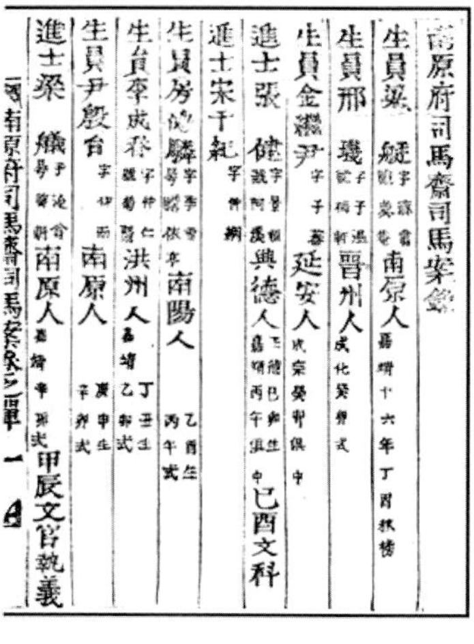

1

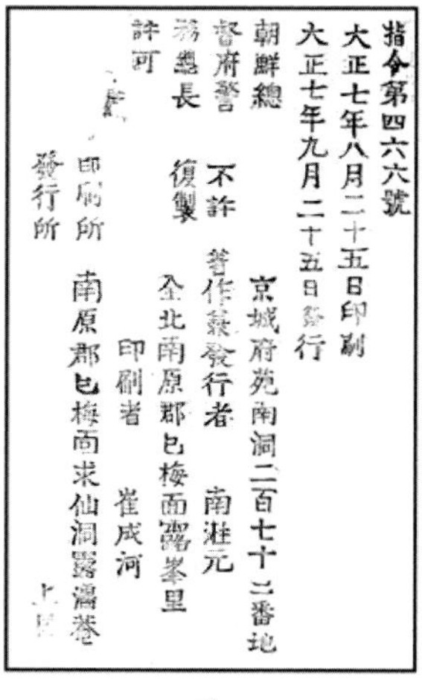

39

3 김준형, 「조선후기 진주지역 사마소의 연혁과 성격」 『경남문화연구』 22, 2006, 375쪽

진사 명단을 정리하여 간행한 것이 바로 『남원사마안』이었다.

『남원사마안』은 모두 372명의 명단을 담고 있다. 편찬 원칙이라든가 편찬 목적 등을 서두에 밝히지 않고 그저 인물만 수록하고 있어 어떤 기준으로 생원, 진사들을 수록하였는지는 분명하지 않다. 그러나 주변 고을에서 비슷한 시기에 발간된 사마안을 참고하여 『남원사마안』의 편찬 방침과 목적을 짐작해 보기로 한다.

우선 남원의 사마 명단을 담은 자료들을 모아 왕별로 구분하여 표로 작성하면 다음과 같다.

〈표 1〉 남원고을 사마의 명단 기록과 왕대별 현황[4]

	태조	정종	태종	세종	문종	단종	세조	예종	성종	연산	중종	인종	명종	선조
龍城誌	1	1	1	4	4	2	8	3	13	5	37	1	20	27
사마방목				8					2	8	22		11	25
남원사마안									2		5		10	43
대방연계안	1	2	6	14	16	9	19	6	31	16	68	4	45	72

	광해	인조	효종	현종	숙종	경종	영조	정조	순조	헌종	철종	고종	미상	합계
龍城誌	13	30	9	27	32								4	242
사마방목	13	39	13	26	49	4	27	15	10	8	12	86		378
남원사마안	18	47	13	29	61	5	34	17	15	6	10	57		372
대방연계안	23	65	26	36	62	5	37	20	17	12	15	83	8	718

〈표1〉로 미루어 보면 남주원이 『남원사마안』을 편찬할 때 『용성지』와 같은 읍지를 참고하지는 않았던 것 같다. 만약 그가 읍지를 이용하였다면 태조

4 남원의 사마 합격자를 알려주는 자료는 남원읍지인 『龍城誌』(숙종대 편찬, 242명 수록), 『南原府司馬齋司馬案錄』(남주원 편, 1918년, 372명 수록), 『帶方蓮桂案』(1938년 편찬, 855명 수록으로 생원 진사(重試 및 문과합격 포함) 718명, 문과 137명), 『사마방목』(동방미디어 CD, 남원 384명, 一新(남원에서 降邑) 5명이 있는데, 생원, 진사를 모두 합격한 사람 11명을 제외하면 378명)이 있다. 『용성지』에는 숙종 25년까지의 급제자가 수록되어 있으며, 『대방연계안』은 합격 여부가 의심스러운 사람이 생원 진사 50명, 문과 40명이나 되어 이용에 세심한 주의가 필요하다. 『사마방목』은 인조 이전은 缺年이 많아 전모를 알기 힘들다. 〈표 1〉은 『대방연계안』과 『사마방목』을 참고하여 왕을 구분하고, 명단을 서로 비교하여 작성하였다.

때부터 생원, 진사의 이름을 수록하였을 것이다. 그런데 『남원사마안』은 성종 14년 급제자인 邢璣부터 시작되고 있다. 또한 『남원사마안』은 연대순으로 수록하려한 노력은 보이나 「사마방목」과 대조해보면 연대가 틀린 곳이 상당히 많이 눈에 뜨인다. 이는 남주원이 방목을 그다지 이용하지 않았음을 반증하는 것이라 하겠다. 그렇다고 개별적으로 單子를 받은 것도 아닌 것 같다. 결국 남주원은 성종 때부터 1894년까지의 사마합격자를 수록한 기존의 사마안을 바탕으로 하고 『남원사마안』을 편찬한 것으로 보인다. 1914년에 남원 이웃고을인 경상도 함양에서 옛 기록의 보존 목적으로 『함양연계안』을 간행하고 있는 것에 자극을 받았을 수도 있다.[5] 그러나 단순히 기록 보존만을 위하여 사마안을 간행한 것이 아니라 생원, 진사에 합격하였지만 여러 가지 사정으로 배제된 사람들을 나름대로 선별하여 『남원사마안』에 새로 넣은 것에 주목할 필요가 있다.

1894년 이전에 만든 여러 고을의 사마안은 엄격한 기준이 있었다. 생원, 진사에 합격하면 사마안에 등재할 자격을 얻게 된다. 합격을 하면 향교 대성전에 나아가 공자 위패에 절을 올리는 謁聖을 하는 것이 관례이며, 그런 다음 기존의 사마들이 사마소에 모여 신입 사마의 자격을 심사하고 이름을 사마안에 써넣는다(題名, 入錄, 付標라 한다). 새로 사마안에 이름을 올린 사람은 新入禮錢을 내고 크게 잔치를 벌이는 것이 관례였다. 그런데 모든 합격자가 사마안에 이름을 올릴 수 있는 것은 아니었다. 여기에도 일정한 기준과 자격이 있었다. 사마안에 이름을 올린 사람(先案)의 후예이거나 문벌이 있어야 했다.[6]

사마안은 고을에 사는 사마들만으로 제한된 것도 아니었다. 고을 출신자들이 압도적이기는 하지만, 비록 적은 숫자이나 다른 고을에 살고 있다고 하더라도 사마안에 이름을 올린 사람(先案)의 후예이거나 외향, 처향 등의 연고가

5 『함양연계안』 蓮桂堂刊案序(1914년)

6 윤희면, 「19세기말 전라도 남원의 사마소 향전」 『조선시대사학보』 39, 2006, 159쪽(본서 3장)

있을 경우 양반으로서의 신분적 하자만 없다면 사마안에 입록을 요청할 수가 있었다. 다시 말하면 地閥과 世德이 있는 양반의 후예로 고을에 살거나, 또는 고을에 연고를 가지고 있는 사마들은 본인들이 원하기만 하면 사마안 입록이 가능하였다는 점이다.[7] 그러나 신분적 하자가 있다고 판단되면 사마합격자라도 사마안 입록이 불가능하였던 것이다.

그러면 『남원사마안』과 옛 사마안과의 차이는 무엇일까. 옛 사마안을 발견할 수 없어 덧붙여진 사람들을 정확히 구분할 수 없는 실정이다. 『남원사마안』과 비슷한 시기에 간행된 다른 고을의 사마안을 예로 보면, 1915년에 간행된 『松沙司馬案』(염광현 편, 고창 만송당)은 전라북도 무장군에 있는 기존의 사마안(舊案)에다 몇몇 사마들을 더하여 만든 것이다(新案).[8] 그런데 신안은 구안을 그대로 옮겨 적은 것만이 아니고

> 본읍의 생원진사로 혹 新舊案에 들어가지 못한 사람들이 있다. 조각(剞劂)하는 날을 맞아 빠트릴 수가 없으니 소원에 따라 함께 수록한다. (『松沙司馬案』 범례)

고 하여, 여러 이유로 舊案에 이름을 올리지 못한 사람들도 함께 수록하고 있다는 점이다. 다른 고을도 마찬가지여서 1919년에 보성향교에서 편찬 간행한 『寶城郡鄕校司馬齋先生案』의 범례에서도

> 1. 이름의 차례는 모두 舊案에 따르며 함부로 옮기지 않는다. 새로 더한 3員은 舊案에 실려 있지 않으나 요즘 사람들의 이목에 보이는 바가 있으니 公議로 登梓

7 『함령사마록』 司馬錄序 에 "世居者, 離鄕者, 贅居者 錄之無遺"라고 하여 등재 기준을 열거하고 있다. 『남원사마안』에 등재된 372명 가운데 남원 출신이 293명, 아닌 사마가 79명이었다. 79명은 未詳 30, 서울 16, 나머지는 전주, 순창, 곡성, 광주, 부안, 보성, 임실, 태인, 김제, 옥과, 구례 등 주로 전라도였다. 아마도 남원에 인척이 사는 등 연관이 깊은 사람들로 보인다. 사마안에 꼭 자기 고을 출신자만 수록한 것이 아님을 보여주는 것이라 하겠다.

8 「1. 舊案은 국초부터 갑오년까지 본읍의 생진, 科宦을 기록하였다. 新案은 다른 고을의 科員도 함께 등재한다. 공평한 땅에서 한쪽으로 치우칠 수가 없으니 新案에 올려 인쇄한다.」(『松沙司馬案』 범례)

한다.

고 하였다. 아무튼 대세는 기존의 사마안에서 배제된 사람들을 새로 만든 사마안에는 수록하는 것이었다. 따라서 『남원사마안』도 생원, 진사에 합격하고도 신분적 결격사유 등으로 사마안에 이름을 올리지 못하였던 사람들을 덧붙인 것이라 짐작할 수 있겠다.

1894년까지 작성된 사마안을 찾을 수 없기에 『남원사마안』에 새로 수록된 인물들을 정확히 알 수는 없지만, 가장 눈에 뜨이는 사람들은 향리의 후예들로 생원, 진사에 합격하고 1892년에 향전을 일으킨 영천 이씨 4인(원래는 3인인데 사마에 합격하지 않은 李喆燮도 함께 기재)이었다.[9] 李周燮, 李必燮 형제(아버지는 李圭膺)와 李在喜(아버지는 李弘燮)가 1891년(고종 28년) 증광시에서 생원, 진사에 합격하였다. 대대로 남원에서 향리를 맡았던 영천 이씨 가운데 이규화, 이홍섭 집안은 일찍부터 향리직에서 벗어나 재산을 일구고, 유학을 공부하여 과거에 급제하였다. 정원이 늘어난 증광시였지만 한꺼번에 숙질 3명이 생원, 진사에 합격할 정도로 재력과 학식을 갖추고 있었다. 이들은 과거 합격에 그치지 않고 사마소에 드나들어 양반으로 인정받기를 열망하였다. 이들은 사마의 자격으로 사마안 입록을 요구하였으나, 양반사마와 유림들은 향리처럼 門地가 미천한 자들을 쫓아내는 것은 400년 전래의 규칙임을 앞세우면서 반대하였다. 下獄도 불사하는 양반사족들의 반대에 부딪친 전라감사는 영천 이씨의 사마안 입록에는 원칙적으로 하자가 없음을 말하면서도, 고을이 분란에 휩싸이는 것을 우려하여 유림들의 사마안 입록 거부를 사실상 인정하고 말았다.[10]

---

9 남원에서 향리직을 독점한 吏族은 南原 梁씨와 寧川 李氏였다. 1663년부터 1902년까지 이방 112명 가운데 남원 양씨가 56명, 영천 이씨가 50명이었다. 호방과 형방에도 두 성씨의 독점 현상은 두드러지고 있다고 한다.(이훈상, 「조선후기 이서집단과 무임집단의 조직 운영과 그 특성-전라도 남원의 각종 선생안-」, 『한국학논집』 19, 1990, 190-191쪽)

10 윤희면, 「19세기말 전라도 남원의 사마소 향전」 『조선시대사학보』 39, 2006, 178쪽(본서 3장)

이렇게 양반사족들에게 완강히 반대를 받던 영천 이씨가, 심지어 합격하지도 않은 사람도 포함하여 당당히 새로 만든 사마안에 이름을 올리고 있다는 것은, 1894년 신분제 철폐 이후에 경제력을 바탕으로 한 吏族들의 활발한 사회적 진출과 남원지역에서의 영향력 증대에 기인하는 것으로 판단할 수 있겠다.[11] 아마도 1918년에 남주원이 『남원사마안』을 편찬한 것도 이들 향리 집안의 요구 때문이 아니었을까 하는 생각마저 든다.

1892년에 일어난 鄕戰의 당사자로, 양반사족들의 결사적인 반대로 사마안에 이름을 올리지 못하였던 향리집안 생원, 진사들이 1918년에 새로이 작성된 『남원사마안』에 이름을 올리게 되었다. 이는 1894년의 사회신분제 폐지의 결과로 생각할 수 있으며, 조선시대 신분제가 한 세대가 지나자 형해화된 것으로 판단할 수도 있겠다. 그러나 『남원사마안』에도 여전히 신분적 장벽이 남아 있었다. 庶出들이 여전히 사마안에서 배제되어 있기 때문이다.

19세기 말에 조정에서 생원, 진사 합격인원을 대폭 증가시킴에 따라 양반이 아닌 신분층에서도 생원, 진사가 다수 배출되었다. 이들도 사마안에 이름을 올려 남원 고을에서 양반으로 인정받고 행세하고 싶은 것은 인지상정이었다. 그러나 유림들은 양반이 아닌 사마들을 中徒, 卑下로 구별하면서 이들의 입록 요구를 거절하였다.[12] 양반들의 말을 빌리면 순천에서 살던 천한 신분(賤種)으로 곡성을 거쳐 남원으로 살러 들어온, 豪富하다는 평을 받을 정도로 재산을 일군 李海龜가 고종 11년(1874년) 증광시에 75살의 나이로 생원 합격하고 사마안에 이름을 올리려고 하였으나 남원 유림들의 반대로 뜻을 이루지 못하고 있었다. 본관이 전주이고 효령대군의 후예로 자처하지만 유림

---

11 한말, 일제시대의 향리 가문의 사회적 진출에 대해서는 다음과 같은 연구가 참고된다. 홍성찬, 『한국근대농촌사회의 변동과 지주제』(지식산업사, 1992), 연세대학교국학연구원, 『한국근대이행기 중인연구』(신서원, 1999), 이훈상, 「조선후기의 향리와 근대 이후 이들의 진출」, 『역사학보』 141, 1994

12 『사마방목』에 의하면 고종 때 남원 사마합격자 87명의 姓貫은 47개인데, 『남원사마안』에 입록 못한 성관은 20개였고 이 가운데 15개 성관은 고종대에 처음 사마를 배출한, 따라서 문벌이 미치지 못한 사람들이라 판단할 수 있다.

들은 고종 원년(1864년)에 갑자기 宗籍에 올리고 항렬을 바꾸는 등 托名, 冒錄한 것으로 보았다. 말하자면 僞譜, 買譜한 것으로 보았던 것이다. 1877년에 이해구 문제로 사마소 향전이 일어났을 때, 양반유림들이 전라감사에게 올린 상서에

> 본읍에 진사로 이해구와 같은 처지가 4, 5인이나 됩니다. 이해구가 사마안에 사사로움을 쓰면 이해구 같은 무리들이 계속 이어져 조롱할 것입니다. …… 본읍의 中徒 進士 李碩豪, 李敏圭, 李鎭0은 대대로 이 고을에 살고 효령대군의 후예로 璿譜에 실려 있어 永歷과 行身에 있어 이해구 같은 부류와 다르지만 감히 본안에 입록하지 못하고 있습니다.[13]

라고 하여, 함께 거론된 이석호, 이진림[14]은 철종 12년(1861년)에 진사, 李敏圭는 이석호의 아들로 고종 2년(1865년)에 생원 합격한 전주 이씨들이었지만 庶出인 관계로 사마안에 입록을 못하였다.

남원 출신자로 인조 24년 식년시에 진사 합격하였지만 방목에 許通으로 기록되어 서출이 확실한 許昕, 1877년의 향전에서 中徒나 庶出이라 지적된 이해구와 이석호, 이진림 등은 『남원사마안』에서 여전히 제외되고 있었다.[15] 신분제가 폐지된 지 한 세대가 되는데도 새로 만든 사마안에서 사마합격자 모두가 수록되지도 않았으며, 특히 서출들이 누락된 것은 바로 남원 고을의 사회분위기와 전통적인 신분의식의 잔재를 반영한 것이라 생각할 수 있다.[16]

1910년대 말 남원에서의 전통적 신분의식 잔재는 족보 편찬에서도 엿볼 수

13 『조선사회사자료 1(남원)』(국사편찬위원회, 1990) 543쪽

14 상서에는 李鎭0으로 되어 있으나, 아마 李震林이 아닐까 한다. 이진림은 1788년생, 본관은 경주, 오위장을 역임하였다고 한다.(『대방연계안』 권2 철종조)

15 이들에 대해서는 윤희면, 「19세기말 전라도 남원의 사마소 향전」『조선시대사학보』 39, 2006, 〈표 3〉 참조, 160쪽(본서 3장)

16 『남원사마안』에는 고종대에 사마 합격하지 않은 3인이 수록되어 있는데, 高光秀는 1880년 증광시 진사 3등 21위로 합격한 高光壽와 동일인으로 보인다. 나머지 2명인 향리 집안인 영천 이씨 李喆燮과 남원 윤씨 尹友燮은 사마방목에 이름을 찾아볼 수 없다. 합격도 하지 않은 이들이 들어간 이유는 선조를 내세워 위세를 높여보려는 후손들의 청탁 때문이 아니었을까 싶다.

있다. 1898년에 남원에서『順天金氏派譜』가 간행되었다. 순천 김씨 南原屯德派의 족보로 '戊戌派譜'라고도 하는데 당시의 보편적 관행을 반영하듯 嫡庶의 구별을 확실히 하고 있었다.

舊譜에서의 관례에 따라 庶派는 그들이 참여하기를 원할 때에는 그들이 제출한 명단에 따라 이를 입록한다. 그러나 이들 서파의 경우는 배우자를 기록함에 있어 '配'자 대신 '娶'자를 쓰며 사망한 해를 기록함에 있어서도 '卒'자 대신 '歿'자를 써서 嫡庶 간에 마땅히 있어야할 차등을 분명히 밝힌다.(범례 12조)

이처럼 적서의 구별을 확실히 하던 것이, 1922년에「순천김씨파보』가 새로 간행되면서부터는 적서의 표시가 완전히 없어지고 말았다.[17]

결국 1918년에 舊案에다 이전에 누락된 사마들을 일부 포함시켜 새로『남원사마안』을 발간하면서도 中徒나 庶出 등을 여전히 배제하고 있는 것은, 1910년대 말까지도 적서 차별이 해소되지 않은 당시의 사회 분위기를 반영하고 있다고 하겠다.

3. 1938년『帶方蓮桂案』의 편찬과 신분의식의 해소

남원에서 1938년 봄에 사마안이 다시 편찬되었다.

지난(1936년) 봄에 고을의 동지 某某가 지나간 자취가 없어져 후손들이 상고할 것이 없어질까 걱정하였다. 서로 상의한 끝에 생원, 진사와 문과 급제자를 합해 책을 만드니 이름을 蓮桂案이라 하고 문헌의 증거로 삼고자하였다.[18]

17 송준호, 전경목,「남원도호부 둔덕방 역사에 관한 현존 자료」『전라문화연구』 5집, 1991, 168-169쪽. 이후 庶出이나 別派들의 別譜를 합보하는 것이 1920년대에 이르러 추세가 되었다. 이 때문에 족보를 이용하는 연구에는 신중함이 요구되는 것이다.(송준호,『조선사회사연구』(일조각, 1987),『한국사시민강좌』 24집, 1999, 등)

18『帶方蓮桂案』대방연계안서(崔炳直序). 蓮籍은 생원, 진사에 합격한 사람들의 명부이고, 桂籍은 과거에 급제한 사람들의 명부이다.

이렇게 1936년에 시작하여 2년 뒤에 생원, 진사와 문과합격자를 함께 수록한 『帶方蓮桂案』을 완성하였는데[19], 편찬 원칙(凡例)을 몇 개 소개하면 보면 다음과 같다.

1. 生進은 사마안에 付標되어 사마재에 存閣되어 있으나 文科를 수록한 책이 없어 후배들이 매번 無徵을 한탄하였다. 그리하여 모인 사람들에게 두루 물어 안을 합해 편간하기로 한다.
1. 고려사의 진사, 문과는 다 기록되어 있지 않았기에, 조선 개국부터 시작하여 우리 고을의 과거 문헌을 準考한다.

곧 사마안은 있으나 문과 명단은 없으니 문과 합격자 명단을 만들어 함께 수록하는, 즉 연적과 계적을 합쳐 蓮桂案을 만든다는 것, 그리고 참고할 기록을 확보할 수 있는 조선시대부터 과거합격자를 수록하겠다는 것이다. 그리하여 조선 태조 때부터 고종 때까지 생원, 진사 718명, 문과급제자 137명, 모두 합쳐 855명의 명단을 연계안에 싣고 있다.

그리고 무엇보다 중요한 것은

1. 신구 읍지와 과거 방목을 일일이 수록하고, 혹 單子를 받지 못한 곳이 있기에 끝에다 성함만을 입록하는데 生進과 문과를 분간한다.

고 하여, 남원의 읍지와 문과방목, 사마방목 등을 조사하여 명단을 작성하고, 또한 후손들이 先祖의 합격 사실을 單子로 내면 이를 받아 명단에 넣는다는 점이 되겠다.

19 『대방연계안』은 일제 말기의 어려움 때문이었는지 인쇄는 1941년 8월 30일, 간행은 1942년 6월 10일, 발행지는 남원읍 옥정리로 되어 있다. (권말 간기)

帶方蓮桂案卷之一
○太祖朝
邢 珪晉州人尚書君紹子文科戶曹判書陞
崇政以諫諍見忤於 上時人比之汲黯
房九成南陽人字聖好直提學士良子生員拜
御史止定山縣監
○定宗朝
柳 漾瑞山人號日省堂文靖公伯濡子生進
文科獻納吏兵兩曹佐郎仁川府使止大司
諫

『대방연계안』이 과연 읍지와 방목을 얼마만큼 자세히 조사하여 반영하였는지는 의문이다. 〈표 1〉을 다시 보면, 연계안에 수록된 인원이 가장 많아, 읍지나 방목, 남원사마안의 인원을 모두 포함하는 것으로 생각할 수 있다. 그러나 서로를 비교해 보면 상당한 차이가 나고 있다. 곧 읍지나 사마안에는 있으나 연계안에는 없는 경우도 상당수 눈에 뜨인다. 따라서 연계안이 읍지와 사마안을 그대로 옮겨 적은 것이 아님을 말해주며, 또한 별도의 자료를, 즉 단자를 중요시 한 것이라 할 수 있다.

결국 연계안을 편찬할 때 기존의 자료인 사마안, 읍지, 방목을 참고하였겠지만 우선적으로 근거삼은 것은 후손들이 낸 단자였음을 말해주는 것이 아닐까 한다. 그 때문에 기존의 자료와 단자를 받은 것을 비교하되, 자료에는 이름이 있으나 단자를 내지 않은 합격자들은 연계안 끝에 「生進收單未到篇」(49명), 「文科收單未到篇」(13명)으로 구분하여 이름만을 올린 이유가 되겠다.[20]

그러면 單子를 내는 사람들은 누구였을까. 「범례」에

20 생원, 진사 718명 가운데 자료와 단자를 근거로 들어갔다고 여겨지는 사람들은 453명이다. 그리고 자료 근거 없이 오직 후손들의 단자 제출로 들어갔다고 믿어지는 사람은, 즉 연계안에만 이름이 나오는 사람은 265명이다.

1. 혹 우리 (남원)고을에서 科業하지 않았어도 본안에 수록하였다. 성씨를 논함이 없이 이 고을에 들어와 거주한지 累百世가 된 십여 先系는 진사, 문과로 수록하는 것이 타당하다는 衆意가 있어 몇 개의 단자를 수정하여 入梓하였으니 이를 참고할 것.[21]

이라 한 것이 주목된다. 곧 남원에서 과거에 합격하지 않았어도 연계안에 수록한다는 말은 현재 남원에 사는 사람이 자기 선조들이 생원, 진사, 문과에 급제하였다면 모두 단자를 낼 수가 있다는 것이고, 또 이를 근거로 연계안에 수록한다는 것이었다. 이 때문에 생원, 진사나 문과 합격할 당시 거주지가 남원이 아니었어도 지금 남원에 살고 있는 후손들이 선조들의 단자를 제출하면 『대방연계안』에 수록될 수 있었던 것이다. 또한 남원에 수백년 동안 계속 살았지만 신분적인 하자나 여러 가지 사정 등으로 이전의 사마안, 읍지 등에 누락되어 있었던 합격자들도 후손들이 단자를 내면 모두 이름을 올리겠다는 점이 주목되는 점이다.

결국 『대방연계안』은 현재 남원에 살고 있는 후손들이 낸 단자를 기본으로 하고, 사마안과 읍지, 방목 등의 자료를 조사하고 대조하여 작성한 것이었다. 조선 태조때 문과 급제한 邢珪부터 시작하여 고종대 생원 합격한 陳基洪까지, 생원 진사는(兩試 및 문과합격 포함) 669명, 문과는 124명으로 모두 793명의 이름을 수록하였다. 여기에다 자료에는 이름이 있으나 단자를 내지 않은 사람들을 따로 정리하여 끝에 '生進收單未到者' 49명과 '文科收單未到者' 13명의 명단을 첨부하였다. 따라서 생원 진사 718명, 문과 137명으로 모두 855명의 이름이 수록되었다.

그러면 1930년대 말에 연계안을 왜 다시 작성하였을까. 1919년 3. 1운동, 새로운 사조로 들어온 사회주의의 영향 등으로 점차 평등의식이 고취되기에 이르렀다. 그리고 근대적 학교 교육의 확대, 신문과 출판물의 증가, 라디오와

21 『대방연계안』 범례

영화의 보급, 공장 시설 확충 등은 전통적 생활양식과 신분의식의 변화를 초래하였다. 그리하여 조선은 급속히 근대적 대중사회를 형성해 갔다[22]. 1920년대에 서출에 대한 차별이 완화되어 족보에 구별 없이 함께 오르게 된 것, 1923년부터 일어난 백정들의 형평운동, 1925년 11월 안동에서부터 전국으로 번져나간 노동자들의 도산서원 철폐운동 등도 그러한 사회분위기에 힘입은 바 크다고 본다.

이렇게 근대사회의 모습을 일방 띠어가면서도 전통적인 체제를 지향하는 모습도 보이는데, 특히 유림들의 모습들은 예전 그대로였다. 이들은 전통적 신분관을 여전히 고수하고 있었다. 양반에게 상놈이 버릇없이 말한다고 분개하여 언쟁 끝에 살인을 저지르는 일도 자주 있었다.[23]

평등의식의 확산과 전통적인 신분관의 고수라는 사회분위기가 혼재되어 있는 가운데, 한편으로는 양반에 대한 선망 의식도 아울러 확대되어 갔다. 사회의 세력가는 귀족이나 양반이 아니라 상공계급, 돈 있는 자라는 인식이 확대되어 갔지만[24], 새로운 부와 높아진 사회적 지위를 나타내는 방법으로 양반에 집착하는 풍조를 보여주기도 하였다. 돈을 내면 청금록에 기록하여 양반으로 살게 해주겠다고 사기를 친 일당이 있었으며[25], 족보의 편찬과 출판도 성행하였다. 족보는 일제시대 출판물 가운데에서 가장 많이 찍힌 책으로 1920년대 후반 절정에 이르렀다. 유교적인 옛 도덕을 온존시키고 양반 상놈을 재생산하는 병리적 사회현상으로 지적되기도 하는 족보를 이용하여 몰락한 양반들은 돈벌이를 하였고, 상놈들은 돈을 내고 선조 이름을 올려 양반 행

---

22 천정환,『대중지성의 사회』(푸른역사, 2008)

23 1927년 8월, 10월, 전북에서 상놈이 양반에게 버릇없이 말함에 분개한 양반이 양반다툼에 살인을 저지른 일. (언쟁끗헤 타살, 상놈이 버릇업다고 살인한 양반, 동아일보 1927년 8월 24일), 양반자랑, 1927년 10월 11일) 등

24「동아일보」 1921년 5월 10일자「조선의 사회계급의 추이, 귀족양반계급의 사회적 실추와 제3계급 발흥),

25「동아일보」 1925년 8월 2일자 양반되는 청금록

세를 하였다.[26]

족보 발간 붐에는 사회적인 혼란과 가치관의 혼돈도 배경으로 작용하고 있다. 족보 편찬에 앞장섰던 사람들은 전통적인 신분관이 해체되어 평등한 사회로 나아가던 이 시기를 혼란스럽다고 보았다. 그리하여 족보 발간을 혼란에 대한 대응으로 생각하고 先祖의 계통을 편집하여 후대 자손에게 家系를 알게 함을 의무라 여기고 있었다.[27]

아무튼 1920년대, 30년대는 전통적인 신분관이 해체되어 평등한 사회로 나아가던 시기였으며, 한편으로는 이러한 변화를 사회적 혼란으로 인식하여 전통적인 가치관을 재확립하려고 한 시기이도 하였다. 「대방연계안서」에

> 과거가 폐지된 후 文風을 떨쳐 일으킬만한 근본이 없어지고 선비들이 가야할 올바른 방향을 잃었으니 애석함을 어떤 말로 다하랴. 이 案은 각 집안 先祖의 이름, 호, 본관이고, 고을 선배들의 이름, 호, 본관이다. 자손들은 선조들이 수립한 것을 흠모함이 어떠하며, 후생들은 선배들이 세운 것을 자랑함이 어떠한가. 이 안이 風敎에 보탬 됨이 어찌 작다고 하랴.

고 하여 文風의 진작, 풍교에의 보탬 등을 이유로 내 세우고 있다. 이러한 표현은 조선시대에도 청금록 작성이나, 사마안 작성, 향약 시행 등에서 늘 지적해 오던 것으로, 옛날로 돌아가고자 하는 바람을 담고 있다고 하겠다. 돌아가고자 한 옛날이란 과거에 급제한 훌륭한 선조들을 흠모하고, 이러한 선조들을 둔 후손들이 자랑거리로 삼고자 한 것이었다. 다른 말로 하면 자기 선조들이 양반이었음을 내세우고자 함이었다고 할 수 있겠다. 이는 족보 편찬의 의도와 별반 다른 바가 없었던 것이다.[28]

---

26 한별, 「새상놈, 새량반, 『개벽』 제5호, 1920년 11월, 「동아일보」 1926년 9월 14일 弊習陋慣부터 개혁하자(四) 族譜熱과 兩班心 등

27 배성룡, 「인격발전의 도정에 대한 사견」(『개벽』, 1922년 6월)

28 이어지는 표현에는 후예들의 寶藏品으로 삼고자 한다고 하였다. 비슷한 시기에 편찬된 『전주생진청금록』(1책, 1933년)의 서문에는 「好古尙德」이라고 표현하였다.

결국『대방연계안』의 편찬과 발간에는 예전의 반상의식을 다시 담고자 함이었다고 볼 수 있다. 한쪽은 예전에 양반이었음을 확인하고자 하는 사람들이 있었으며, 다른 한쪽은 새로이 양반이었음을 인정받고자 하는 사람들이 있었던 것이다. 이 양자의 이해가 맞아 떨어지는 것이 바로『대방연계안』의 발간이었다고 하겠다.

이러한 퇴영적인 행태를 부채질한 것은 일제이기도 하였다.[29] 일제는 조선의 전통적인 생활양식을 부추겨서 조선인의 저항을 약화시킬 정책을 펴나갔다. 이에 촉발되었는지 조선의 옛날 모습을 재현해보려는 움직임이 크게 일어나고 있었다. 예를 들면 향교에서는 저마다 衛聖契를 조직하고 향교 건물을 중수하였다. 전남의 경우를 보더라도 28개의 향교 가운데 1920년대, 30년대에 改建하거나 중건한 곳이 17개나 되었다.[30] 심지어 고종 때 철폐되었던 서원, 사우도 이즈음에 활발히 복설되고 있었다.[31]

그러면『대방연계안』에 이름이 올라간 사람을, 더 정확히 표현하면 후손들이 단자를 내어 이름이 올라가게 된, 생원, 진사의 명단을 살펴보도록 하자. 생원, 진사의 수만 비교하더라도 1918년의 남원사마안 372명과 비교하면 거의 곱절이 늘어나게 된 것이다. 수록 성씨도 늘었음은 당연한 일이다. 용성지에는 57개 성관에 242명, 사마안에는 62개 성관에 372명인데, 연계안에는 92개 성관에 718명이었다.

92개 성관, 문과 포함 855명을 평균으로 나누면 약 10명이 되니, 10명 이상 수록 성관, 9-5명 수록 성관, 4명 이하 수록 성관의 3그룹으로 편의상 나누어, 많은 순서대로 정리하면 다음과 같다.

---

29 『대방연계안』이 1938년에 편찬되었지만 간행은 1942년이었고, 간행을 위해 구성된 연계안협찬회에는 조선인인 남원의 전 군수와 현 군수가 협조하고 있다.(권말 간기)

30 『전남의 향교』(전남도청, 1988)

31 윤선자, 「일제하 호남지역 서원.사우의 복설과 신설」『한중인문학연구』 22호, 2007

〈표 2-1〉 10명 이상 생원, 진사 수록 성관

구분 \ 성관	남원양	경주김	전주이	남원윤	남양방	청주한	삭령최	전주최	홍성장	양천허	순흥안	해주오	풍천노
연계안	56	49	37	36	35	32	25	23	21	21	20	20	16
사마안	22	25	30	18	22	24	18	7	14	18	9	7	13
사마방목	24	20	25	13	21	18	16	11	10	11	13	9	11
용성지	19	15	2	15	15	19	9	10	11	6	7	7	5
鄕案	81	104	81	17	67	77	28	74	118	23	54	20	31
직월안	2	78	79	27	27	8	67		22	34	48	14	63
좌수안	3					4		1/2	17		12	3/6	
서원후손	*	*	*	*	*	*	*				*	*	*
향전상서	*	**	**	*	*	*	*	*	*	*	*	*	*

구분 \ 성관	광주이	창원정	부안김	연안김	안동권	경주이	경주정	나주진	합계(%)
연계안	14	14	13	11	10	10/3	10	10	483(67%)
사마안	14	6	12	5	7	1		4	276(74%)
용성지	8	6	6	5	2	1	4	6	178(74%)
향안	36	43	37	47	23	44	29	22	
직월안	31	16	41		18			3	
좌수안						24	3		
서원후손		*	*			*		*	
향전상서	**	*	**	**	*	**		*	

(*은 해당 있음, **는 본관구분 안되어 개연성 표시, 좌수안 /는 복수 본관으로 절반 표시)

10명 이상 수록 성관은 56명의 생원 진사를 수록한 남원 양씨를 필두로 하여 나주 진씨까지 21개 성관이 된다. 전체 생진의 67%를 차지하는, 남원의 양반 성관으로 흔히 일컬어지는「崔, 盧, 安, 李」를 포함한 이들 성관은 사마안과 용성지에도 각각 74%를 차지하는 등 다른 성관에 비해 압도적이었다. 1601년부터 1721년까지 작성된 남원 양반들의 조직인 향안에도, 향안이 변모되자 다시 양반들의 모임으로 1640년부터 1895까지 존속한 직월안에서도 다수를 차지하는 이들은[32], 1872년, 1893년에 일어난 사마소 향전에서도 비양반들의 사마소 참여를 적극 막고자 감사와 수령에게 上書를 내는데 앞장섰던 성관이기도 하였다. 따라서 이들 성관은 조선시대부터 남원 고을에서 내로라하는 양반으로 인정받던 성관이라 할 수 있겠다.

그런데 이들 성관 중에는 다소 이질적인 성관들이 포함되어 있는 점이 주목된다. 우선 양반의 모임체인 직월안에 이름을 올리지 못하고 있는 성관들이다. 전주 최씨, 연안 김씨, 경주 이씨 등인데, 이들은 직월안 대신 좌수안에 이름을 올리고 있다. 바로 이들 성관이 양반사족과 비교되는, 물론 개중에는 派를 달리하는 사족 집안도 있었겠지만[33], 좌수와 별감 등의 향임을 맡던 鄕族이었다.

그리고 직월안에 이름이 있으면서 좌수안에도 이름이 있는 성관으로 남원 양씨, 청주 한씨, 홍성 장씨, 해주 오씨 등이 있다. 이들 성관이 직월안에 이름을 올린 숫자를 보면「최, 노, 안, 이」보다 크게 열세임을 보여주고 있다. 이들도 파를 달리하는 사족 집안도 있었겠지만 향족의 성향이 두드러진 성관으로 파악할 수 있겠다. 그 가운데 특히 남원 양씨의 경우는 직월안에도, 좌수안에도 극히 적은 숫자만 참여하고 있는데, 사족의 파를 제외한 이들은 아마도 향족보다는 吏族의 성향이 더 두드러지는 경우가 아닐까 한다.

결국 생원, 진사를 가장 많이 배출하고 있다고 분류한 21개 성관 가운데, 양반 사족 성관이 13개, 향족 성관이 7개, 吏族 성관이 1개로 각각 파악할 수 있다. 특히 이족 성관으로 생각되는 남원 양씨가 가장 많은 생원, 진사를 수록하고 있다는 것은 1930년대 무렵에 이족 집안의 경제력과 사회적 성장을 엿볼 수 있는 대목이기도 하다.

다음은 9-5명의 생원, 진사를 수록하고 있는 성관을 살펴보도록 하자.

---

32 〈표 2〉에 보이는 향안, 직월안, 좌수안의 통계 분석은 김현영, 『조선시대의 양반과 향촌사회』(집문당, 1999)을 이용하였다.

33 이들 성관을 분석하기 위해서는 족보 등을 분석해야 하나, 지금으로서는 지난한 일이다. 이점이 본고의 한계이며, 개별 성관의 구체적 분석은 다음을 기약할 수밖에 없다.

〈표 2-2〉 9-5명 생원, 진사 수록 성관

성관 구분	진주소	문화유	함안조	남원진	진주형	죽산박	홍주이	순천김	언양김	밀양박	함양오	서산유	화순최	김해김	은진송	영광유	영천이	장수황	합계(%)
연계안	9	9	9	9	9	8	8	7	6	6	6	6	6	5	5	5	5	5	123(17%)
사마안	7	4	2	2	2	8	3	5	2			2	6	2	2	2	4	4	57(15%)
용성지	4	2	4	2	3		1	3	2		2	4	2	0	1			2	32(13%)
향안	97	24	3	16	3	16	16	14	8		37	7	7	3	4	6		19	
직월안	5	13		1	1	2	1	1	1		4		4		9			27	
좌수안	32	7/14						14			3/6		1/2			7/14	이족		
서원자손	*			*	*	*	*			*			*					*	
향전상소	*	**		*	*	*		**	**			**			*	**		*	

(*은 해당 있음, **는 본관구분 안되어 개연성 표시, 좌수안 /는 복수 본관으로 절반 표시)

진수 소씨부터 장수 황씨까지 18개 성관이 된다. 전체 생진의 17%를, 사마안이나 용성지에도 비슷한 비율을 차지하는 이들은 상대적으로 적은 숫자이나마 향안에도, 직월안에도 이름을 꾸준히 올리고 있었다. 그 중 직월안에 이름을 올린 13개 성관도 양반 사족이라 할 수 있으나, 직월안에 많은 숫자를 차지하고 있는 장수 황씨를 제외한다면, 族勢로 보나 사회적 위상으로 보나 앞서의 성관보다 다소「班格」이 떨어진다고 할 수 있겠다.

그리고 좌수안에 이름이 있는 진주 소씨, 문화 유씨, 순천 김씨, 함양 오씨, 화순 최씨, 영광 유씨 등은 향족임을 보여주고 있다. 이들도 직월안에 이름을 올리고 있으나 1850년대 이후에야 새로이 등재하고 있어[34], 일부가 사족 집안이라 할 수 있었겠지만 향족의 성향이 두드러진 성관으로 파악할 수 있겠다. 그리고 특히 1892년 사마소 향전의 빌미를 제공한 영천 이씨의 경우는 남원의 대표적 吏族으로 경제적 성장과 사회적 진출을 보여주고 있는 경우로 파악할 수 있겠다. 결국 생원, 진사를 상대적으로 적은 수를 배출하고 있다고 분류한 18개 성관 가운데, 다소「반격」이 떨어지는 양반 사족 성관이 11개,

34 김현영,『앞의 책』157쪽

향족 성관이 6개, 吏族 성관이 1개로 각각 파악할 수 있다.

그리고 4명 이하(사마안, 용성지 수록한 성관, 새로운 성관 구분)의 생원, 진사를 등재하고 있는 나머지 성관을 정리하면 다음과 같다.

〈표 2-3〉 4명 이하 생원, 진사 수록 성관

성관	진주강	전주박	광주안	원주원	전주유	재령이	나주임	평강채	진주하	달성서	평산신	벽진이	여주이	한양조	옥천조	장흥고	능성구	강릉김	수원백	면천복	칠원윤	파평윤
연계안	4	4	4	4	4/1	4	4	4	4	3	3	3	3	3	3	2	2	2/2	2	2	2	2/2
사마안	1		1	0	5	4	1	0	0			2		3		2	1	2		1	1	1
방목	2		0		4		1							3		1		2		1	1	1
용성지	0	2	0	1	0		1	2	2		2	0	1	0		0	1	2		0	0	1
향안				6	1			26	21			5		2		3					1	
직월안			1	6	7									1		1						
좌수안																						
서원자손			*											*		*					*	
향전상소	*				**		*	*												*		

성관	함안윤	연안이	전의이	순창조	여양진	광주김	원주김	해주김	강화노	함평모	함양박	충주박	장연변	영산신	청송심	강릉유	광산이	나주이	상주이	합천이
연계안	2/2	2/2	2	2/2	2	1	1	1	1	1	1	1/1	1	1/1	1	1	1	1	1	1
사마안		2	1				1	1			1		1	1						
방목													1	1					1	
용성지	2	2					3				1		1	0						1
향안		2											15		3					19
직월안		6											8							3
좌수안																				
서원자손													*							
향전상서													*							

성관	무안정	연일정	하동정	해주정	광주조	신안주	연안차	탐진최	합계태	옥과황	미상	합계
연계안	1	1/1	1/1	1	1/1	1	1	1/1	1	1/1	10	112(16%)
사마안	1	1	2		1			1				39(10%)
방목		1	2		1			1				
용성지	1	0	1	1	1			0		1	2	32(13%)
향안									2			
직월안												
좌수안												
서원자손												
향전상서												

(*은 해당 있음, **는 본관구분 안되어 개연성 표시, /숫자는 "生進收單未到者" 표시)

1-4명의 생원, 진사를 등재한 53개 성관은, 직월안에 이름을 올린 8개 성관을 제외하면 족세가 미미한 존재들이라 할 수 있겠다. 사마안과 용성지에 수록된 인원도 극히 미미하고, 향안에는 이름을 올렸지만 그 뒤로 직월안에 이름을 못 올린, 그리고 좌수안에도 이름이 없는 이들 성관 대부분은 그야말로 향족에도 미치지 못하는 하급양반이라 할 수 있겠다. 또한 사마안이나 용성지에 없다가 연계안에 비로소 이름을 올린 성관도 17개 성관이나 된다.

특히 2명 이하를 연계안에 이름 올린 성관들을 보면 그나마도 기존의 명단에는 이름이 있으나 단자를 내지 못해 '生進收單未到者'로 분류된 이들이 상당수 된다는 점이 눈에 뜨인다. 곧 단자를 내지 못한 강릉 김, 파평 윤, 함안 윤, 연안 이, 순창 조, 충주 박, 영산 신, 연일 정, 하동 정, 광주 조, 탐진 최, 옥과 황 등 12개 성관은 아마도 몰락을 거듭하여 단자를 내지 못할 정도였거나, 혹 당시에는 남원을 떠난 성관들로 파악할 수 있겠다.

718명의 생원, 진사를 성관별로 구분하여 살펴본 것을 정리해 보면, 남원 고을에서 『최, 노, 안, 이』를 비롯하여 내로라하는 양반사족 성관들이 전체의 2/3를 차지하고 있었다. 이는 조선의 사회신분제가 혁파된 지 한 세대가 지나도 양반사족 성관들이 여전히 고을에서 영향력을 발휘하고 있음을 보여주는 것으로 볼 수 있다. 그런 가운데에서도 양반 사족과 구별되던 향족 성관들과 이족 성관들도 양반 사족 성관보다는 열세이지만 만만찮은 숫자를 등재하고 있다는 점이 주목된다. 더구나 예전 같으면 함께 자리도 하지 못할 여타 군소 성관도 선조 가운데 생원, 진사가 있다는 근거를 내세워 이전의 양반사족 성관과 나란히 연계안이라는 새로운 명단에 이름을 올리고 있다는 점이다. 앞서 범례에서 보듯 "성씨를 논함이 없이 이 고을에 들어와 거주한지 累百世가 된 십여 先系는 진사, 문과로 수록하는 것이 타당하다는 衆意가 있어 몇 개의 단자를 수정하여 入梓하였으니 이를 참고할 것."[35] 이라는 원칙에 따른 것이었다. 그리하여 1938년의 『대방연계안』에는 1918년의 『남원사마안』에서 제외된 서출이 포함되는 등 남원 고을에서 문벌과 世德, 명분 등을 중시하던 전통적인 신분제도가 거의 완화되고 있음을 반영하는 것으로 볼 수 있지 않을까 한다.

다음은 연계안에 오른 사람들과 남원과의 관련 여부를 알아보도록 하자. 연계안 718명의 거주지를 방목 등을 참고하여 조사해 보면 남원인 생원, 진사가 349명(49%), 그렇지 않은 생원, 진사가 369명(51%)이다. 369명 가운데 서울 등 36개 고을에서 96명, 미상이 273명이었다. 이는 1918년의 「남원사마안」에서 372명 가운데 남원이 293명(79%), 비남원이 12개 고을 49명(13%), 미상이 30명(8%)과 비교하면, 연계안에서는 남원출신자가 더 열세임을 보여주는 것이기도 하다. 이는 범례에서 '혹 우리 (남원)고을에서 科業하지 않았어도 본안에 수록하였다."고 한 것 때문이기도 하다. 현재 남원에 살고 있는 사람들이 자기 선조들의 생원, 진사 합격 사실을 단자에 적어 제출한 것을 바탕으로 하였기 때문이었다. 이 또한 조선시대 양반들의 특성 가운데 하나인 지역성을 무시한 조치로 판단할 수 있다.

그러면 연계안의 신빙성은 어느 정도였을까. 연계안에는 사마안과 읍지,

35 『대방연계안』 범례

방목 등 있는 자료를 바탕으로 이름을 올린 사람들과, 현재 남원에 살고 있는 후손들이 낸 단자를 바탕으로 이름을 올린 사람들로 대별할 수 있다. 확연히 구분할 방법이 없기는 하지만, 생원, 진사 718명 가운데 『용성지』(242명)와 『남원사마안』(372명) 자료를 근거로 들어갔다고 여겨지는 사람들은 453명, 단자를 근거로 들어간 사람들은 265명으로 추산하였다. 265명은 오직 『대방연계안』에만 이름이 나오는 사람의 숫자이다.

연계안에만 이름이 나오는 265명의 성관을 조사하면 모두 65개 성관으로(미상 7명), 많게는 남원 양씨 28명, 경주 김씨 23명, 남원 윤씨 11명, 해주 오씨 10명 등의 순서이고, 9-5명의 성관은 13개, 4명은 3개, 3명은 11개, 2명은 11개, 1명뿐인 성관이 23개이다.

65개 성관 265명을 현존하는 사마방목을 참고하여 인조 이전과 인조 이후의 구분해 보면 각각 170명, 95명(미상 6명 포함)이 된다.

〈표 3〉『대방연계안』에만 보이는 인조-고종대 생원, 진사 합격 의심자

자료 \ 왕별	인조	효종	현종	숙종	경종	영조	정조	순조	헌종	철종	고종	미상	합계(전체)
사마방목	39	13	26	49	4	27	15	10	8	12	86		289명(378)
사마안	47	13	29	61	5	34	17	15	6	10	57		294명(372)
연계안(전체)	61	26	36	62	5	37	20	17	12	15	83	8	382명(718)
합격 의심(전체)	13	10	5	5	0	3	1	0	0	1	6	8	50명
연계안에만 나오는 생,진	15	10	9	6	0	4	2	3	6	5	29	6	95명(265)
합격 의심	12	10	5	5	0	2	1	0	0	1	3	6	45명

현존하는 사마방목이 인조 이후는 영조 한 식년만 제외하면 모두 남아 있기에 인조대를 기준으로 의심자를 정리해 보았다. 읍지, 사마안 등 자료와 후손들의 단자로 올라간 인조대 이후 생원, 진사 382명 가운데 사마방목에서 확인할 수 없는 합격 의심자는 50명이었다. 그리고 연계안에만 나오는, 즉 단자만을 근거로 이름을 올렸다고 판단한 생원, 진사는 인조 이후가 95명인데,

이 가운데 사마방목에서 확인할 수 없는 사람이 절반에 가까운 45명에 달한다. 읍지와 사마안보다 단자의 신빙성이 크게 떨어진다고 여겨지는 이유이기도 하다.

그리고 시대가 올라갈수록 의심스러운 사람들이 늘어나는 경향을 보인다. 인조대는 15명 가운데 12명이 의심자이고, 심지어 효종대 합격자라고 단자를 낸 10명 전원은 과거에 합격한 사실이 없다는 사실이다. 따라서 인조 이전(170명)으로 더 올라가면 합격이 의심스러운 사람들이 훨씬 더 늘어날 가능성이 높다고 할 수 있겠다. 결국『대방연계안』에 이름을 올렸다고는 하지만 생원, 진사시에 합격하였는지 여부가 의심스러운 사람들이 절반 이상은 포함되어 있다고 예상할 수 있다.[36]

65개 성관 265명 가운데 용성지나 사마안에 전혀 기록이 없다가 연계안에야 비로서 이름이 나오는 성관은 17개 성관, 28명이었다. 이들은 밀양 박씨 6명, 옥천 조씨 3명 이외에는 1-2명의 적은 숫자를 신고하고 있다. 이들 17개 성관 28명 가운데 인조 이후 합격자는 14명이었고, 의심자는 6명이었다. 17개 성관은 아마도 다른 고을에서 살고 있다가 1930년대 당시에는 남원에 옮겨와 살고 있었고.「연계안」편찬 방침에 맞추어 한두 명 정도의, 그것도 합격 연대가 조선 전기에 집중되어 있는 자기 조상들의 생원, 진사 합격 단자를 제출하였던 것으로 볼 수 있다.

연계안에만 이름을 보이는 65개 성관에서 나머지 48개 성관 대부분은 남원에서 살고 있었으나 여러 가지 이유로, 예를 들면 이전에 몰락하였거나, 신분적 하자 등으로 양반으로 인정받지 못하던 집안으로, 용성지나 사마안에는 이름을 올리지 못하였다가 연계안 작성에 맞추어 조상들의 단자를 냈던 것으로 볼 수 있다. 그리고 이에 그치지 않고 합격하지도 않은 조상을 합격했다고

36『대방연계안』의 생원, 진사 718명에서 인조부터 고종까지 384명 가운데 현존하는 사마방목에서 확인할 수 없는 생원, 진사가 50명이나 되었다. 연계안에만 나오는 45명과 용성지에서 2명, 사마안에서 3명을 더한 숫자이다. 따라서 연계안에만 나오는 생원, 진사의 합격 신빙성은 더욱 떨어진다고 할 수 있겠다.

부풀려 단자를 낸 것으로 추정할 수 있다.

결론적으로 1930년대에 들어서면 사마안, 연계안이 양반 여부를 가리는 기능을 하지 못하는 세태가 되었다. 1938년의 『대방연계안』에는 자기 선조들이 생원, 진사에 합격하였다는 후손들의 단자를 받아 수록한 것일 뿐 양반과 비양반을 가리지는 않았다는 점이다. 곧 이 시기에 이르면 양반, 비양반을 가리는 것은 중요 사항이 아니었으며, 그저 내 조상 가운데 누가, 참이던 거짓이던, 생원, 진사에 합격하였으니 나도 당당한 양반의 후손이라는 점을 과시하는데 관심이 있었다고 할 수 있다. 다시 말하면 당시에 남원에 사는 사람들이 근거가 있고 없고를 떠나 자기 선조 중에 누가 생원, 진사, 문과에 합격하였다는 주장만으로도 양반의 후손이라고 행세할 수 있는 사회분위기가 조성된 것이라 할 수 있겠다. 따라서 『대방연계안』을 만들 때 입록을 둘러싸고 예전처럼 양반과 비양반을 가리려는 다툼은 아예 없게 된 것이다. 1877년에 사마안 입록을 놓고 향전을 벌인 이해구 부자도, 서출이라고 처음부터 배제 당했던 이석호, 이민규 부자와 이진림 등도[37] 1918년의 사마안에는 이름을 올리지 못하였지만 1938년의 연계안에는 모두 이름을 올릴 수가 있었던 것도 이 때문이라고 하겠다.

1918년의 『남원사마안』에는 嫡庶의 구별이 담겨져 있었지만, 1930년대 후반의 『대방연계안』에는 양반과 비양반 신분을 구별하는 표면적인 갈등은 없어졌음을 보여주고 있다. 너나 할 것 없이 모두가 양반의 후예라 주장하는 사회 추세를 반영하는 것이라 하겠다.

다음은 『대방연계안』에 수록된 문과급제자의 경우를 보도록 하자.

37 윤희면, 「19세기말 전라도 남원의 사마소 향전」『조선시대사학보』 39, 2006, 163쪽(본서 3장)

〈표 4〉 연계안 수록 문과급제자

성관	경주김	함안조	남원양	부안김	경주정	남원윤	홍성장	진주형	죽산박	광주이	양천허	영광유	전주최	남양방	남원진	순천김	광산김
연계안	11	9	7	7	6	5	5	5	5	4	4	4	4	4	3	3	3
합격의문	4	5	1		2		1	4	2			1	1	2	2	1	1
용성지	6	4	3	1	3		2	1			1	1	1				3
향안	*		*	*		*	*	*	*	*	*	*	*	*	*	*	
직월안	*		*	*		*	*	*	*	*	*				*	*	
좌수안			*				*					*	*	*		*	×

성관	나주임	함양오	문화유	삭령최	순흥안	언양김	장수황	전주이	창원정	청주한	풍천노	해주오	고령신	경주이	능성구	면천복
연계안	3	3	2	2	2	2	2	2	2	2	2	2	2	1	1	1
합격의문	1	1								1		1				1
용성지				1	1							1	2			
향안				*	*	*	*	*	*	*	*	*				
직월안				*	*	*	*	*	*	*	*	*				
좌수안					*					*		*				

성관	서산유	신안주	안동권	여양진	연안김	옥천조	원주원	전주유	진주소	파평윤	풍산심	하동정	합천이	합계태	해주정	미상	합계
연계안	1	1	1	1	1	1	1	1	1	1	1	1	1	1	1	2	137
합격의문	1	1					1	1			1			1	1	1	40
용성지			1							1		1		1		2	37
향안																	
직월안																	
좌수안																	

(*은 해당 있음 표시)

연계안에는 48개 성관에 137명의 문과급제자를 수록하고 있다.[38] 48개 성관에서 향안에 이름 올린 성관은 23개, 직월안에 이름 올린 성관은 20개이고,

38 생원, 진사에 합격하고 문과에 급제한 사람이 9명인데, 이들은 앞의 생원, 진사 718명에 포함시켜 살펴보았다. 따라서 연계안에 문과 급제자는 146명인 셈이다. 그리고 문과 146명 가운데 합격 여부 의심자가 49명에 달한다. 40명은 확실한 문과 의심자이고, 9명은 생원, 진사에 합격하고 문과 급제했다고 되어 있는데, 어느 시험 가운데 한 가지는 의심자이다.

좌수안에 이름 올린 성관은 9개이다. 그리고 나머지 성관들은 1, 2명 정도의 문과급제자를 낸 정도였다. 그런데 137명 가운데 문과방목에 이름을 확인할 수 없는, 곧 문과급제가 의심되는 사람들이 40명이 된다. 이들 40명의 성관을 보면 향안, 직월안, 좌수안에 등재된 성관도 있고, 전혀 새로운 성관도 있다. 그리고 합격하였다고 기재된 연대를 살펴보면 인조 이전이 70명 가운데 34명이, 인조 이후는 63명 가운데 6명이 합격 의심자였다. 앞서 생원, 진사에서 보았듯이 시대가 올라갈수록 합격이 의심스러운 경향이 더 많아짐과 비슷하였다.

137명의 거주지를 보면 남원이 63명, 서울이 8명, 나머지 11개 고을에서 14명, 미상이 53인데, 당연히 문과 의심자는 미상에 다 포함되어 있다.

결국 문과 급제자를 포함하여 연계안을 편찬하였지만 각 성관들로부터 단자를 받으면서 문과 합격 여부를 확인하지도 않고 후손들의 신고를 받은 그대로 수록하였다는 이야기가 된다. 예전 같으면 합격 여부를 따지고, 집안 내력, 양반 사족 여부 등을 살펴 이름 올리는 것을 신중히 하였겠지만, 1930년대에 이르러서는 이러한 형식과 절차가 무시되었음을 알 수 있겠다. 곧 당시 남원에 사는 사람들이 자기 선조가 문과에 합격하였다는 것을 신고만 하면 명단에 올려주는, 다시 말하면 양반의 후손이라고 주장을 하면 그대로 인정해주는 세태를 반영하는 것이라 할 수 있겠다.

4. 맺음말

이상과 같이 1918년에 간행된 『남원사마안』과 1938년에 편찬된 『대방연계안』을 통하여 1894년의 사회신분제 폐지 이후에 남원 고을에서 어떻게 신분의식이 변화되어 왔는가를 살펴보았다.

내용을 정리하면, 1918년에 간행된 『남원사마안』은 조선시대에 작성 보관하고 있던 사마안을 바탕으로 하고 여기에 편찬자가 임의로 판단하여 새로운 인물들을 일부 덧붙여놓은 것이다. 모두 372명의 생원, 진사를 수록하고 있는데, 이전 사마안과 비교하여 특기할만한 것은 1892년에 생원, 진사에 합격하고 사마소, 사마안에 참여하려고 하다가 양반사족들의 완강한 반대로 뜻을 이루지 못한 영천이씨 吏族들이 『남원사마안』에 이름을 올린 반면에, 이전부터 계속 배제되어온 庶族 출신 생원, 진사들은 여전히 이름을 올리지 못하고 있었다. 신분제가 폐지된 지 한 세대가 되는데도 새로 만든 사마안에서 사마합격자 모두가 수록되지도 않았으며, 특히 서출들이 누락된 것은 바로 남원 고을의 사회분위기와 전통적인 신분의식의 잔재를 반영한 것이라 생각할 수 있다.

1938년에 편찬된 『대방연계안』은 생원, 진사 합격자 718명과 문과 급제자 137명의 명단을 담고 있는데, 읍지나 방목 등을 참고하였다고 하지만 주로 당시 남원에 살고 있는 사람들이 자기 선조의 과거 합격 사실을 담은 單子를 받아 작성한 것으로 보인다. 생원, 진사 718명의 집안 내력을 조사해 보면 92개 성관에 걸쳐 있으며 많게는 56명을 신고한 남원 양씨부터 1명만을 신고한 25개 성관으로 편차가 많았다. 연계안에는 남원 고을에서 『최, 노, 안, 이』를 비롯하여 내로라하는 양반사족 성관들이 전체의 2/3를 차지할 정도였다. 이는 조선의 사회신분제가 혁파된 지 한 세대가 지나도 양반사족 성관들이 여전히 고을에서 영향력을 발휘하고 있음을 보여주는 것으로 볼 수 있다. 그런 가운데에서도 좌수 별감을 맡았던 鄕族 성관들과 향리를 대대로 맡던 吏族 성관들도 양반 사족 성관보다는 열세이지만 만만찮은 숫자를 등재하고 있다는 점이 주목된다. 더구나 예전 같으면 함께 자리도 하지 못할 여타 군소 성관과 새로 남원에 살러 들어온 것으로 보이는 성관들도 생원, 진사 합격한 先祖가 있다는 근거를 내세워 이전의 양반사족 성관과 나란히 연계안이라는 새로운 명단에 이름을 올리고 있었다.

연계안에 오른 사람들과 남원과의 관련 여부를 알아보면, 거주지가 남원인 생원, 진사가 349명(49%), 그렇지 않은 생원, 진사가 369명(51%)이었다.

1918년의 『남원사마안』에서는 372명 가운데 남원이 293명(79%)과 비교하면, 연계안에서는 남원출신자가 더 열세임을 보여주는 있다. 연계안이 현재 남원에 살고 있는 사람들이 낸 단자를 바탕으로 하였기 때문이었고, 조선시대 양반들의 특성 가운데 하나인 지역성이 무시되고 있음을 보여주고 있다고 판단할 수 있다.

『대방연계안』에는 합격 여부가 의심스러운 경우도 상당히 있었다. 『용성지』나 『남원사마안』에는 없다가 오직 연계안에만 이름이 나오는, 즉 자료 없이 단자만으로 이름을 올린 것으로 추정되는 것은 65개 성관, 265명이었다. 이들을 현존하는 인조 이전과 인조 이후로 구분해 보면 각각 170명, 95명(미상 6명 포함)이 된다. 그리고 95명 가운데 사마방목에서 확인할 수 없는, 즉 합격 여부가 의심스러운 사람이 절반에 가까운 45명에 달한다. 그리고 시대가 올라갈수록 의심스러운 사람들이 늘어나는 경향을 보여, 인조 이전(170명)으로 더 올라가면 합격이 의심스러운 사람들이 훨씬 더 늘어날 것으로 보인다.

『대방연계안』의 문과합격자 명단을 조사해보면, 48개 성관에서 137명에 달하고 있다. 이들은 전통적인 양반사족 성관도 있었고, 향족 성관도 있었으며 1, 2명 정도를 배출한 군소 성관도 있었다. 137명 가운데 문과방목에 이름을 확인할 수 없는 사람들이 40명이 된다. 이들 40명이 합격하였다고 기재된 연대를 살펴보면 인조 이전이 70명 가운데 34명이, 인조 이후는 63명 가운데 6명이 합격 의심자였다. 앞서 생원, 진사에서 보았듯이 시대가 올라갈수록 의심스러운 경향이 더 늘어나고 있는 것과 비슷함을 알 수 있겠다.

이러한 사실들은 1930년대에 들어서면 사마안, 연계안이 양반 여부를 가리는 기능을 하지 못하는 세태가 되었음을 나타내 주는 것이었다. 당시에 남원에 살고 있는 사람들이 근거가 있고 없고를 떠나 자기 선조 중에 누가 생원, 진사, 문과에 합격하였다는 주장만으로도 양반의 후손이라고 행세할 수 있는 사회분위기가 조성된 것이라 할 수 있겠다.

1930년대에는 벼슬을 한 조상을 두어 당당하게 단자를 낸 양반의 후예들, 변질된 연계안에 선조의 이름을 올릴 수 없다고 단자를 내지 않은 양반의 후손들[39], 단자를 내지 못할 정도로 영락했거나 아예 남원 고을을 떠나버린 양반의 후손들을 한편으로 하고, 남원에 살지도 않았던 과거 합격 조상을 거론하는 것으로, 일반화되어 버린 족보의 소유로, 조상이 생원, 진사, 문과에 합격하였다는 근거가 부족한 주장만으로도 양반의 후예라고 자처하는 사람들을 한편으로 하는[40] 미묘한 갈등이 잠복해 있었다고 생각한다. 그리하여 양반의 후손이라는 자랑스러운 과거와 자부심을 가진 사람, 양반의 후예라고 새로이 주장하는 사람, 이런 처지마저도 내세울 수 없는 사람들과의 새로운 긴장관계가 1938년에 편찬한 『대방연계안』에 고스란히 담겨 있는 것이 아닐까 짐작해 본다. 아울러 양반의 후예라고 주장하는 사람들이 이후에도 계속 늘어나는 것이 다음에 전개될 세태 풍경이라 할 수 있을 것이다.

(『한국근현대사연구』 50, 2009 게재)

39 「소위 이전에 양반이던 사람이 오늘날 와서 나는 常漢이라고 떠드는 것도 말속에 말이 또 있는 것 같아 듣기에 거북하고」(『영남춘추』 제9호, 1935년 5월 15일, 지승종, 「갑오개혁 이후 양반신분의 동향」『근대사회변동과 양반』, (2000년, 아세아문화사) 32-33쪽 재인용)

40 「더욱이 이전에 양반 아니던 사람이 양반행동을 할려는 꼬라지는 구역이 난다. 요새 족보 인쇄를 많이들 하는 모양인데 그 이면에는 되지도 못하였던 제 조상을 끌고 옛날 소위 양반인 동성동본의 집으로 계통을 들이대고 그것을 文籍에 올리기 위하여 수보하는 것이니 이것도 조선이라야 볼 수 있는 것이오, 과거에 양반이 아니었던 유산자로 이전에 양반이었던 집을 찾아 혼인을 하는 사람이 있다. 이것도 이전의 양반이 부러워서 하는 것이니 새 양반이라고 불러줄까. ... 이것이 다 양반이 되고 싶어 하는 것인 모양이나 이전 벼슬처럼 榮貴가 막 쏟아질 줄로 알아서는 대낭패이다. 이 가엾은 새양반들아!」(『영남춘추』 제9호, 1935년 5월 15일(현대맞춤법 고친 것)/지승종, 「갑오개혁이후 양반신분의 동향」『근대사회변동과 양반』, (2000년, 아세아문화사) 32-33쪽 재인용)

참고문헌

『龍城誌』

『南原府司馬齋司馬案錄』(남주원 편, 1918년, 남원),

『帶方蓮桂案』(1938년 편찬, 1942년 간행, 남원)

『사마방목』(동방미디어 CD)

『咸寧司馬錄』(1책, 국립중앙도서관 古2513-326)

『松沙司馬案』(1책, 염광현 편, 고창 만송당, 1915년)

『寶城郡鄕校司馬齋先生案』(1책, 보성향교, 1919년)

『司馬齋題名案』(1책, 함양 蓮桂齋, 1933년)

『전주생진청금록』(1책, 1933년)

『전남의 향교』(전남도청, 1988년)

『조선사회사자료 1(남원)』(국사편찬위원회, 1990년)

송준호, 『조선사회사연구』(일조각, 1987)

홍성찬, 『한국근대농촌사회의 변동과 지주제『(지식산업사, 1992)

연세대학교국학연구원, 『한국근대이행기 중인연구』(신서원, 1999)

김현영, 『조선시대의 양반과 향촌사회』(집문당, 1999)

『한국사시민강좌』 24집(일조각, 1999)

『근대사회변동과 양반』, (아세아문화사, 2000)

윤희면, 「경주 사마소에 대한 일고찰」『역사교육』 37 · 38합, 1985.

윤희면, 「19세기말 전라도 남원의 사마소 향전」『조선시대사학보』 39, 2006.

김준형, 「조선후기 진주지역 사마소의 연혁과 성격」『경남문화연구』 22, 2006,

이훈상, 「조선후기 이서집단과 무임집단의 조직 운영과 그 특성-전라도 남원의 각종 선생안-」, 『한국 학논집』 19, 1990

송준호, 전경목, 「남원도호부 둔덕방 역사에 관한 현존 자료」『전라문화연구』 5집, 1991

이훈상, 「조선후기의 향리와 근대 이후 이들의 진출」『역사학보』 141, 1994

윤선자, 「일제하 호남지역 서원.사우의 복설과 신설」『한중인문학연구』 22호, 2007

제5장
조선시대 전라도 강진 사마안 연구

1. 머리말

조선시대 각 고을에는 司馬所(司馬齋라고도 한다)라는 기구가 있었다. 사마재는 소과, 곧 생원시, 진사시에 합격한 양반들이 모여서 공부하고 친목을 도모하는 학교시설이었다. 원래 생원시, 진사시에 합격하면 서울에 있는 성균관에서 공부하면서 대과(문과)시험을 준비하도록 되어 있었다. 그러나 여러 개인적인 사정으로 서울에서 공부할 입장이 안되면 자기 고을로 내려와 공부를 계속하였다. 향교에서 교생들과 어울려 공부하기에는 사회적 격이 안 맞기에 별도의 건물을 만들어 생원 진사들이 모여 친목을 도모하고 과거 준비를 하던 곳이 바로 사마소였다. 그리고 향교와 서원에서 유생 명단인 유생안(청금록)을 작성하는 것과 똑같이 사마소에 드나들었던 생원 진사들의 명단을 기록해 놓은 것이 司馬案(司馬錄, 蓮案[1])이었다.

본고는 필자가 구상하고 있는 사마소 연구 계획의 일환으로 사마안을 분석

1 搴蓮, 採蓮이란 연꽃을 뽑거나 꺾었다는 뜻으로 소과에 합격함을 이르는 말이니 蓮案이란 소과합격자의 명단을 말한다. 折桂란 계수나무 가지를 꺾었다는 뜻으로 대과에 급제함을 이르는 말로 桂案이란 대과급제자의 명단을 말한다. 蓮桂案, 蓮桂錄이란 소과합격자와 대과급제자의 이름을 함께 실은 명단으로 조선후기에 여러 고을에서 작성하기도 하였다.

하려고 한 것이다. 사마소, 사마안이 처음 생겼다가 고을 형편에 따라 침체되기도 하고 없어지기도 하며 또한 다시 중건되고 재작성되는 일이 계속되고 있었다. 이러한 사마소의 변화 속에 사마안은 언제, 어떠한 방법으로 작성되었으며, 사마안에는 어떠한 신분의 생원 진사들이 수록되며 그 기준과 절차는 무엇인가 하는 점에 중점을 두고 살펴보려고 한다. 그리고 1894년 갑오개혁으로 과거제도가 폐지된 이후 사마안의 추이를 덧붙여 보고자 한다. 일제시대에 간행되는 사마안과 지방지에는 조선시대와 비교하여 생원 진사의 숫자가 대폭 늘어나고 있는데, 이러한 현상이 무엇을 의미하고 있는지도 함께 헤아려보고 싶기 때문이다.

여기에서 다룰 사마안은 전라도 康津 고을의 것이다. 강진에는 1612년(광해군 4)에 사마안이 처음 작성되고, 그 뒤에 重修되고, 改修되는 등 모두 6차례나 작성되고 있어 알맞은 분석대상이 될 수 있다고 보았다.[2] 현재 남아있는 전라도 지역의 사마안은 조선시대에 작성된 것으로는 강진, 고창, 곡성, 남평, 능주, 담양, 영암 등의 것이, 1900년대 이후에는 남원, 보성, 홍덕, 무장, 순창 등에서 간행된 것이 남아있는 실정이다. 지면 관계상 강진의 것만을 우선 다루게 되었다. 다른 지역의 사마안에 대해서는 계속 연구대상으로 삼고자 한다.

2. 사마재 건립과 사마안 작성

사마재[3]의 건립 시기는 생원 진사의 배출이라든가 성균관의 입학 여부 등 고을 형편에 따라 제각기 달리하였다. 전라도에서 사마재 기록이 가장 빨리

2 강진사마안은 『전남의 향교』(전남도청, 1988) 32-35쪽에 수록되어 있으며, 같은 내용의 자료와 번역문이 『강진향교지』(1981) 30-52쪽에 실려 있다.

3 고을에 따라서는 司馬所라 하기도 하고 司馬齋라 하기도 한다. 所라 하는 경우는 모임을 갖는 곳이라는 뜻으로 별도의 건물이 있는 경우도 있고, 없는 경우도 있음을 나타낸다. 그리고 齋라 함은 건물이 있을 경우에 사용하는 것이 일반적이었다. 강진에서는 사마재라 불렀기에 여기서도 사마재로 통일한다.

나오는 곳은 南原이다. 남원사마재의 폐단이 연산군 4년에 지적되고 있는 것을 보아[4] 사마의 배출 정도로 보면 성종대일 것으로 짐작할 수 있다. 그리고 건립연대를 확실하게 알려주는 곳은 谷城으로 1537년(중종 32)에 건립되고 사마안이 작성되었다.[5]

강진에 사마재가 설립된 것은 1612년(광해 4)라고 한다. 사마재가 설립되려면 생원 진사에 합격하는 사람이 나와야 한다. 그것도 생원 진사 한 두 명 정도로는 미흡하고 여러 명이 일시에, 또는 해를 이어 계속 배출되어야 가능하였다. 이 때문에 사마재의 건립이 고을마다 제각기 차이가 나기 마련이었다.

강진의 생원 진사 배출 현황을 살펴보면, 현존하는 「사마방목」에서 강진이 거주지인 인물로 처음 나타나는 사람은 金自瀞으로 1489년(성종 11) 경자식년시에 생원 합격한 것으로 되어 있다. 방목에 의하면 본관은 未詳, 직역은 유학, 부친은 從仕郎(正 9품) 金濕으로 되어 있는데, 그는 합격 당시의 거주지는 강진으로 되어 있지만 합격 후에 강진을 떠나 연고가 없어진 것이 아니까 짐작할 뿐이다.[6] 그 다음으로 방목에 나타나는 인물은 尹孝貞이다. 방목에는 1501년(연산군 7)에 생원시에 합격한 것으로 되어 있다. 거주지는 江津이라 되어 있는데 康津의 오기라 하겠다. 윤효정 이후에 강진 고을과 관계가 있는 생원 진사 합격자를 조사해 보면 다음과 같다.

〈표 1〉 연산군, 중종대 강진 고을 생원 진사 배출

이름	본관	거주	직역	연대	전거	비고
尹孝貞	해남	강진	생원	1501(연산 7)	사마안, 방목	해남으로 이주
林秀美	장흥		생원	1507(중종 2)	사마안	사마방목 결락
吳 麟	평해	강진	진사	1507(중종 2)	사마안	사마방목 결락, 그러나 큰아들 오팽수 방목에 직역이 진사로 표기
吳彭壽	평해	강진	진사	1510(중종 5)	사마안, 방목	오린의 長子

4 『연산군일기』 31권, 4년 8월 계유(10일)

5 『곡성사마안』 사마재중수서

6 權相圭 교감, 『細村實記』(국립중앙도서관 우촌고 2511-62-25 콘텐츠뷰어 151/114쪽)

尹 衢	해남	해남	생원,진사 兩試	1513(중종 5)	사마안, 방목	윤효정의 아들, 문과급제(1516년)
金希練	경주	장흥	진사	1534(중종 26)	사마안, 방목	문과급제(1543년)

〈표 1〉에서 보듯 윤효정 이후에 근접한 연대에 생원 진사 배출은 모두 5명이었다. 그 이후 사마 배출은 20여년 지난 1534년에 진사를 합격하고 문과에 급제한 김희련으로 이어지는데, 김희련은 사마방목에 의하면 거주지가 장흥으로 되어 있다. 강진에 사마재가 설립되고 사마안을 작성할 만한 시기로는 중종 때가 가장 적합하였을 것이다. 그러나 윤효정은 처가가 있는 해남으로 이주를 하였고, 윤구는 문과에 급제하여 서울로 올라가 벼슬살이를 하였으니 실제 남아 있는 생원 진사는 3명 정도에 불과하였다. 그러기에 「金陵司馬齋舊記」에

> 우리 고을에는 옛날에 사마재가 없었으니 생각하면 궁벽한 고을이기 때문이다. 현이 설치되어 수백년이 되었지만 鄕人들은 활쏘기를 많이 하고 글 배우는 선비는 적어서 생원진사시에 합격한 사람이 끊어졌다가 겨우 있으며 있다하더라도 그 수효가 많지 않으니 이것이 사마재를 설치하지 못한 이유였다.[7]

고 하였듯이 생원 진사의 수가 적어 사마재를 설치하지 못하였던 것이다.

성균관에서 공부하다가 귀향하였거나, 아예 상경을 하지 않은 생원 진사들의 모임장소로 활용된 것은 고을마다 하나씩 설립되어 있는 관학인 향교였다. 생원 진사들은 향교시설을 빌어 임시로 이용하였으며[8], 고을에 따라서는 향교 안에 별도의 건물을 마련하기도 하였다.[9] 생원 진사들이 향교를 빌려 모

7 「금릉사마재구기」(1612년(광해 4) 3월 하순 貞海人 郭期壽 序)

8 「다만 모여 노니는 곳이 없어 항상 다른 건물(향교?)에서 임시로 있음과 명단을 기록하는 案이 없어 훗날 징험할 수 없음을 한탄하여 나는 매번 다른 사람들과 더불어 쩜쩜해하였다」(노진, 『옥계선생문집』 권5 (함양)司馬齋題名序) 「본읍에는 목은 선생 이후부터 이미 연계소가 있었으나 다만 所만 있고 社는 없었다. 그래서 연계회의 모임을 반드시 향교에서 열었는데, 구차한 사정이 없지 않았다」(丹陽蓮桂所節目(경상도 영해, 1804년))

9 『신증동국여지승람』 권35 광산현 학교

임장소로 사용하였으나, 양반만 아니라(額內校生, 또는 上額) 평민도(額外校生, 또는 中額, 下額) 입학이 가능한 교생과 생원 진사와는 자격과 위상의 차이가 있기에 점차 사마소, 사마재라는 이름을 지니고 별도의 건물을 마련해 나가는 것이 모든 고을에서의 추세였다.[10] 그렇더라도 사마재가 학교 기관의 성격을 가졌기에 대개는 향교 근처에 자리 잡는 것이 보통이었다.

강진에서 중종대 이후 생원 진사 합격자가 다수 배출되는 시기는 선조대이다. 「金陵司馬齋舊記」에

> 근자에 다행하게도 이판서 청련선생(;李後白)이 계시어 문장으로써 이름이 알려져서 장차 과거합격자가 끊어지려 할 때 몸을 일으켜 양명하니 이것은 하늘이 궁벽한 우리 고을 선비들을 도아주심인가. 이때부터 후진들이 많이 나와서 가까운 거리에서 서로 바라보며 청련과 함께 한때에 살던 분으로는 崔君應斗, 趙君彭年과 林君自新이며, 또 (郭)期壽도 그 중 하나였다. 인재가 출생하기는 이때에 왕성하였으나 사마재를 설치하지 못한 것은 겨를이 없어서였다.

라고 하였듯이 이후백이 명종 원년(1546년)에 생원 진사에 모두 합격하고 문과에 급제한 뒤 문풍이 일어서였는지 선조 초년에는 다수의 생원 진사가 배출되고 있다. 이후백은 경상도 함양 출신이지만 강진은 그의 외가(작천면 박산)가 있는 곳이기도 하였다. 이러한 연고로 이후백은 명종 4년에 작성된 강진의 「留鄕座目」에도 "判書 이후백, 靜洞"이라 이름을 올리고 있다.[11] 선조 3년에 최응두(생원 진사 兩試), 선조 12년에 곽기수(진사, 문과), 선조 15년에 임자신(생원) 등이 합격하여 사마재를 건립하기에 적합하였지만 곽기수는 문과에 급제하여 서울에서 벼슬살이를 하였기에 이때도 이루어지지 못하고

---

10 「먼 곳에 있는 생원과 진사들이 형편상 성균관에 모이기 어려운즉 이로 인해 주군부현에 으레 사마재를 두어 거처하게 하고 과거공부 익히기를 한결같이 성균관과 같도록 하였다.」(「(진양)연계안서」(1841년))

11 양광식, 『강진유향좌목』(강진군문화재연구소, 2011), 16쪽. 명종 4년의 「유향좌목」에 진사 오팽수, 司成 윤구, 생원 윤항, 承旨 윤복 등도 이름이 실려 있다.

말았다. 사마재를 설립하기에는 겨를이 없었다고 한 사정은 사람의 수가 적고, 또한 경제적 여유가 없었기 때문이라 할 수 있겠다. 1727년에 작성된「사마재중수기」에

> 우리 고을 옛적의 蓮籍을 고찰하면 등재된 이름이 간혹 있으나 萬曆의 일 이전에는 사마재가 있었다는 말을 듣지 못한 것은 꼭 1, 2명만으로는 능히 창설하지 못하고 또 군수가 여기에 조력을 못했기 때문이다.[12]

이라고 한 것이 이런 연유를 말해주는 것이었다.

1609년(광해군 1)에 이르러 3인이 같은 해에 함께 과거에 합격하였다. 이후백의 손자인 이복길(생원), 곽기수의 아들인 곽치요(생원), 그리고 김택선(생원)이였다. 조금 시간적 거리가 있지만 선조 31년에 조팽년(진사, 문과), 선조 34년에 조의(생원) 등이 앞서서 합격하였다. 이때 이르러 강진에서는 사마재 건립에 몰두하였다. 곽기수의 말대로 고을의 盛事이며 종전에 없었던 일이었기에 다른 고을에서 하는 것처럼 사마재를 설치하고 사마안을 작성하려고 하였으나 아직 임진왜란의 여파가 남아 있고, 또 돈을 거두는 일, 관의 보조를 얻어내는 일들이 여의치 않아 몇년 동안 준비를 계속하였다.

생원 임자신은 교동에 있는 자기 논 10여마지기를 희사하여 사마재 건립과 운영에 보탬을 주었고, 다른 사람들은 곡식을 내어 재정에 보태었다. 그리고 광해군 3년 6월에 강진군수로 도임한 鄭寅이 적극 협조를 아끼지 않았다. 그는 사마재의 건립과 운영을 위하여 곡식을 내려주고, 사환을 담당할 書員, 監董, 주모를 내려주었다. 그리고 향교의 奴 한명을 고직으로 삼아 양곡을 담당케 하였다. 아울러 장정 10명을 사마재 保人으로 소속시켜 역을 면제해주는 대신 재물을 내게 하여 이를 춘추강신에 소용하는 비용으로 삼게 하였다.[13]

12 「(강진)사마재중수기」(1727년(영조 3) 仲夏 下旬 吳喜謙)

13 「금릉사마재구기」. 현재 강진군청 안에 있는 5개의 공적비 가운데 하나가 「行郡守鄭侯寅善政碑」이다.

이러한 조치는 다른 고을에서도 일반적으로 실행하던 일이었다.[14]

1612년에, 다른 고을보다는 늦었지만 드디어 강진에 사마재가 향교와 그다지 멀지 않은 곳에 터를 잡아 건립되었다. 그리고 고을 생원 진사들의 이름을 적어 넣은 司馬案이 작성되었다. 이는 성균관에서 청금안을 작성하는 예를 그대로 모방한 것이었다.[15] 처음 사마안을 만들 때에 살아있는 생원 진사들만 기재한 것은 아니었다. 아주 예전에 죽은 생원 진사들도 모두 조사하여 사마안에 기재하였다. 이전의 인물들은 근거 자료가 있으면 문제가 없지만 오래된 일이기에 자료가 불충분하기 마련이었다. 따라서 향교의 청금록과[16] 고을의 기록(읍지와 관아 문서)을 참고하고 傳聞과 家乘[17]을 모으는 등 나름대로 조사하여 수록하였다. 그리고 수록 순서는 나이순서가 아니라 급제 연도의 순서로 하였다.[18]

1612년에 처음 작성된 강진 사마안(「강진사마안 A」라 편의상 부르고자 한다)은 1501년에 생원 합격한 윤효정부터 시작하여 급제 연대순으로 기재하여 1609년에 생원 합격한 김응원(거주지는 장흥이나 아버지가 〈표 1〉의 김희련)을 마지막으로 하여 일단 사마안 작성을 끝맺쳤다. 모두 21명의 생원 진사가 사마안에 입록되었다.

강진 사마안에는 강진 출신의 생원 진사만 입록된 것은 아니었다. 21명 가

---

14 안정복, 「사마소약령」(『잡동산이』)

15 「사마재의 肄業貢學는 모두 館學(성균관)과 같이 하고, 또 소위 청금안이라는 것을 두어 역대의 蓮榜을 일일이 쓰니 역시 관학의 예이다.」(李佑贇, 『월포집』 권9 진양연계안서)

16 「우리 고을에 옛날에는 사마재가 있었으나 60년 전에 없어지고 사마록이 전해지지 않은 것도 오래되었다. 鄕長 여러분들이 고을 문헌에서 이름이 전해지지 않음을 한탄하여 지금 사마록을 기록하려고 하는데 연대가 오래되고 기록도 부실하였다. 그래서 가까운 시대의 아는 사람(생원 진사)들은 써넣고, 고을의 예전 생원 진사로 사마재에 속해있던 사람들은 청금록에서 이름을 베껴 빠짐을 보충하였다」(이준, 『蒼石先生續集』 권5 尙州司馬錄序)

17 「내가 지금 임금 을축년(1805, 순조 5)에 과거에 합격하고 이 재각(사마재)에 들어와 이 기록을 상고해 보고는 개연히 보충하고 수집할 뜻이 생겼다. 그래서 마침내 널리 家乘 등에서 캐어내고 진주 읍지를 두루 열람하고 만력 연간 이전은 진실로 증거할 수 없다는 것이 많다는 탄식을 하게 되었다.」(「진양청금록서」)

18 「그 순서는 방목의 차례이고 나이의 순서는 아니다. 字號와 나이, 官階 등 특별함을 요점만 추려 기록해 넣었다」(權思學 (1758 - 1832), 『竹村先生文集』 권1 (의령)司馬齋修案序)

운데 거주지가 장흥인 사람이 2명, 해남인 사람이 4명이나 되었다. 다른 고을의 생원 진사들이 강진 사마안에 들어있는 이유는 강진과 일정한 연고를 맺고 있었기 때문이었다.

조선시대에 서울에는 경재소라는 것이 있었다. 지방 고을과 연관이 있는 서울의 관료들이 구성한 것으로 참여하는 관원들의 고을 관여 범위는 품계에 따라 달리하였다. 현직 관원으로 2품 이상은 아버지의 내 외향, 할아버지의 외향, 증조부의 외향, 어머니의 내 외향, 처의 내 외향 등 8향(鄕)을 , 6품 이상은 6향(8향에서 처의 내 외향 제외)을, 7품 이하는 4향(부모의 내 외향)을, 그리고 무직의 양반도 2향(부모의 내향)으로 하였다.[19] 이러한 범위가 진사, 생원에게도 적용되었다고 하겠다. 조선시대 생원 진사라 함은 대체로 6품이나 7품과 같은 정도로 대우하였던 것 같다.[20] 그렇다면 사마재의 참여 범위를 6품으로 하면 6향을, 7품 이하로 하면 4향이 되는 셈이었다. 곧 아버지의 내외향(內外鄕), 어머니의 내외향(內外鄕)이 기본 범위였고, 여기에 지역과 시기와 집안의 품격(班格)에 따라 할아버지의 외향, 증조할아버지의 외향이 적용한 것이 아닐까 짐작된다. 결국 사마안에는 본향 출신자만 이름을 올릴 수 있었던 것만이 아니고 다른 고을 출신자도 일정한 범위의 연고가 있으면 이름을 올릴 수 있었던 것이다. 그러기에 사마재에 이름을 올릴 수 있는 사람은 본향, 외향, 처향으로, 또는 「대대로 살고 있는 사람, 고을을 떠난 사람, 처가살이하는 사람을 남김없이 기록한다」[21] 고 하였던 것이다.

강진 이외의 고을로 사마안에 이름 올린 성관을 살펴보면, 우선 해남 윤씨 윤효정은 강진 도암면 덕정동에 살다가 해남에서 부호로 알려진 戶長 鄭貴瑛 딸과 혼인을 하게 되어 해남으로 옮겨 살게 되었고, 연산군 원년에 생원시에

---

19 『세종실록』 권69, 17년(1435) 을묘 9월 1일

20 『경국대전』 예전 喪葬을 보면 분묘지역에서는 경작과 가축의 방목을 금지한다고 규정되어 있는데 7품 이하 및 생원 진사, 유음자제는 6품과 동일하게 50步로 규정되어 있다. 이로 미루어 생원 진사는 대체로 6품이나 7품 관원과 비슷한 대우를 받은 것이 아닐까 생각한다.

21 「世居者, 離鄕者, 贅居者 錄之無遺」(「咸寧司馬錄序」(경상도 함창))

합격하였다. 그로 인하여 윤효정 이후의 해남 윤씨는 막대한 경제적 기반과 사회적 영향력을 가진 가문으로 행세하였다. 윤효정의 아들 윤구, 윤항, 윤복은 생원, 진사, 문과에 급제하였는데 이들의 거주지가 해남이지만 강진사마안에 입록되어 있는 것은 강진이 아버지의 內鄕이었기 때문이었다. 특히 윤복은 문과에 급제하여 벼슬살이를 하다가 강진 坡山鄕 寒泉洞에 寓居하기도 하였다.[22] 그러기에 윤구의 아들인 尹毅重은 중종대 생원, 진사에 모두 합격하고 거주지가 해남으로 되어 있으나 강진 사마안에 이름이 올라있는 것이다.

이후백은 경상도 함양 출신이나 외가가 강진(작천면 박산)이고, 또한 이곳에 別業을 마련하고 우거하기도 하였다.[23] 이런 연고로 이후백의 손자인 李復吉은 거주지가 강진으로 되어 있고, 광해군대 생원에 합격하여 사마안에 이름을 올리고 있다. 뒤에 이후백의 후손인 연안 이씨들이 생원 진사에 합격하고 거주지가 서울, 新昌 등으로 되어 있지만 강진사마안에 계속 이름을 올릴 수 있었던 연유는 바로 이러한 先代의 연고 때문이었다.

사마안에 이름이 있는 김희련, 김응원 부자는 거주지가 장흥으로 되어 있다. 김희련은 중종대 진사, 문과를 합격하고 지방관을 역임하였으며, 『장흥군읍지』 인물조에 진사에 합격하고 문과 급제하여 校理를 지낸 것으로 기록되어 있다. 아들 김응원은 광해군 원년에 생원 합격하였다. 모향이나 처향의 인연으로 짐작할 수 있으나 관련된 기록을 찾지 못하였다.

사마안에 이름을 올린 사람들은 강진 고을에서 양반으로 인정받는 인물들이었다고 생각한다. 곧 사마안에 이름을 올린 기존(先案) 사마의 후예이거나 문벌이 있어야 했다. 양반들의 표현을 빌리자면 地閥과 世德이 요구되었던 것이다. 그러기에 안정복의 「司馬所約令」에

> 청금록에 들어 있는 고을 유생 가운데 사마시험에 합격한 사람들은 모두 入錄하

22 『강진현읍지』 인물 우거

23 「李後白 文章淸白 冠于一世學者宗之 爲靑蓮居士 寓居于草谷朴山別業(『강진현읍지』 인물 우거)

고 방목의 순서대로 써 넣는다. 閑散庶孼로 위차에 방해가 되는 자는 입록하지 않는다.

라고 하여 양반 신분이 아닌 사람들은 배재한다고 하였다. 신분 규제는 고을의 형편, 양반 사족의 세력 정도, 서로 간의 친소 관계 등에 따라 달랐겠지만 대개는 양반 신분에 한하여 사마안 입록이 허용되었다고 본다. 그런데 1612년에 작성된 강진사마안에 해남 출신의 생원 宋士琛이 들어 있어 주목된다. 송사침은 1543년(중종 38년) 계묘식년시에 생원 합격하였다. 「사마방목」에 의하면 그는 본관은 여산, 거주지는 해남, 직역은 貢生으로 되어 있다. 공생은 향리들의 자제로[24] 유학에 종사하는 사람들을 가리키는 직역이었다. 따라서 송사침은 향리 집안 출신으로 양반으로 보기에는 문제가 있다고 하겠다. 그런데 명종 때 을사사화로 1547년(명종 2)에 전라도 순천으로 유배왔다가 양재역벽서사건으로 죄가 가중되어 진도로 유배온 盧守愼(1515-1590)이라는 인물과 교류한 사람 가운데 한 명이 송사침이었다. 노수신은 유배지 진도에서 나와 전라도 일대를 여행하였는데 1556년에 만나 친교를 맺고 시와 술을 나눈 인물로 송사침이 나온다.[25] 송사침을 훈도라 부르기도 하고 上舍(생원, 진사)라 부르기도 하는데, 훈도라 함은 향교의 교관으로 송사침은 생원시에 합격하고 아마도 강진이나 다른 고을의 향교 훈도를 지내고 있었지 않았을까 짐작된다.[26] 송사침이 향리의 후손이지만 免鄕하여 유학에 종사하였고, 생원

24 『광해군일기』 148권 12년 1월 신사(2일), 『효종실록』 2권 즉위년 12월 경자(16일) 등

25 노수신(1515-90), 『蘇齋先生文集』 권4 시

26 노수신이 지나고 머문 지명으로 石橋院이 있는데 이는 강진현 서쪽 17리에 있는 원이었다(『신증동국여지승람』 권37 강진현 驛院). 그리고 강진현감이 식량을 보내준 것도 그가 강진에서 유숙하였기 때문일 것이다. 그렇다면 그가 만나 술을 마시고 시를 주고받은 송사침은 1556년 당시 강진향교의 훈도로 재임중이었을 가능성도 크다고 하겠다.(補註. 논문 발표 뒤에 여산 송씨 후손이 족보에 의거하여 알려준 제보에 의하면 송사침은 단종복위사건에 연루되어 絞死된 단종의 장인 宋玹壽의 후손이라 하며, 그 여파로 외가인 여흥 민씨의 세거지인 해남으로 피신을 하게 되고 생원시에 합격한 뒤 잠시 나주 훈도를 지냈다고 한다. 그 뒤 처가인 강진으로 이거하게 되어 후손들이 강진에 살게 되었다고 한다. 이러한 연유라면, 그의 신분 여하를 떠나서 그가 강진의 사마안에 등재된 연고를 짐작할 수는 있을 것 같다)

시에 합격하여 향교 훈도를 지내는 등 일반 사족과 별 차이가 없는 사회적 지위를 지니고 있었다고 하겠다. 따라서 그가 해남출신이지만 훈도를 지낸 경력과 연고가 있기에 1612년에 만든 사마안에 이름을 올릴 수 있었던 것이라 하겠다.[27]

다른 고을보다 훨씬 늦게인 1612년에 사마재를 건립하고 사마안을 작성한 강진 사마들의 의도는 무엇이었을까. 이에 대해서는 사마안 창설기를 쓴 곽기수도 뚜렷하게 이유를 밝히지는 않았지만 늘어나는 사마들이 모임 장소가 필요했기 때문일 것이다. 향교의 시설을 일부 빌려 사마들의 모임을 가져오던 것이 사마에 합격하고 향교의 유생들과 구분하고 싶어 하는 그들로서는 구차하게 여겨졌기 때문일 것이다. 게다가 다른 고을에도 사마재가 있는데 생원 진사가 많이 배출되고 있는 강진 고을에만 유독 사마재가 없다는 비교의식이 크게 작용하였을 것이다. 또한 임진왜란을 거치고 흐트러진 향촌 질서를 양반 중심으로 바로잡아 보려는 욕구도 생각할 수 있다.

사마재가 건립되는 1612년까지 생원 진사에 합격하였던 인물들을 성관별로 정리하면 다음과 같다.

〈표 2〉 강진사마안 등재 성관((1501~1612년)

	연산	중종	명종	선조	광해	
해남 윤	1	4(해남)				부-자(문과 2)
장흥 임		1		1		증손
평해 오		3				부-자
강진 최		1		1		족손?
안산 김		1				
도강 김		1				

27 이는 약간 후대의 일이지만 선조대 기축옥사에서 죽음을 당한 정개청과 같은 경우라 하겠다. 정개청(1529(중종 24)-1590(선조 23))은 나주 향리 집안 출신으로 선대에 免鄕하여 아버지 鄭世雄은 鳳山訓導를 지냈고, 그 자신은 학문이 높다는 점이 평가되어 북부참봉, 동몽교관, 나주훈도, 곡성현감을 지냈다. 송사침도 집안 내력과 행적을 미루어 정개청과 비슷하게 향리 집안에서 벗어나 사족으로 대우받았던 것이라 할 수 있겠다.

연안 이			1		1	外家(문과)-증손
평산 조				1		(문과)
창령 조				1		
해미 곽				1	1	부(문과)-자(문과)
양산 김					1	
경주 김		1(장흥)			1(장흥)	부(문과)-자
해남 송		1(해남)				*공생

이들의 면모를 보면 대를 이어 생원 진사에 합격하였을 뿐만 아니라 문과에 급제하였던 집안이 많았음을 볼 수 있다. 따라서 양반사족임을 과시하고 있던 이들 인물들과 집안 중심으로 향촌질서를 재확립해 나가려는 목적에서, 사마재를 다른 고을보다는 늦었지만 건립하였던 것으로 생각할 수 있다. 마침 경재소가 광해군의 즉위와 함께 혁파되어 유향소의 위상이 변화되고, 중앙과의 연계가 어려워진 상황에 놓여있기에 양반사족들의 결속은 더욱 요구되었을 것이다.

한 가지 더 추측을 한다면 점점 심해지는 당쟁으로 양반사족간의 분열 조짐이 나타나는 고을을 결속할 목적도 담겨있었을 것이다. 기축옥사로 동인이 피해를 보았고, 광해군 즉위로 대북정권이 들어섰지만 동인과 서인, 북인과 남인, 대북과 소북의 갈등이 점점 심해지고 있는 상황에서 집안과 연결되고, 학맥으로 연결되는 양반사족들 사이에서도 의견대립이 나타나고 분열의 조짐이 점차 늘어나고 있었다. 그러기에 사마재 건립에 앞장서고 「금릉사마재구기」를 쓴 곽기수는

> 세상의 도덕은 떨어졌다. 인심은 거짓투성이다. 무릇 文會가 있는 마당에는 필연적으로 의견대립의 폐단이 생겨서 한마당의 싸움터가 되니 그칠 줄 모르고 한없이 옳다고 여겨서는 그 시작은 잘했지만 반드시 종말을 잘 맺지 못할 것이니 힘쓸지어다.

고 하면서 당색의 분열을 우려하고 화합을 강조하였던 것이라 하겠다.

3. 사마재의 복설 노력과 사마안의 重修

1612년 강진사마재가 세워지고 사마안이 작성된 이후에 생원진사시에 합격하여 처음 사마안에 이름을 올린 인물은 1624년 식년시에 생원 합격한 곽기수의 손자 郭聖龜와 1624년 증광시에 생원 합격한 이후백의 증손인 생원 李壽仁이었다. 그 뒤 급제한 생원 진사들은 강진사마안에 계속 입록되었다.

사마안에 입록되는 절차를 살펴보면 다음과 같다.[28] 생원 진사에 합격하기 위해서는 우선 향시인 소과 초시에 합격하여야 했다. 초시에 합격하면 다음해 서울에서 열리는 복시에 응시하여야 한다. 초장, 중장, 종장의 순서를 걸쳐 시험을 보고, 합격자 발표하기 전에 이미 합격하였다는 소식을 전해 듣는 것이 일반적이었다. 그리고 정식으로 합격자 발표를 하는 放榜의 날 합격자 200명은 난삼과 폭건 차림으로 돈화문 밖에서 모여 함께 인정전으로 들어갔다. 생원은 동쪽에, 진사는 서쪽에 서서 唱에 맞추어 절을 하고 장원한 사람이 御酒를 받고, 이어 합격증인 白牌를 받았다. 새 생원 진사들은 귀향을 서두르는데 고향에 들어서기 전에 해당 고을이나 주변 고을의 수령이 나와 신래침학으로 희롱하는 모습을 연출하기도 하였다. 고향에 돌아온 생원 진사들은 조상의 선영을 찾아 과거합격자가 올리는 제사(榮奠이라 한다)를 지내고, 수령을 방문하고, 향교에 가서 문묘에 있는 공자 위패에 절을 올리는 謁聖을 하였다. 이어 먼 조상의 선영들을 찾아다니며 영전을 계속하였다.

새 생원 진사는 사마재를 방문하여 기존의 생원 진사들에게 새로 합격하였음을 알렸다. 그런 다음에야 비로소 사마안에 등재할 자격을 얻게 되는 것이다. 사마재에 참여하는 기존의 생원 진사들은 齋會를 열어 새로 합격한 생원

28 다음의 서술은 19세기 대구 출신의 진사인 서찬규(1825-1905)의 『臨齋日記』(한국국학진흥원, 2011년)에서 소과 합격한 1846년의 일기를 간략하게 정리해 본 것이다.

진사들의 이름을 사마안에 올리는 것을 결정하였는데 이를 題名(付標, 入錄이라고도 한다)이라고 한다. 그러나 새 생원 진사들이 모두 참가자격이 있는 것은 아니었다. 향교와 서원은 유생이[29], 향안은 鄕員이[30] 천거하고 圈點하듯이 사마재도 기성의 회원들이 새로운 사마 합격자를 천거하고 권점하는 과정을 거쳐 사마안 등재 여부를 결정하였다. 권점의 기준은 물론 고을과의 연고 여부와 신분의 하자였다. 따라서 양반 신분이 아닌 생원 진사의 사마재 출입과 사마안 입록은 처음부터 불가능한 일이었다.

사마안 입록의 결정이 나면 이를 해당 생원 진사에게 통고하게 된다. 통고받은 새로운 생원 진사는 3월이나 9월에 있는 사마재 모임날에 사마재를 방문하여 사마안에 이름을 올려주는 것에 대하여 감사의 표시로 읍례를 하고, 新入禮錢을 납부하고[31] 잔치를 벌이는 것이 관례였다. 잔치를 新參會[32], 또는 文酒會[33]라고 부르기도 하였다.

생원 진사들은 사마재에 모여 여러 가지 활동을 하였다. 사마재의 활동에서 우선적인 것은 춘추로 벌어지는 講信이었다. 강신이란 회원들이 한 자리에 모여 향음주례를 하고 우의를 다지는 것을 말한다.[34] 사마재에 드나드는 생원 진사들은 학교 시설에 드나드는 것이기도 하지만 비슷한 처지에 일종의 계를 맺은 것이기도 하였다. 다시 말해 사마안이란 일종의 契案이기도 한 셈이었다. 계를 맺은 취지답게 이들은 서로의 어려움을 돕는 상부상조를 하였다. 사마재 규약에 吉凶相顧[35], 吉凶相保[36]라 함이 이를 말하는데, 주로 상을

---

29 안정복, 『잡동산이』 사마소약령, 『玉山書院立議』(광해 10년 10월 7일) 등

30 밀양군 「향헌」(『영남향약자료집성』, 1986, 441쪽)

31 「1. 新榜 追立員이 당초 1량, 지금부터 3량」(『함창연계당완의』 추가 완의)

32 全球(1724~1806),,『半巖集』 己酉臘月立春日設司馬所新參會(경상도 영주)

33 「1. 무릇 추후에 과거에 합격하여 당연히 이 연계안에 들어가야 할 자는 대략 四館의 許參禮를 모방하여 술항아리를 갖추어 一場에서 文酒會를 열도록 하였다.」(「단양연계회시첩」(1688년))

34 『증보문헌비고』 교빙고4 본조중국교빙 명종 22년, 『숙종실록』 권4, 원년 10월 26일(신해) 등

35 주) 29와 같음

36 노신, 『옥계선생문집』 권5 (함양)사마재제명록서 「춘추의 강신, 길흉의 相保는 온 고을 斯文의 아름다운 뜻이다.」

당했을 때 위로를 하고 부조를 하는 일이었다.[37] 그리고 사마재는 소과합격자의 모임장소이기에 지위에 걸맞게 여러 향촌문제에 간여하여 향촌문제에 관여하여 여론을 주도하고, 수령의 정사에 대해 시비를 하며 향리들을 규제하였다. 그리하여 토호의 소굴이 되고 있다는 조정의 비판을 받기도 하였다.[38] 그 밖에도 고을에서 효자, 열녀 등 행의가 뛰어난 사람들을 추천하여 포상을 받도록 주변 고을의 향교, 서원에 통문을 보내고 수령에 품보하는 등 향촌질서의 확립, 유교 교화의 일 등에 힘을 기울이기도 하였다.[39]

1612년에 설립된 강진 사마재는 언제부터인가 사마재 활동이 중단되고 사마안 작성이 중지되었다. 1687년(숙종 13) 생원시에 합격하고 1727년(영조 3년)에 사마재를 중수하는데 앞장선 생원 吳喜謙이 쓴「사마재중수기」에 다음과 같이 써있다.

> 나는 어린 나이에 사마에 합격하여 향교 제향에 참여하였더니 남들이 옛 밭과 옛 터전을 가리키며 사마재 중설을 권하는 고로 복설할 뜻을 품고 시험 삼아 살아 있는 현재의 선배들에게 문의하고 또 전후의 수령에게 요청을 해보았으나 뜻이 다르고 말도 후일로 미룰 뿐이었다.[40]

오희겸의 지적대로 언제이지도 모를 정도로 사마재가 없어져버렸고 재산도 흩어져버렸다는 것이었다. 사마재가 유지되려면 계속 생원 진사가 배출되어야만 했다. 그런데 드믄드믄 나오는 합격자들로서는 제대로 유지하기가 어려웠을 것이다. 1612년 이후 사마안에 이름을 올린 생원 진사는 인조대 7명, 효종대 3명, 현종대 5명 정도에 그치고 있다. 실제 활동의 중심이 되어야

37「1. 계원이 사고를 만나면 5량을 부조하였으나 계속 유지할 수 없으니 지금부터 1량 종이 1속으로 한다. 계임이 각원에게 알리면 모두 護喪할 것.」(『함창연계당완의』 갑신 12월 12일 추가 完議)

38『연산군일기』 31권, 4년 8월 10일(계유),『명종실록』 26권, 15년 2월 7일(계묘),『인조실록』 14권 4년 8월 4일(계묘) 등

39 안정복,『잡동산이』「사마소약령」

40 오희겸,「사마재중수기」(1727년)

할 강진 출신 생원 진사는 11명이었다. 이렇게 합격자가 적게 나오게 되자 사마재의 활동이 자주 중단되었다. 오희겸의 말대로 「선배들은 이미 죽고 후배들은 손이 미치지 못함에서 연유함」[41]이었다.

또한 사마재 활동을 유지하기 위해서는 경제기반이 많이 확보되어야만 했다. 그러나 사마재의 재정이란 기부받은 적은 규모의 전답, 향교에서 데려온 노비, 수령의 배려로 확보한 사마재 保人 몇 명 정도가 고작이었다. 이런 재정 기반으로는 춘추강신, 거접, 시회, 賻儀 등을 하기에는 턱없이 부족하였을 것이다. 간간히 배출되어 새롭게 사마재에 들어오면서 내는 신입 생원 진사의 禮錢도 사마재 재정으로는 큰 도움이 되지 못하였다. 그러기에 사마재의 활동은 이어지지 못하고 점점 기능을 상실해 갔고, 사마재의 토지는 향교 토지로 편입되었으며 사마재 터는 일부는 관의 소유로 돌아가고 일부는 향리의 집터가 되고 말았다.[42]

사마재는 재임을 선임하고 규식을 만들어 운영하였지만 향교나 서원 등에 비교하며 보면 소규모의 기구밖에 될 수 없었고, 활동도 춘추강신, 친목, 학문, 상호부조에 국한되어 있어 향론을 주도하여 주도권을 발휘하기에는 한계가 있었다. 더구나 사마재는 생원 진사에 한정되어 있어 현실적으로 생원 진사에 합격하지 못한 사족들에게는 의미가 크게 줄어드는 셈이었다. 따라서 사족 전체의 이해를 대변해주는 것과는 거리가 멀 수밖에 없었다. 그러기에 다른 고을에서도 사마재는 중간에 폐지되었다가 복설되는 등 부침을 거듭하였던 것이다.[43]

사마소 중건에 뜻을 두고 오희겸은 사마안 복설의 사정을 다음과 같이 전하고 있다.

---

41 오희겸, 「사마재중수기」(1727년)

42 「세간에 전해 오기를 사마재의 옛 전답은 경내에 많았으나 이제는 향교의 땅으로 편입이 되었으며 옛 터는 城의 동쪽에 있었으나 이제는 관의 소유가 되어 향리들의 집터가 되었다고 한다.」(「사마재중수기」)

43 윤희면, 「경주 사마소에 대한 일고찰」 『역사교육』 37 · 38합, 1985.(본서 1장)

우리 고을 운수가 돌아와 한 번의 科試에 2, 3인이 함께 합격하며 일문에서 형제가 연속하여 합격하니 군내의 생원 진사된 자들을 계산해 보니 나와 합쳐서 10여 명이 된다. 새로 만든 案 중에 이름을 모두 계산해 보니 만력 연대에 비하여 배나 왕성하다. 나는 이에 숙원을 가히 풀 수 있다고 기뻐하고 경내 사마들에게 回文을 두루 돌리니 의견은 사마재를 복설하는데 합치하였다.[44]

라고 하여 생원 진사 합격자가 다수 배출되어 사마재 복설이 가능해졌다고 하였다. 1687년 오희겸이 합격한 이후 사마안이 중수되는 1727년까지 강진 출신 사마들은 모두 14명이었다. 1687년에 생원 합격한 오희겸 이후 1713년에 2명, 1717년에 2명, 1719년에는 3명, 1727년에는 2명이 합격하는 등 예전과는 달리 왕성한 사마 배출현상을 보이고 있다. 이러한 상황에서 사마재의 복설이 논의되는 것은 당연해 보이기도 한다. 따라서 몇몇 생원 진사가 중심이 되어 고을에 回文을 돌려 동의를 얻어내고 본격적인 사마재 중건에 착수하였다.

그런데 강진에서 사마재가 복설되지는 못하였다. 이유는 재정상의 문제 때문이었다. 예전의 전답을 환수하는데 향교에 소속된 한, 두 필지는 환수가 가능하지만 토지대장이 不備하여 향리들의 집터가 된 토지들은 환수하기에 어려움이 많았다는 것이다. 그리고 예전처럼 사마들의 각출을 기대하였지만 사마들의 형편이 좋지 않아 갹출을 이루어내기에도 문제가 많았다고 한다. 또한 수령들도 협조가 미미하였다. 이런 형편에 사마재 건물을 짓는다 하더라도 실제로는 없는 것과 다름이 없으니 건물 대신 사마안을 중수하기로 하였던 것이다. 그리하여 사마재 대신 사마안를 중수하여 살아 있는 생원 진사 11명을 과거 순서에 따라 차례로 기록하였다. 그리고 사마재 중건을 위해 지속적으로 자산을 불려나가고, 희사하는 사람이 많이 나오게 되면 나중에 가능할지도 모른다는 희망을 남겨놓기도 하였다.[45]

44 오희겸, 「사마재중수기」(1727년)

45 오희겸, 「사마재중수기」(1727년)

이렇게 강진에서는 1727년에 사마재를 복설하지는 못했지만 사마안을 重修하였다.(『사마안 B』) 조선후기에는 강진뿐만 아니라 다른 여러 고을에서 사마재가 복설되었다.[46] 그 이유는 조선후기 신분제 변동, 향촌사회의 변화에 대응하여 자신들의 신분 우위를 나타내고 지배신분으로서의 위치를 공고히 하려는 양반들의 노력이라고 판단된다.[47] 강진에서 사마안을 속수한 이유도 여기에 있었다고 생각한다.

사마안을 중수하고 생원 진사들은 향교나 사찰에서 接榜이라는 이름으로 모임을 가져 강학을 하고 친목을 다졌다. 그런데 주목할 만한 것은 사마안에 자기 선조의 이름을 올려 가문의 위세를 높여보려고 노력한다는 점이었다.

> 갑자년(1744, 영조 21)가을에 2인이 함께 과시에 합격하니 이거린, 김덕준 두 분이었다. 다음해 겨울에 新舊의 생원 진사가 함께 정수사에 모여서 친목을 도모하니 세속에서 말하는 接榜이란 것이다. 이보다 앞서 吳上舍(眉壽)의 후손 오이건과 傍孫 오도겸이 한성에서 조사하여 그 선조 미수공이 진사로 써 있는 문적을 얻어 가지고 돌아와 齋中의 첨원들에게 두루 보이면서 사마안에 기입해 주라는 뜻을 전해오니 그 사적이 저렇게도 확실하고 재중의 뜻도 과연 이의가 없었다. 더구나 또 崔龍湖(克忠)는 기왕의 창설시 초안에 들어서 더욱 고증할 수 있으며 사우 건립 때의 행장록에도 나타나 있으니 만약에 끝까지 사마선생의 안에 누락된다면 우리 사마재의 불행을 어찌하리요.[48]

1613년에 곽기수 등이 사마재를 설립하고 「사마안 A」를 작성하였고, 1727년에 오희겸 등이 「사마안 B」를 중수하였는데 여기에 사마에 합격하였음에도 불구하고 이름이 빠진 사람이 있다하여 이들의 이름을 사마안에 첨가하였

46 『조선호남지』(1935)에 의하면 1930년대까지 사마재가 있다고 되어 있는 곳은 전주, 광주, 남원, 나주, 김제, 익산, 여산, 만경, 정읍, 홍덕, 옥구, 용안, 영암, 고창, 무주, 장수, 능주, 무안, 제주 등 19개 고을이다. 그리고 전에 사마안이 있거나 사마재가 있었다고 하는 고을은 강진, 동복, 곡성, 해남, 순창, 보성, 무장, 용담, 태인, 옥과, 고부, 순천 등이다.

47 윤희면, 「경주 사마소에 대한 일고찰」 『역사교육』 37 · 38합, 1985.(본서 1장)

48 李夢梯, 「사마안개수기」(1745년)

다. 崔克忠과 吳眉壽 두 사람이었다. 최극충은 사마방목에 의하면 본관은 탐진, 거주지는 강진으로 1540년(중종 35) 경자식년시에서 진사 2등 1위로 합격한바 있었다. 그런데 29세에 일찍 죽었으며, 효행이 높이 평가되어 나라로부터 정려를 받았고, 이를 기리기 위해 錦湖祠에 모셔진 인물이기도 하다.[49] 강진 사마들의 기억에 의하면 「사마안 A」를 작성할 때 처음 草案에 들어있었으나 기록 수집이 미비하고 후손이 끊겨서인지 正案(사마안 A)에는 이름을 올리지 못하였다고 한다. 그래도 사우를 세울 때 만든 행장에 사마에 합격하였다는 사실이 기재된 만큼 이름을 올려야 마땅하다는 의견으로 합의되었다.

반면에 오미수는 합격 여부를 확증할만한 文籍이 없어서 논란이 계속되었다. 1612년 처음 사마안이 작성될 때에도 논란이 된 듯하며, 1727년 오희겸이 사마안을 중수할 때에도 거론이 되었으나 이때에도 증거할 문서가 없어 이름을 올리지 못하였다. 그런데 1744년에 오미수의 후손이 서울에서 오미수가 진사로 써 있는 文籍을 얻어가지고 돌아와 사마재 접방에 모인 이들에게 보여주면서 사마안에 기입해 주라는 뜻을 전하였다는 것이다. 오미수가 사마에 급제하였는지는 분명하지 않다. 오미수의 형인 오팽수는 중종 5년에 식년시에 진사에 합격하였다. 오팽수의 방목에 의하면 아버지 오린의 직역이 성균진사로 기재되어 있어 오린의 해당 방목은 결락이 있음에도 불구하고 부자가 사마에 합격한 것은 분명한 사실이었다.(〈표 1〉) 그러나 오미수의 이름은 현존하는 방목에서는 찾을 수 없다. 혹 결락된 사마방목에는 이름이 있을 가능성이 있으나 이 또한 확실하지는 않아 보인다.

오미수가 사마안에 오르게 된 이유는 증손자인 吳信男(1575 1632년)의 행적과 연관이 있어 보인다. 오신남은 1594년(선조 27)에 무과에 급제하여 1610년(광해군 8) 안흥량수군첨절제사로 재임할 때 모울도 해상에서 왜장 등 16명을 생포하여 가선대부의 품계를 받았다. 그리고 1619년(광해군 10)에 강

49 錦湖祠는 1686년(숙종 12)에 건립된 사우로 최보, 최극충, 김응정, 오신남을 모신 충렬 사우였다. 그리고 1792년(정조 16)에 이건하면서 德湖祠라고 이름을 바꾸었다.

홍립을 총사령관으로 편성한 조선군 원병으로 명나라의 후금 정벌 전투에 참여하였다가 심하전투에서 후금의 포로가 되었다. 1627년 정묘호란 때 강홍립과 함께 입국하여 화의를 주선하고, 1630년(인조 8)에는 춘추사로 심양에 다녀오기도 하였다. 그의 충절을 가상히 여겨 인조는 친필 어병(御屛)을 하사하는 등의 포상을 하였고, 강진의 사림들은 그를 기리고자 錦祠湖에 배향하기도 하였다.[50] 그리고 오신남의 출세에 힘입어 증조인 오미수는 1629년에 통훈대부통례원좌통례에 추증되었다.[51] 이러한 오신남의 충절로 강진 고을에서 평해 오씨의 위상은 높을 수밖에 없었고, 그로 인해 오미수의 사마안 등재가 뒤늦게나마 이루어 진 것으로 생각할 수 있다.[52] 그리하여 「사마안 A」에다 최극충의 이름은 네번째에, 오미수는 형인 진사 오팽수 다음인 여섯번째에 추가하여 삽입 기재되었다.

최극충과 오미수를 후손들의 요청으로 사마안에 추가 기재한 뒤에 이러한 비슷한 요청들이 계속 이어진 것으로 보인다. 「사마안 A」에 10번, 11번째 기재되어 있는 金敬忠과 金世寶가 있다. 金敬忠은 본관은 安山, 충청도 아산에서 태어나 중종 23년에 진사에 급제하고 함렬훈도를 지내다가 강진 도암면 대치로 낙남한 안산 김씨 입향조이다.[53] 金世寶는 본관은 道康(강진), 강진 입향조인 金粹然의 아들로 중종때 시행한 현량과에 천거된 인물이기도 하였다. 그래서인지 조광조의 문인이라고 되어 있기도 하고[54], 「己卯錄」에는 「생원 金世寶는 본관이 淸道로 居喪에는 죽을 마시었으며 또한 才藝가 있었다」[55]로 되어 있어 본관은 다르게 되어 있다. 이들이 뒤늦게 사마안에 이름이

50 오신남의 충절과 행적은 『강진군읍지』 인물조에 기록되어 있을 정도이다.

51 한국학자료센타(www.kosma.net) 한국학자료 DB 「1629년 吳眉壽 追贈敎旨」

52 1931년대에 편찬된 『만성대동보』에는 오미수의 직역을 진사로 기재해 놓고 있기도 하다.

53 『강진향교지』(1981) 337쪽. 그의 아들 김덕윤은 洗馬, 손자 김원은 문과에 급제하고 홍문관교리를 지냈다고 한다(『『조선호남지』』 강진 문과 명종조) 그런데 문과방목에서는 김원의 이름을 확인할 수 없다.

54 「강진향교지」(1981) 365쪽

55 『대동야승』 기묘록 속집 별과시천거인

기재되게 된 것은 후손들의 요청에 의한 것으로 보인다.

그리고 사마안(A) 28, 30번째에 기재되어 있는 朴弘善, 朴隷 등도 후손들의 요청에 의하여 뒤늦게 추가된 것으로 보인다. 박홍선은 다른 인물들과 달리 자, 호, 생년 표시도 없이 「天啓 甲子 進士」라고만 기재되어 있다. 천계 갑자는 1624년(인조 2)의 식년시를 말하는데 이 해의 사마방목을 조사해 보면 박홍선의 이름을 찾을 수 없다. 그 이후의 방목에도 이름이 없는 것으로 보아 아마도 그가 진사에 합격하였다면 인조 이전의 일로 보인다.[56]

朴隷는 「사마안 A」 30번째에 丙寅增(廣試) 進士라 기재되어있다. 연대는 불명인데 박예의 앞에는(29번째) 天啓甲子式(1624) 進士 登第라 기재된 馬繼卞이, 뒤에는(31번째) 辛卯式(1651년) 진사라 기재된 裵汝敏, 崇禎15년 壬午(1642) 생원이라 기재된 郭聖鳳(32번째)이다. 박예는 세종 22년에 진사에 합격하고 사헌부 감찰을 지내다가 계유정란으로 낙남하여 강진 군동면 나천리로 입향한 함양 박씨 입향조라고 한다.[57] 그가 순서에 맞지 않게 사마안에 기재된 것은 오미수 등과 같은 경우로 함양 박씨 후손들의 요청으로 이루어진 것으로 보인다.[58]

그 밖에 박예 다음에 기재된 裵汝閔(31번째)은 「사마방목」에 의하면 본관은 김해, 1651년 효신묘식년시(효종 2년)에 급제하였는데, 연대순서도 맞지 않게, 그리고 연호도 없이 辛卯式이라는 간지만 써놓은 것 또한 후손들의 요청으로 뒤에 첨부된 것으로 보이기도 한다.

---

56 朴弘善이 아닌 朴弘先이라는 이름이 인조 6년(1628)에 문과 급제하고 감찰을 지냈다는 기록으로 『문과방목』에 나온다. 본관은 함양, 거주는 미상이나 아버지 朴應元이 『사마방목』에 선조 38년(1605)에 생원에 합격하고, 거주지는 영암으로 되어있다. 본인 여부가 불투명하나 동일인이라면 아마도 강진과 연고가 있어 후손들의 요청으로 사마안에 이름을 올린 것이 아닐까 생각한다.

57 『강진향교지』(1981) 342쪽

58 박예의 후손들은 증손대에 이르러 박귀수, 박인수, 박기수 모두 무과에 급제하였다고 한다.(『강진향교지』)이들의 이름은 『조선호남지』 강진군 무과항목에 박예의 아들인 朴庇根은 무과 급제하여 직장을, 증손자인 朴慶宗은 무과 급제하여 방어사로 기재되어 있어 이들 함양 박씨 집안은 무반계열의 양반이라고 할 수 있다. 이러한 집안 배경으로 사마안(A)에 추가 입록된 것이 아닐까 짐작된다.

이처럼 사마안에 합격 여부도 불투명하고 순서도 맞지 않는 인물들이 추가로 기재된 것은 사마안이 양반 신분임을 입증하는 수단으로 활용되고 있음을 보여주는 것이다. 곧 조선후기 사마재의 복설, 사마안의 재작성이 양반신분의 보수화 노력에 있음을 나타내주는 증거라 하겠다.

4. 사마안의 改修와 續修

후손들의 요청으로 누락되었다고 판단된 생원 진사들을 이전 「사마안 A」에 첨부한 뒤에 본래의 모습을 잃어버린 인상이 짙은 옛날 사마안들과 구분하기 위하여 1745년(영조 21)에 사마안을 새로 작성하기에 이르렀다. 그리하여 사마안을 새로 만드는데 앞장 선 李夢悌를 가장 처음에 등재하는 명부를 만들어 이전 사마안과 구분하고자 하였다. 이른바 改修라 할 수 있으니 이를 「사마안 C」라 이름하고자 한다.[59]

1711년(숙종 37) 식년시 진사에 합격한 이몽제는 합격연대로 보아 1727년에 오희겸에 의해 중수된 「사마안 B」에 등재되어야 마땅하였다. 이몽제 뿐만 아니라 「사마안 C」에 있는 1727년까지 합격한 8명도 마찬가지였다. 그런데도 『사마안 B』에는 1687년부터 1729년까지 9명이 기재되어 있음에도 불구하고 1745년 사마안을 개수할 때 이몽제를 처음으로 하여 따로 『사마안 C』를 작성하였던 것이다.

1745년까지 강진사마안의 기재 인물을 성관별로 정리하면 다음과 같다.

59 이몽제, 「사마안개수기」(1745년)

〈표 3〉 1612~1745년 강진사마안 등재 성관

	세종	연산	중종	명종	선조	광해	인조	효종	현종	숙종	경종	영조
해남 윤		1	4						1	1	1	1
장흥 임			1		1							
평해 오			3					1	1	2		1
탐진 최			1		1							1
경주 김			1			1						
해남 송			1									
안산 김			1									
도강 김			1									
연안 이				1		1	1			1		
평산 조					1							
창령 조					1					1		
해미 곽					1	1	2	1	1			
양산 김						1						
원주 이							2		2	2		1
장흥 마							2					
김해 배								1				
진주 강							1					
光州 김										1		
신평 이										1		
청주 한										1		
영광 김												1
光州 이										2		2
김해 김										1		
함양 박	1						1					

〈표 3〉에 의하면 현종 때까지는 1612년에 사마재를 건립할 때 앞장섰던 성관들이 생원 진사의 대부분을 차지하고, 인조대를 경계로 원주 이씨, 장흥 마씨 등이 새로운 성관으로 추가되고 있음을 볼 수 있다. 이러한 생원 진사의 성관이 숙종대에도 쭉 이어져오는 가운데 해미 곽, 연안 이 씨 등이 없어지고 이전에 없던 새로운 성관, 곧 光州 이, 영광 김씨 등이 새로이 등장하고 있음이 눈에 뜨인다. 다시 말하자면 강진에서 18세기에 들어와 양반 성관 구성

과 커다란 변화가 일어나고 있다고 추측할 수 있다. 1745년에 사마안을 개수할 때 주동이 되는 인물이 光州 이씨 이몽제 등이었다. 「사마안 A」 작성, 「사마안 B」 중수에 앞장 선 해미 곽씨, 평해 오씨 등이 퇴조하는 가운데 「사마안 C」는 18세기 이후 두각을 나타내는 광주 이씨 등이 주동이 되어 작성하는 셈이 되는 것이었다. 1745년의 사마안 개수에는 그러한 변화가 개재되어 있는 것이 아닐까 싶다. 그리고 그 구실은 사마안에 빠져있는 선배들을 추가로 기재하면서

> 그 순서 같은 것은 前籍을 다시 고칠 수 없는 형편이므로 이에 그 안을 改修하고 또 그 先後의 차례를 바르게 하여 한분은 4위에 한분은 6위에 끼워서 기록하니 이는 어찌 一代 사람들만이 귀를 기울여 들을 뿐이랴. 아니 또한 선배들께서도 광채가 있을 것이다.[60]

라고 하여 아예 이전의 사마안을 다시 정리한다고 하였던 것이었다. 그리고 1727년에 사마안을 중수하였던 오희겸 등을 「사마안 B」로 따로 모은 이유는 아마도 이들은 이미 죽은 뒤였기 때문이 아니었을까 싶다.[61] 곧 1745년 사마안 개수에는 강진 고을 양반들의 구성에 커다란 변화가 담겨져 있는 것이고, 또한 살아 있는 생원 진사를 따로 떼어 정리한 것이기도 한 것이었다. 이렇게 1745년에 개수된 「사마안 C」에는 이몽제부터 시작하여 1744년까지 합격한 11명이 우선 기재되었고, 그 이후에 합격하는 생원 진사들을 새로 등재하면서 이어져 나갔다. 정확히 말하면 1711년 진사 합격한 이몽제부터 1874년에 생원 합격한 조영규까지 27명이 기록되어 있다.

그 뒤 1881년에는 이전 사마안에 이름을 계속 이어넣는 것이 아니라 새로

60 이몽제, 「사마안개수기」(1745년)

61 오희겸이 「사마안 B」를 중수할 때 "생존자 11명을 과거 순서에 따라 기록의 차례를 정한 후에"라고 하여 11명의 이름을 올렸다고 하였으나 현재의 「사마안 B」에는 1687년의 오희겸부터 1729년의 김용구까지 9명만이 기재되어 있다. 이는 「사마안 C」를 만들 때 그때까지 살아있는 생원 진사를 「사마안 B」에서 떼어 옮겨 적었기 때문일 것이다.

사마안이 마련되었다. 이는

> 옛적에는 사마재가 있었으나 지금은 없어졌다. 임진왜란 이전의 舊案은 전쟁 중에 분실되고 그 뒤의 사마안은 上舍 寒碧堂 곽기수가 비로서 만들었으며(:「사마안 A」), 상사 농암 오희겸이 두 번째로 만들었고(:「사마안 B」), 상사 묵재 이몽제가 이어서 다시 고쳤다.(:「사마안 C」) 갑술년(1874년) 봄에 이르러 종이는 썩고 글자는 허물어져서 경진년(1880) 봄에 우리 두 사람이 함께 한 과거시험에 합격한 뒤에 선배들의 뒷면에 이름 쓸 곳이 없었다.[62]

라고 하였듯이 1745년에 새로이 개수된 「사마안 C」가 낡아 뒤에 이름 써 넣을 지면이 마땅치 않자 새로 사마안을 따로 만들어 오래 전한 목적에서였다는 것이다. 그리하여 오희겸의 6대손 吳鏡이 마침 향교 校任에 있기에 향교와 협의하여 사마안을 새로 만들고 합격한 생원 진사들의 이름을 올리고 있었다.(「사마안 D」) 「사마안 D」는 「사마안 C」를 지면 관계상 따로 작성한 것이기에 續修라 할 수 있으며, 1880년에 합격하고 사마안을 개수하는데 앞장선 오석규, 윤주관을 시작으로 1891년에 생원 합격한 金應煥까지 모두 8명의 생원 진사 이름이 기재되어 있다.[63]

「사마안 D」가 따로 마련되어 작성되어 오는 가운데, 1880년에 또 다른 사마안이 작성되어 2명의 이름을 올리고 있다(「사마안 E」). 이는 60세 이상의 노인들을 위하여 따로 마련된 耆老科에 특별히 선발된 강진의 인물 尹樂浩, 金錫鉉 때문이었다. 윤낙호는 1880년의 기로과에, 김석현은 1892년의 기로과에 응시하여 진사가 되었다고 사마안에는 기록되어 있다. 현재 榜目으로 남아있는 기로과는 모두 문과로 9번의 시험에서 42명의 급제자가 배출되었

---

62 「司馬案改修記並耆老科入選記」(1881년)

63 1885년 증광시에 진사 합격하였다고 「사마안D」에 기재되어 있는 金學英(사마안 명단 82번)은 사마방목에는 이름이 없다. 그런데 1894년 진사 합격한 金象洙은 김학영의 아들인데, 방목에는 진사 金策錫의 아들로 나온다. 아마도 개명하였기 때문일 것이다.

다고 한다[64]. 1880년의 진사기로, 1892년의 진사기로는 자료가 불충분하여 과연 이들의 합격 여부를 확인할 수 없으나 기로진사도 진사임에는 틀림없기에 이들의 명단을 작성하였던 것이다. 그러나 정규시험 합격자는 아니었기에 사마안을 따로 작성하였던 것 같으며, 해당자인 윤낙호가

> 경진년(1880년) 2월에 대왕대비전하께서 병환에서 쾌차하시어 특별히 耆老科를 설치하고 급제 5명, 진사 11명, 첨지 14명을 뽑았다. 나도(윤낙호) 그 말석에 참여하여 기노진사로 이름을 쓰게 되었다. 나라의 은혜가 자못 정규시험 이외에 증설한 시험에 치중함이다. 뒤에 이 글을 보는 사람들이 너그럽게 생각하면 다시없는 다행이겠다.[65]

고 하면서 양해를 구한 이유이기도 하였다.[66]

강진에서는 1900년에 사마안이 重修라는 이름으로 또 작성되었다.(「사마안 F」)

> 나는 갑오년(1894) 봄에 종형 金象洙와 더불어 다행히도 나란히 선발되어서 대성전에 배알하고 선배들의 예식대로 이름을 썼다. 그러나 사마재와 그 名案이 오랜 세월에 벌레와 쥐의 침노로 인하여 허물어지고 더럽혀져 탄식하여 마지않았다. 그 동안에 공사가 다난하여 개수할 겨를이 없었더니 6년이 넘은 경자년(1900)에 후한 희사는 되지 못하나 향부노와 함께 사마재를 중수하며 名案도 개수하니 나에게 서문을 부탁하므로 글이 부족하다는 이유로 사양치 못하겠도다.[67]

곧 1894년 마지막 과거에 합격한 진사 金冕修가 쓴 중수기에 의하면 그는

64 한국역대인물종합정보시스템(http://people.aks.ac.kr)에 의하면 기로과는 9번의 시험에서 급제자 42명이 나왔다고 되어 있는데, 1880년의 기로과 기록은 없다.

65 「司馬案改修記並耆老科入選記」(1881년)

66 1880년에 기노과 합격한 윤낙호는 본관은 해남, 윤복의 6대손이라고 한다. 그리고 1892년의 김석현는 『조선호남지』에는 본관이 光山이라 되어 있다.

67 金冕洙, 「司馬案重修序」(1900년)

관례대로 문묘에 알성하고 사마안에 이름을 올렸다고 한다. 그러나 이전의 사마안이 낡아 개수할 생각을 가지고 있었으나 겨를이 없어 이루지 못하다가 고을의 선비들과 모의하여 사마안을 개수하고 사마재를 중수하였다고 한다. 이때 사마재 중수가 없어진 사마재를 다시 건립한 것인지, 아니면 향교를 빌어 모임을 가지다가 향교 시설 일부를 중수한 것인지는 확실하지 않다. 아무튼 1900년에 새로 개수된 「사마안 F」는 이전의 「사마안 D」를 이어서 작성한 것이니 속수라 할 수 있는데, 김면수를 비롯하여 1894년 마지막 과거시험에 진사 급제한 6명의 이름이 기재되었다.

1612년 사마안이 처음 작성되기 시작하여, 그 뒤 모두 6차례에 걸쳐 중수, 개수, 속수되는 강진 사마안에는 생원 진사에 합격하면 모두 사마안에 이름을 올릴 수가 있었을까. 우선 「사마방목」이 거의 온전한 인조부터(영조 1회분만 누락) 고종까지 사마안 입록 실태를 조사해 보면 다음과 같다.

〈표 4〉 인조 ~ 고종대 강진 사마안 입록 실태[68]

자료 \ 왕별	인조	효종	현종	숙종	경종	영조	정조	순조	헌종	철종	고종	합계
사마방목(강진)	5 (6이나 1명이 兩試)	2	5	12	1	8	1	1	1	4	18	58명
강진사마안(강진)	5	2	4	12	1	8	0	1	2	4	13	54명
강진사마안(다른 고을)	1 (서울), 미상 2	1 (영암)	1 (영암)	1 (신창)		1 (영암)		2 (서울, 장흥)	1 (춘천)		해남1,장흥2, 영암1,광양1, 홍양1,서울1	17명

사마방목에 거주지가 강진으로 되어 있는 사람들은 고종대 이전까지는 거의 사마안에 기재되고 있음을 알 수 있다. 고종대 이전에 방목에는 이름이 있

68 『사마방목 CD』와 차이나는 것은 인조대 이수인은 생원 진사 양시 합격, 숙종대 이시창의 거주지가 未詳에서 강진으로 파악되었고(http://people.aks.ac.kr), 헌종, 철종대는 唐津을 강진으로 고친 것이다. 그리고 고종대 14명에다 당진을 강진으로 고친 2명, 기노과 2명을 포함하여 모두 18명이 되었다.

으나 사마안에는 이름이 없는 사람이 두 사람이다. 하나는 현종대에 생원 합격한 成進昌과 정조대 진사 합격한 尹世東이다. 성진창은 본관은 창령으로 19세에 생원 합격하고, 8년 뒤인 1677년 알성시 문과에서 7명 가운데 3등으로 합격하고 있다. 사마방목에는 거주지가 강진으로 되어 있는데 문과방목에는 거주지가 未詳으로 되어있는 것으로 미루어, 그가 사마안에 이름이 없는 것은 아마도 생원 합격한 뒤 서울 성균관에서 문과시험 준비를 계속하였기 때문이 아니었을까 싶다. 또한 문과방목에 성진창의 관력이 成均館權知로 되어 있는 점도 주목된다. 대개 조선 중기 이후에는 급제자들이 적체되어 권지로 임명된 뒤 보통 6, 7년을 기다려야 9품 실직에 임용되었다. 승문원, 교서관의 경우 4년, 성균관의 경우는 8년이 경과한 뒤에 6품직인 참상관으로 승진되었다고 한다. 조선 후기에는 관직수에 비해 너무 많은 급제자들이 쏟아져 나왔으므로, 평생을 권지로 지내는 사람들도 많았다고 하는데, 그가 성균관권지에 머문 것은 아마도 일찍 죽었기 때문일 것이다.[69]

정조대 진사 합격한 윤세동은 본관은 칠원, 48세에 합격하였다. 그의 성관인 칠원은 강진 고을에서는 생원, 진사, 문과 급제자가 없는 것이기에 아마도 그의 합격에도 불구하고 선대의 연고가 없다거나 집안이 미미하다는 이유로 사마안 입록이 가능하지 않은 것이 아닐까 싶기도 하다. 그런데 그는 『해남현읍지』 科宦에, 文行에 이름이 나오고[70], 단종때 순절한 閔伸 부자를 기리는 해남 眉山祠의 사액을 요청하는 순조 7년 4월 상소자 명단에 진사로 이름이 나타나고 있다.[71] 따라서 윤세동은 사마방목에는 거주지가 강진으로 나와 있으나 실제 활동지는 해남이었으며 해남에서 학문이 깊은 유림 가운데 한 사람으로 평가받는 인물이라 할 수 있겠다. 이런 점 등으로 미루어 보아 고종

69 『문과방목』, 『만가보』에 의하면 성진창의 처부는 여흥 민씨 민안도로 문과에 급제하고 공조참의를, 처조는 閔黯으로 문과 급제하고 이조판서에 대제학을 역임하였다고 되어 있다. 이로 미루어 성진창은 상당한 양반 출신임을 짐작하게 하는데 『만가보』에는 후사없이 이름만 올라와 있다.

70 『해남현읍지』 科宦, 文行「尹世東 字顯甫 號沙屋 漆原人 監司調元后 進士 天姿聰慧 志氣達大 潛究經義 深得宗旨」

71 『승정원일기』 1926책 순조 7년 4월 17일(기축)

이전의 강진 출신의 생원 진사들은 신분적 하자나 범죄 연루 등 커다란 이유가 없는 한 사마안에 등재할 수 있었다고 할 수 있다.

그러면 다른 고을 출신임에도 사마안에 입록된 인물들을 살펴보도록 하자. 인조부터 철종까지 8명(2명은 미상으로 제외)이 강진 이외의 고을 출신으로 강진사마안에 이름을 올리고 있다. 연안 이씨 2명은 이후백의 후손으로, 해미 곽씨 2명은 사마재를 창건한 곽기수의 후손으로 이름을 올릴 수 있었다. 윤종대는 본관은 해남, 통덕랑 윤지익의 아들이자 윤두서의 高孫으로 『해남읍지』 科宦 진사에 이름이 나오고 있다. 이들은 선대의 연고로 사마안에 입록된 것이었다. 나머지 3명은 연고가 분명하지 않은데, 김인철은 護軍 김익현의 아들, 윤성규는 병자호란 때 강화도에서 순절한 충헌공 尹烇의 6대손[72], 이유회는 정조, 순조대 기록에는 성균관 유생으로 나오다가 기건을 모시는 전라도 장성 추산서원에 사액을 요청하는 순조 23년 9월 상소에는 전라도 유생 진사로 나오고 있다.[73] 이처럼 다른 고을 출신이라는 8명은 모두 당시의 기준으로 보면 가문으로 보나 학행으로 보나 상당한 양반임을 짐작케 하고 있다.

그런데 고종대에 이르러는 상황이 바뀌고 있었다. 생원 진사는 식년시와 증광시에만 각각 100명씩 선발하였는데 철종 9년부터 합격자의 수를 늘려나갔고, 고종대에는 더욱 수를 늘려나갔다.[74] 생원 진사의 정원 증가와 비례하여 강진 고을에서도 고종대에 합격자가 격증하였다. 『사마방목』에 거주지가 강진으로 기재된 사마들은 모두 14명이었다. 그리고 거주지가 강진인데 방목에 唐津으로 잘못 기재된 2명(김응환, 김면수)과 기노과 출신 2명(윤낙호, 김석현)을 포함하면 모두 18명에 달하고 있는데 고종대에 사마안에 등재된 인물은 5명이 누락되어 13명만이 이름을 올리고 있다.[75]

72 『승정원일기』 1865책 순조3 3월 19일

73 『승정원일기』 2170책 순조 23년 9월 6일

74 최진옥, 『조선시대 생원진사연구』(집문당, 1998), 41쪽, 주85의 〈표〉.

75 사마안의 金錫琪와 사마방목의 金鍾琪(고종 25년 진사)는 동일인이다.

강진 출신임에도 사마안에 이름을 올리지 못한 생원 진사 5명은 다음과 같다.

〈표 5〉 고종대 사마안 미입록자 명단

이름	본관	합격연대	비 고
李箕應	완산	1865년 진사	『조선호남지』 권2 해남에 보임
李斗應	전주	1867년 생원	『조선호남지』 권2 해남에 보임. 이기응과 6촌간.
李載憲	전주	1873년 진사	이두응 아들. 『조선호남지』 권2 해남에 보임.
李基鶴	廣州	1874년 생원	『조선호남지』 권2 장흥에 나옴, 본관은 완산으로 기재됨
朴敦秉	密陽	1885년 진사	경상도 固城 인물로 나옴

이기응, 이두응, 이재헌은 본관은 전주, 인조의 3남인 麟坪大君의 후손이라고 한다. 전주 이씨 璿派에서 철종계와 인평대군파는 조선 말기부터 정통성에 많은 의심을 받아온 파라고 알려져 있다. 흥선대원군의 아버지 이구는 인평대군의 후손으로 후사없이 사망한 은신군의 양자로 입적하여 남연군의 작위를 받았다. 1847년에 대원군이 종친부 유사당상으로 재직할 때 전주 이씨 선파들의 신역면제를 관장하는 등 종친부의 권한을 확대하였는데, 이때에 많은 사람들이 전주 이씨 족보에 이름을 올렸다고 한다. 곧 나라에서 璿譜를 고칠 때 軍伍之類, 派系無傳之徒들이 성이 이씨이면 모두 선파라 하고 冒入하였다고 양반들은 간주하고 있었다. 결국 강진사마안에 이름을 올리지 못한 이기응, 이두응, 이재헌 등은 인평대군의 후손으로 璿派라고 하지만 강진의 양반들은 이를 인정하지 않았던 것이 아닐까 싶다. 그리하여 이들은 같은 堂內로 3명이나 생원 진사에 합격하였지만 결국 사마안에는 이름을 올리지 못하였던 것 같다.[76]

그리고 1874년에 25세의 나이로 생원 합격한 李基鶴은 사마방목에 본관이

76 이들 3명과 李載忠 등 인평대군 후손 4명이 1935년에 간행된 『조선호남지』 권2 사마항목에서 강진이 아닌 해남에 나란히 이름을 올리고 있다. 혹 이들의 터전이 강진이 아니라 해남이기에 강진 사마안에 이름을 올리지 못한 것일지도 모르겠다.

廣州, 직역은 유학으로 나온다. 그가 사마안에 이름을 올리지 못하는 이유를 자료 부족으로 찾을 수 없으나 그가 장흥에 나오고 본관이 완산으로 나오는 등[77] 유서 깊은 양반의 후예라기에는 뭔가 석연치 않은 점이 있다는 것을 지적하고 싶다.

끝으로 朴敦秉은 사마방목에는 본관은 밀양, 거주지는 강진, 23세의 나이로 1885년 진사시에 합격하였다고 나온다. 그런데 정작 그와 관련된 자료는 경상도 고성에서 나온다. 그의 挽章에는 「朴敦秉 密陽人 居固城 青岡 進士」로[78], 진주에 있는 안향을 모시는 사우 『硯山道統祠儒案』(1917년)에는 「進士 朴敦秉 德應 癸亥 密城人 晉州羅洞」로 나오고 있다. 따라서 박돈병은 방목에는 강진으로 되어 있으나 고성 출신이 분명하며 그의 활동 장소는 진주권이라 할 수 있다.[79] 그가 강진사마안에 이름이 없는 것은 신분의 하자가 아닌 사마방목의 기록 오류 때문이라 하겠다.

다른 고을 출신자인데 강진사마안에 이름을 올린 7명의 내력을 추적해 보면 해남 1, 장흥 2, 영암 1, 광양 1, 홍양 1, 서울 1 등 모두 7명이었다.

〈표 6〉 고종대 다른 고을 출신 사마안 입록자 명단

이름	본관	거주	합격연대	비 고
윤종민	해남	해남	1867	윤구(사마안 A)의 10대손
윤기호	해남	장흥	1867	
조영규	한양	영암	1874	趙慶男 6대손/『호남지』 영암에 이름 없음
최석춘	탐진	광양	1882	掌令 崔新의 손자/『호남지』 광양에 이름 있음
구준희	능성	장흥	1894	敎寧 구수화의 아들/『호남지』 장흥에 이름 없음
박희수	밀양	홍양	1894	『호남지』 고흥에 이름 없음
유사구	강릉	서울	1894	都正 유병순의 아들

이들의 집안 내력을 살펴보면 해남 윤씨 2명은 先代의 연고가 확실해 보이

77 『조선호남지』 장흥 생원 진사

78 金克永(1863~1941), 『信古堂遺輯』 附錄 1 挽章

79 경상대학교 도서관 문천각 남명학고문헌시스템(http://nmh.gnu.ac.kr/)

는데, 나머지 5명은 확인하지 못하였다. 선대의 직역이나 관직의 이름으로 미루어 실직같이 보이기도 하고(장령), 혹은 이름으로 보아 정3품 당상관이지만 散職이나 壽職같기도 한데(敦寧, 都正[80]) 이들의 신분이나 강진과의 연고는 정확히 찾지 못하였다.

결론적으로 1612년부터 작성되어 1900년까지 6차례나 중수, 개수, 속수된 강진사마안에는 강진 출신뿐만이 아니라 강진과 관련이 있는 다른 고을의 생원 진사들도 이름을 올렸음을 확인하였다. 그리고 강진사마안에는 다른 고을의 사마안과 마찬가지로, 자료의 한계로 몇몇은 신분을 판정하지 못하였지만, 신분적 하자가 있다고 여겨지는 이들은 이름을 올릴 수 없었을 것으로 판단된다.

5. 나머지말

갑오개혁으로 과거제도가 폐지되니 사마재나 사마안은 더 이상 유지되고 작성될 필요가 없게 되었다. 다만 자신들의 선조가 사마안에 들어있어 양반사족의 후예임을 입증하는 도구로 활용될 뿐이었다.

강진에서는 다른 고을처럼 사마안이 발간되지는 않았다. 다른 고을, 예를 들면 1915년에 간행된『松沙司馬案』은 전라북도 무장군에 있는 기존의 사마안(舊案)에다 여러 이유로 이름을 올리지 못한 사람들도 함께 수록하여 만든 것이었다(新案). 1919년에 보성향교에서 편찬 간행한『寶城郡鄕校司馬齋先生案』도 마찬가지였다. 아무튼 대세는 기존의 사마안에서 배제된 사람들을 새로 만든 사마안에 수록하는 것이었다. 양반사족들의 반대로 사마안에 이름을 올리지 못하였던 생원 진사들이 새로 만들어지는 사마안에 이름을 올리게 되었음은 1894년의 사회신분제 폐지의 결과로 생각할 수 있으며, 조선시대 신분제가 한 세대가 지나자 형해화되어 가는 것으로 판단할 수도 있겠다.

80 都正은 종친부 돈녕부 훈련원의 정3품 당상관 관직

강진에서는 새로 사마안을 만들거나 간행하지는 않았으나, 1935년에 간행된『朝鮮湖南誌』에는 이전과 다른 생원 진사 명단을 수록하고 있음이 주목된다.『조선호남지』는 1933년에 1책이 간행되고, 나머지 2~7책은 1935년에 간행되었다. 편찬은 전라북도에서는 정읍향교에서, 전라남도에서는 장성 필암서원에서 주관하였다고 하며, 편찬방법은 각 군에서 單子를 받아 정리하고 종합검토를 거쳤다고 한다. 따라서 1930년대의 전라도 각 고을의 사정을 담은 것이라 할 수 있다.

『조선호남지』에는 강진의 사마로 모두 110명의 명단을 수록하고 있다. 이는 조선시대에 작성되고 중수, 개수, 속수되는 사마안(A~F) 총수 92명보다 18명이 더 많은 숫자이다. 이들을 왕별로 분류하며 정리해 보면 다음과 같다.

〈표 7〉 조선시대 강진 사마안 입록 실태 비교

	세종	성종	연산	중종	명종	선조	광해	인조	효종	현종	숙종	경종	영조	정조	순조	헌종	철종	고종	합계
사마방목(강진)		1	1	2		4	3	5	2	5	11	1	8	1	1	1	4	15	65
강진사마안	1		1	13	1	5	4	7	3	5	13	1	9		3	2	4	20	92
『조선호남지』		4	0	16	2	12		11	4	8	8		6	9	8	1	4	17	110

사마안과『조선호남지』에 나타난 생원 진사 명단을 비교해보면 여러 가지에서 차이를 엿볼 수 있다. 우선 숫자의 차이인데 사마안에 있는 이름 6명이『조선호남지』에는 안보이고 있다. 그리고 연대의 차이가 상당히 나고 있다. 예를 들면 광해군대 4명이 모두『조선호남지』에는 선조대에 들어가 있고, 영조대 인물들이 정조대에, 심지어 순조대에 들어 있기도 하다.

사마안과『조선호남지』의 차이가 상당한 점들을 근거로『조선호남지』의 작성 과정을 살펴보면 다음과 같이 추측할 수 있겠다. 곧『조선호남지』를 작성할 때 기존에 있는 사마안을 중심으로 새로운 사람들을 추가, 보충하여 작성한 것이 아니라는 점이다. 그리고 방목도 참고한 것 같지도 않다. 그저 1930년대 강진 고을에 살고 있는 사람들에게 선조들의 생원, 진사 합격 사실을 적은 單子를 받아서, 이를 임금별로 구분하여 정리한 것이었다. 그러기에 이전 사마안과 비교하여 임금이 틀리고, 숫자가 늘어나고, 사마안에서 빠진 사람들이 있게 된 것이다. 누락된 6명은 후손들이 단자를 내지 않아 빠진 것으로 추측할 수 있다.[81]

아무튼 후손들이 낸 단자를 모아 작성된 『조선호남지』 생원 진사의 명단을 보면 사마안과 비교하여 24명의 새로운 이름이 추가되어 있음을 볼 수 있다. 이들 24명을 조사하며 보면, 사마방목의 누락이 많은 인조 이전의 13명 가운데 3명을 제외하고는 생원 진사 합격을 확인할 수 없는 실정이다. 그리고 인조 이후 11명 가운데 3명을 제외한 8명은 사마방목에 이름이 없다. 이는 생원 진사에 합격하였다고 후손들이 단자를 냈지만 근거가 희박한 것임을 말해주는 것이라 하겠다. 그리고 근거없는 단자를 낸 성관들을 보면 사마안에는 이름이 오르지도 않았던 성관(남양 홍, 청주 김, 풍양 조, 남평 문, 장수 황 등)이라는 점도 주목된다.[82]

결국 1930년대 『조선호남지』의 생원 진사 명단에 先祖 이름을 싣고자 단자를 낸 강진 고을의 사람들은 자신이 양반의 후손임을 나타내고자 할 목적이었다고 하겠다. 한쪽은 예전에 양반이었음을 확인받고자 하는 사람들이 있었으며, 다른 한쪽은 새로이 양반이었음을 인정받고자 하는 사람들이 있었던 것이다. 이러한 것은 1930년대 강진에 살고 있는 사람들이, 근거가 있고 없고를 떠나, 자기 선조 중에 누가 생원 진사에 합격하였다는 주장만으로도 양반의 후손이라고 행세할 수 있는 사회분위기가 조성되어 가는 것이라 할 수 있

81 6명 가운데 尹衎, 尹時萬, 尹鍾敏 등 해남 윤씨 3명은 『조선호남지』 해남의 생원 진사에 들어 있다. 후손들이 단자를 강진이 아닌 해남에 낸 때문이었다. 『조선호남지』에 같은 이름이 여러 고을에서 거푸 나오는 것은 그 고을에 사는 후손들이 제각기 단자를 낸 것에서 연유한다고 하겠다.

82 『조선호남지』 강진 문과항목에 의하면 청주 김씨는 문과 1명, 풍양 조씨는 문과 2명을 배출한 것으로 되어 있다. 『조선호남지』 강진 문과항목에는 41명이 수록되어 있다. 이들을 일일이 찾아본 결과 15명의 이름을 문과방목에서 확인하는데 실패하였다. 15명 가운데 宣祖 이전의 인물이 13명, 선조 이후의 이름이 2명이었다. 다시 말해 시대가 거슬러 올라갈수록 자기 조상이 과거에 합격하였다고 단자를 냈지만 신빙성이 부족한 것임을 말해주는 것이라 하겠다.

겠다. 아울러 양반의 후예라고 주장하는 사람들이 계속 늘어나는 것이 다음에 전개될 세태 풍경이라 할 수 있다.[83] (『호남문화연구』 53, 2013 게재)

〈첨부표〉 강진 사마안 생원 진사 명단

사마안	번호	이름	본관	직역	왕대	거주	연대	전거	비고
사마안A	1	윤효정(尹孝貞)	해남	생원	연산	강진	1501	안,방,	윤경(장군) 자
	2	임수미(林秀美)	장흥	생원	중종		1507	안,	
	3	오린(吳麟)	평해	진사	중종	강진	1507	안,	
	4	최극충(崔克忠)	강진	진사	중종	강진	1540	안,방,	읍지
	5	오팽수(吳彭壽)	진원	진사	중종	강진	1510	안,방,	3번 오린 장자
	6	오미수(吳眉壽)	강진	진사	중종	강진	1510	안,	3번 오린 차자
	7	윤구(尹衢)	해남	생진	중종		1513	안,	1번 윤효정 자(문과)
	8	윤항(尹항)	해남	생원	중종	해남	1534	안,방,	1번 윤효정 자
	9	윤복(尹復)	해남	생원	중종		1534	안,	1번 윤효정 자(문과)
	10	김경충(金敬忠)	안산	진사	중종		1528	안,	입향조
	11	김세보(金世寶)		생원	중종		1530	안,	
	12	김희련(金希鍊)	경주	진사	중종	장흥	1534	안,방,	문과(1543)
	13	송사침(宋士琛)	해남	생원	중종	해남	1543	안,방,	貢生, 訓導
	14	윤의중(尹毅重)	해남	생진	중종	해남	1543	안,방,	7번 윤구 자(문과)
	15	이후백(李後白)	연안	생진	명종		1546	안,	문과
	16	최응두(崔應斗)	탐진	생진	선조	강진	1570	안,방,	
	17	조팽년(趙彭年)	평산	생원	선조	강진	1573	안,방,	문과(1576)
	18	조의(曺誼)	창령	생원	선조		1596	안,	
	19	곽기수(郭期壽)	해미	진사	선조	강진	1579	안,방,	문과(읍지)
	20	임자신(林自新)	장흥	생원	선조	강진	1582	안,방,	2번 임수미 증손
	21	이복길(李復吉)	연안	생원	광해	강진	1609	안,방,	15번 이후백 자
	22	곽치요(郭致堯)	해미	생원	광해	강진	1609	안,방	19번 곽기수 자
	23	김택선(金宅善)	양산	생원	광해	강진	1609	안,방	

83 『조선호남지』 이전에 만들어진 『전라남도강진군지』(1924년) 사마안에는 홍영순부터 시작하여 유사구까지 103명의 이름이 수록되어 있는데 출입은 거의 대동소이하다. 『조선호남지』가 1920년대에 편찬되기 시작하여 지지부진하다가 1935년에 간행되는 것을 고려해보면 『강진군지』는 이 과정에서 나온 것으로 볼 수 있고, 편찬방법은 후손들에게 단자를 받은 것을 정리한 것이겠다. 1967년에 간행된 『강진군지』도 사마안에 홍영순부터 시작하여 108명의 이름이 수록되어 있다. 현재에도 계속 편찬되고 있는 향교지, 군지, 군사, 시사, 도지, 도사 등 향토지에는 예외없이 인물 조항을 만들어 고을의 역사적 인물부터 현재까지의 인물들을 수록하고 있다. 그런데 인물들의 과거합격 등을 자세히 검토하지도 않고 예전에 만들어진 향토지를 그대로 옮겨 적는 일들이 매번 반복되고 있다. 본고에서 언급한 바와 같이 과거 합격도 하지 않은 선조를 내세워 자기 집안이 양반이었음을 과시하려는 예전의 관행에서 벗어나 이제부터는 정확한 기록에 의거한 새로운 인물지, 자료집이 필요할 때라고 생각한다.

	24	김응원(金應遠)	경주	생원	광해	장흥	1609	안,방	12번 김희련 자
	25	곽성구(郭聖龜)	해미	생원	인조	강진	1624	안,방	22번 곽치요 자(문과)
	26	이수인(李壽仁)	연안	진사	인조	서울	1624	안,방	15번 이후백 증손
	27	이빈(李彬)	원주	생진	인조	강진	1627	안,방,	문과
	28	박홍선(朴弘善)		진사	인조		1624	안,	
	29	마계변(馬啓卞)	장흥	진사	인조	강진	1624	안,방,	문과(1633)
	30	박예(朴隷)	함양	진사	세종		1626	안,	입향조
	31	배여민(裵汝敏)	김해	진사	효종	강진	1651	안,방,	
	32	곽성봉(郭聖鳳)	해미	생원	인조	강진	1642	안,방,	22번 곽치요 자
	33	강문망(姜文望)	진주	생원	인조	강진	1648	안,방,	
	34	곽제화(郭齊華)	해미	생진	효종	영암	1650	안,방	25번 곽성구 자(문과)
	35	오상하(吳尙夏)	평해	진사	효종	강진	1650	안,방,	5번 오팽수 현손
	36	곽제항(郭齊恒)	해미	진사	현종	영암	1660	안,방,	25번 곽성구 차자
	37	윤시만(尹時萬)	해남	진사	현종	강진	1662	안,방,	
	38	이송로(李松老)	원주	생원	현종	강진	1666	안,방,	27번 이빈 자
	39	오이건(吳以健)	평해	생원	현종	강진	1669	안,방,	6번 오미수 6대손
	40	이희징(李羲徵)	원주	생원	현종	강진	1673	안,방,	
	41	김세구(金世龜)	광주	진사	숙종	강진	1678	안,방,	
사마안B	42	오희겸(吳喜謙)	평해	생원	숙종	강진	1687	안,방,	5번 오팽수 6대손
	43	오세규(吳世珪)	평해	진사	숙종	강진	1689	안,방,	35번 오상하 자
	44	이시창(李始昌)	신평	생원	숙종	강진	1705	안,방,	수군첨절 이정휘 자
	45	이언렬(李彦烈)	원주	생원	숙종	강진	1713	안,방,	27번 이빈 증손(문과)
	46	이징구(李徵龜)	연안	생원	숙종	신창	1713	안,방,	26번 이수인 손
	47	윤이칙(尹爾拭)	해남	진사	숙종	강진	1713	안,방,	9번 윤복 5대손
	48	이언겸(李彦謙)	원주	생원	숙종	강진	1717	안,방,	38번 이송로 손
	49	한명응(韓命凝)	청주	진사	숙종	강진	1719	안,방,	
	50	김용구(金用九)	영광	생원	영조	강진	1729	안,방,	20번 임자신 외증손
사마안C	51	이몽제(李夢梯)	광주	진사	숙종	강진	1711	안,방,	
	52	이몽계(李夢桂)	광주	진사	숙종	강진	1717	안,방,	51번 이몽제 동생
	53	김천상(金天相)	김해	생원	숙종	강진	1719	안,방,	
	54	조몽린(曺夢麟)	창령	진사	숙종	강진	1719	안,방,	18번 조의 현손
	55	윤취서(尹就緖)	해남	진사	경종	강진	1723	안,방,	9번 윤복 6대손
	56	윤방서(尹邦瑞)	해남	생원	영조	강진	1727	안,방,	
	57	오도겸(吳道謙)	평해	진사	영조	강진	1727	안,방,	5번 오팽수 7대손
	58	이언길(李彦吉)	원주	생원	영조	강진	1729	안,방,	
	59	이몽상(李夢相)	광주	진사	영조	강진	1729	안,방,	51번 이몽제 동생
	60	최덕준(崔德峻)	강진	진사	영조	강진	1744	안,방,	
	61	이거린(李居鱗)	광주	진사	영조	강진	1744	안,방,	51번 이몽재 자
	62	오도추(吳道樞)	평해	진사	영조	강진	1750	안,방,	5번 오팽수 7대손
	63	김인철(金仁澈)	김해	진사	영조	영암	1754	안,방,	김익현(호군) 자
	64	윤성규(尹性圭)	파평	생원	순조	장흥	1803	안,방	
	65	서달증(徐達曾)	이천	진사	순조	강진	1809	안,방,	

	66	이유회(李維會)	광주	생원	순조	서울	1822	안,방,	
	67	윤종대(尹鍾岱)	해남	진사	헌종	춘천	1844	안,방,	윤지익(통덕) 자
	68	윤영희(尹榮喜)	해남	진사	헌종	강진	1850	안,방,	윤서유(정언) 자
	69	김진태(金振兌)	광산	진사	헌종	강진	1849	안,방,	
	70	김숙(金琡)	김해	진사	철종	강진	1858	안,방,	최신(장령) 생질
	71	오현규(吳玄圭)	해주	진사	철종	강진	1859	안,방,	6번 오미수 10대손
	72	김최선(金最善)	김해	진사	철종	강진	1861	안,방,	
	73	배영용(裵穎龍)	풍산	진사	고종	강진	1864	안,방,	
	74	윤종민(尹鍾敏)	해남	진사	고종	해남	1867	안,방,	7번 윤구 10대손
	75	윤종진(尹鐘軫)	해남	진사	고종	강진	1867	안,방,	9번 윤복 10대손
	76	윤기호(尹基鎬)	해남	생원	고종	장흥	1867	안,방,	
	77	조영규(趙榮奎)	한양	생원	고종	영암	1874	안,방,	조경남 6대손
사마안D	78	오석규(吳錫圭)	평해	생원	고종	강진	1880	안,방,	6번 오미수 10대손
	79	윤주관(尹柱瓘)	해남	진사	고종	강진	1880	안,방,	윤효공 9대손
	80	최석춘(崔錫春)	탐진	생원	고종	광양	1882	안,방,	최신(장령) 손
	81	방수인(房洙仁)	남양	생원	고종	강진	1885	안,방,	방수권(감역)제
	82	김학영(金學英)	김해	진사	고종		1885	안,방	방목에는 진사 김책석
	83	김병윤(金柄潤)	김해	진사	고종	강진	1888	안,방,	김극검(호판)14
	84	김석기(金錫琪)	김해	진사	고종		1888	안,	방목5 김종기와 동일인
	85	김응환(金應煥)	김해	생원	고종	강진	1891	안,방,	83번 김병윤 자
사마안E	86	윤낙호(尹樂浩)	해남	진사	고종		1880	안,	기노과(윤복 6대손)
	87	김석현(金錫鉉)	광산	진사	고종		1892	안,	기노과
사마안F	88	김상수(金象洙)	김해	진사	고종	강진	1894	안,방,	82번 김학영 자
	89	김면수(金冕洙)	김해	진사	고종	강진	1894	안,방,	88번 김상수 종제
	90	구준희(具準喜)	능성	진사	고종	장흥	1894	안,방,	구수화(돈령) 자
	91	박희수(朴喜洙)	밀양	진사	고종	홍양	1894	안,방,	
	92	유사구(劉思九)	강릉	진사	고종	서울	1894	안,방,	유병순(도정) 자
방목	1	성진창(成震昌)	창령	생원	현종	강진	1669	방,	문과(1677)
	2	윤세동(尹世東)	칠원	진사	정조	강진	1798	방,	해남에 보임
	3	이기학(李基鶴)	광주	생원	고종	강진	1874	방,	장흥에 보임
	4	박돈병(朴敦秉)	밀양	진사	고종	강진	1885	방,	고성에 보임
	5	김종기(金鍾琪)	김해	진사	고종	강진	1888	방,	김봉엽(부,군수)
	6	이기응(李箕應)	완산	진사	고종	강진	1865	방,	
	7	이두응(李斗應)	전주	생원	고종	강진	1867	방,	
	8	이재헌(李載憲)	전주	진사	고종	강진	1873	방,	이두응 자

참고문헌

『전남의 향교』(전남도청, 1988)
『강진향교지』(강진향교, 1981)
『강진현읍지』(서울대학교 규장각)
『전라남도강진군지』(1924년)
『강진군지』(강진향교 편찬, 1967년)
『조선호남지』(1935년)
양광식, 『강진유향좌목』(강진군문화재연구소, 2011)
이우윤, 『월포집』
이준, 『청석선생문집』
권사학, 『죽재선생문집』
서찬규, 『臨齋日記』(한국국학진흥원, 2011)
안정복, 『잡동산이』 사마소약령
「咸寧司馬錄』
『곡성사마안』
『함양사마안』

최진옥, 『조선시대 생원진사연구』(집문당, 1998)
윤희면, 「경주 사마소에 대한 일고찰」『역사교육』 37 · 38합, 1985.
윤희면, 「19세기말 전라도 남원의 사마소 향전」『조선시대사학보』 39, 2006
윤희면, 「1930년대 전라도 남원 사마안 편찬에 비춰진 신분의식」『한국근현대사연구」 50, 2009
김준형, 「조선후기 진주지역 사마소의 연혁과 성격」『경남문화연구』 22집, 2006

제6장
조선시대 경상도 함양 사마안 연구

1. 머리말

조선시대 각 고을에는 향교와 밀접한 관계를 가지는 사마소(사마재라고도 한다)라는 기구가 있었다. 사마소는 소과, 곧 생원시, 진사시에 합격한 양반들이 모여서 공부하고 친목을 도모하는 학교시설이었다. 그리고 성균관, 향교, 서원에서 유생 명단인 유생안(청금록)을 작성하는 것과 똑같이 사마소에 드나들었던 생원 진사들의 명단을 기록해 놓은 것이 司馬案(司馬錄, 蓮案)[1]이었다.

본고는 사마소 연구계획의 일환으로 경상도 함양의 사마안을 분석하려고 한 것이다. 함양에는 1540년에 사마안이 처음 작성되었고, 1655년에 重修되고, 1872년에는 사마안과 문과급제자 명단인 桂案이 합해져 蓮桂案이 작성되었다. 그리고 1914년, 1933년에 『司馬齋題名案』이라는 이름으로 두 차례 간

1 소과에 합격함을 연꽃을 뽑았다는 뜻으로 搴蓮, 採蓮이라 한다. 따라서 蓮案이란 연꽃을 뽑은 사람들의 명단, 곧 소과합격자의 명단을 말한다. 折桂란 계수나무 가지를 꺾었다는 뜻으로 대과에 급제함을 이르는 말로 당나라 이후 급제자를 일컬을 때 달 속의 계수나무를 꺾었다고 하여 蟾宮折桂라는 말을 사용하였다. 桂案이란 대과급제자의 명단을 말한다. 蓮桂案, 蓮桂錄이란 소과합격자와 대과급제자의 이름을 함께 실은 명단으로 조선후기에 여러 고을에서 작성하기도 하였다.

행되었다.

사마소, 사마안은 생원 진사의 합격 정도에 따라 만들어졌다가 침체되기도 하고 없어지기도 하였으며, 다시 중건되고 재작성되는 일이 계속되고 있었다. 생원 진사에 합격한 모든 사람들이 사마안에 이름을 올리고 사마소에 출입할 수 있었던 것은 아니었다. 각 고을마다 나름대로의 기준이 마련되어 있는데, 함양의 사례는 어떠한지를 사마안에 올린 이름을 분석하여 알아보려고 한다. 또한 다시 중건되고 재작성되는 변화 속에 기준의 변화 여부도 함께 다루어보려고 한다. 그리고 1894년 갑오개혁으로 과거제도가 폐지된 이후 일제 강점기에 간행되는 사마안에는 조선시대와 비교하여 생원 진사의 숫자가 대폭 늘어나고 있는데, 이러한 현상이 무엇을 의미하고 있는지도 함께 헤아려 보고자 한다.

필자가 본 경상도 지역의 사마안은 조선시대에 작성된 선산, 봉화, 영해와 1900년대 이후에 간행된 진주, 거창, 단성, 안의, 밀양 등이다. 삼가와 의령에는 청금안(록)이라는 이름으로 남아있다고 한다.[2] 본고에서는 지면 관계상 함양의 사마안만을 우선 다루게 되었다.

2. 함양 사마안 자료

함양의 생원 진사 명단을 담은 자료로 지금 볼 수 있는 것은 다섯 가지이다. 우선은 「咸陽郡邑誌」(1895년)로 과거 항목에 문과, 무과, 蔭仕에 이어 生進으로 朴安敬(세종 4년 생원)부터 시작하여 鄭煥琦(순조 31년 진사)까지, 그리고 맨 마지막에 寓居라 표시하여 따로 구분한 田漾(순조 원년 진사)을 포함하여 모두 111명의 이름이 들어 있다. 그러므로 읍지 기록의 연대 하한은 1831년(순조 31)이라 하겠다.[3]

---

2 김준형, 「조선후기 진주지역 사마소의 연혁과 성격」『경남문화연구』 22, 2006, 397쪽.

3 1895년의 『함양군읍지』는 실제는 1832년경에 작성한 읍지이다. 姜文弼, 『松亭先生實記』 권2 郡

다음은 현존하는 『사마방목』에서 거주지가 함양이라 되어 있는 생원 진사들을 가려내면 모두 100명의 이름을 얻을 수 있다. 그리고 광해군 9년의 2명이 추가로 조사되었으며[4], 거주지가 함양인데 방목에 함흥으로 되어 있어 오류가 분명한 1명을[5] 포함하면 모두 103명의 이름을 얻을 수 있는데, 인조 이전의 방목은 결본이 많아 합격자 전모를 아는 데에는 불충분한 실정이다.

세번째는 1872년에 司馬案과 桂案이 합해져 蓮桂案이 작성되었다고 하나 현존하지는 않고 있다. 그 대신 1914년에 「司馬齋題名案」이라는 이름으로 연계안이 간행되었는데 蓮案에는 박안경부터 鄭仲禮(합격 여부 의문)까지 199명의 생원 진사의 명단이 실려 있다. 그런데 盧光懋(순조 28년 진사)가 두 번이나 기재되어 있어 실제는 198명이다. 그리고 문과 급제자는 桂案이라 하여 72명의 명단을 담고 있다.[6]

네번째는 1933년에 간행된 「司馬齋題名案」으로 박안경부터 金永淳(고종 31년 진사)까지 220명의 생원 진사 명단을 담고 있다. 그런데 여기도 여전히 1명이(노광무) 중복 기재되어 있어 실제는 219명이다. 그리고 문과급제자는 83명의 명단을 담고 있으나 고려시대 인물인 趙承肅을 빼면 실제는 82명이다.

다섯번째는 1956년에 간행된 『咸陽郡誌』(함양향교명륜당편)로 박안경부터 김영순까지 218명의 생원 진사 명단을 담고 있다. 1933년의 것과 1명의 차이는 고려시대 인물인 金點이 고려시대에 들어간 것과, 기재 순서에 약간의

誌修正時儒狀을 보면 함양군읍지를 수정할 때 선조대 인물인 강문필의 卓異한 행적을 읍지에 기록해 달라고 1832년 8월에 姜勛, 鄭東五 등 36명이 요청하는 내용으로 미루어 『함양군읍지』의 작성연대를 짐작할 수 있다. 그러기에 생진 항목에 1831년에 진사 합격한 정환기가 마지막으로 기재되어 있는 것이라 하겠다.

4 『사마방목』(동방미디어 CD), 한국역대인물종합정보시스템(http://people.aks.ac.kr)

5 순조 원년에 진사 합격한 鄭東民은 『사마방목』에 거주지가 함흥으로 되어 있는데 『함양군읍지』 생진 항목에 이름이 수록되어 있다.

6 1931년에 간행되는 경상도 종합읍지인 『嶺誌要選』 함양군의 문과, 생진 명단은 이 1914년 『사마재제명안』을 이름 순서까지 그대로 옮겨 적은 것이었다. 그래서인지 여기도 노광무의 이름이 2번 나오고 있다. 또 하나의 경상도 종합읍지인 『교남지』(1935년) 함양군 생진 항목에는 박안경부터 정환기까지 71명만 수록되어 있다.

차이가 있는 정도이다. 따라서 1933년의 『사마재제명안』과 1956년의 『함양군지』 생원 진사 명단은 같은 것이라 해도 좋을 것이다. 문과급제자는 고려시대 인물인 조승숙을 뺀 82명에다 吳凝(세조 3년 문과)과 崔渰(최엄, 명종 문과)이 추가되어 모두 84명의 명단을 담고 있다.

이렇게 5개의 함양 사마안이 있지만 정작 조선시대에 작성된 사마안은 현재 남아있지 않은 실정이다. 그러나 1831년까지의 명단을 담은 「함양군읍지」가 조선시대에 작성된 사마안을 그대로 반영하는 것이라 생각한다. 왜냐하면 『함양군지』 생진 항목에는 다음과 같은 附記가 있기 때문이다.

> 生進. 國朝(;고려, 조선)와 생원 진사의 연대를 살펴 차례를 정하였다. 국조는 이름의 윗란에 쓰고, 같은 왕조는 앞과 같으면 쓰지 않는다. 혹 연대가 미상인 자는 동그라미를 더해 표시한다. 蓮桂案에 의거하여 增錄한 자는 이름 아래에 음각으로 贈을 표시한다.

여기서 말하는 蓮桂案은 실제는 『함양군읍지』의 生進 기록이었다. 『함양군읍지』 생진 항목에 있는 朴安敬부터 鄭煥琦(순조 31년 진사)까지 중간 중간에 새로이 끼워 넣은 53명 이름에 增字 표시를 하였고(53명), 정환기 다음인 鄭煥弼(순조 34년 진사)부터는 「下記 53員은 모두 增錄이기에 增자 표시를 하지 않는다」라고 되어 있다. 이로 미루어 『함양군지』는 『함양군읍지』 명단을 기본으로 하고, 1831년 이전에 53명, 이후에 53명 도합 106명에 增字를 붙여 이들을 추가하였음을 표시한 것이었다.[7] 이는 실질적으로 1933년의 『사마재제명안』에서 그리한 것이지만, 이를 그대로 傳寫한 『함양읍지』는 增字를 붙여 읍지에서 추가한 것을 분명히 밝혀놓은 것이었다.

7 문과도 마찬가지였으니 『함양군읍지』의 마지막 鄭煥義(1814년 문과 급제) 다음의 인물들을 수록하면서 「下記十二員總增錄」이라 표시하고 있다. 『함양군지』 범례에 "舊誌는 순조 신묘년(1831)에 편찬된 것으로 이미 100여년이 되었다" 고 하면서 "舊誌는 함양군읍지라 하는데 군과 읍은 의미가 중첩되기에 지금 邑字를 없앤다"과 하여 『함양읍지』가 『함양군읍지』의 속수임을 밝히고 있다. 『함양군지』 원문은 경상대학교도서관 문천각(http://nmh.gnu.ac.kr) 에서 확인할 수 있다.

그러므로 함양의 생원 진사 명단을 다룰 때의 순서는 1831년까지의 연계안의 것을 그대로 옮겨 적은 것으로 보이는 『함양군읍지』와 『사마방목』이 가장 기본적인 자료이고, 그 다음은 1914년에 간행한 『사마재제명안』이, 그리고 마지막 것은 1933년에 간행한 『사마재제명안』 또는 1956년에 만든 『함양군지』가 될 것이다.

이들 함양 사마안의 자료들을 왕대별로 구분하여 표로 만들면 다음과 같다.

〈표 1〉 『함양사마안』 자료에 수록된 왕대별 생원 진사[8]

	태종	세종	문종	단종	세조	예종	성종	연산	중종	명종	선조	광해	인조	효종	현종	숙종	경종	영조	정조	순조	헌종	철종	고종	합계
함양군읍지		3		2	2	1	15	9	16	6	8	5	6	5	6	8	1	3	1	14				111
사마방목	1						2	1	11	5	5	3	6	4	6	7	0	2	1	11	8	2	28	103
사마재제명안 (1914년)		3	1	2	5	3	19	11	23	8	16	9	8	5	6	9	1	3	1	14	9	2	40	198
사마재제명안 (1933년)		6	1	2	5	3	21	12	28	9	18	9	9	5	7	12	1	3	1	15	9	2	41	219
함양군지 (1956년)		5 (增2)	1 (증1)	2 (증0)	5 (증3)	3 (증2)	21 (증6)	12 (증3)	28 (증11)	9 (증3)	18 (증10)	9 (증4)	9 (증3)	5 (증0)	7 (증1)	12 (증4)	1 (증0)	3 (증0)	1 (증0)	15 (증1)	9 (증9)	2 (증2)	41 (증41)	218 (증106)

8 읍지(111)와 군지(111+106+1)의 통계에서 1명 차이가 나는 것은 읍지에 없는 중종대 강공헌에 增字 표시가 되어 있지 않기 때문이다. 순조대는 읍지에 있던 金樂珩(순조 7년 진사)이 1914년에는 빠져 있다가 1933년에는 추가되어서, 고종대는 金永淳(1894년 진사)이 1914년에는 없다가 1933년에는 들어갔기에 1명씩 차이가 난 것이다.

3. 1540년 사마안 작성과 사마재 건립

함양 사마소는 연산군 4년(1498)에 처음 확인된다.[9] 사마소는 성종 19년에 사림파의 노력으로 복설된 유향소가 경재소를 통하여 훈구파들에게 장악된 것에 반발하여 사림파 계열의 생원 진사들이 별도로 세운 것이라 이야기되고 있다.[10] 그러나 사마소란 유향소와 관련없이 생원시, 진사시에 합격한 양반들이 모여서 공부하고 친목을 도모하는 학교시설이었다. 원래 생원시, 진사시에 합격하면 서울 성균관에서 공부하면서 대과(문과)시험을 준비하도록 되어 있었으나 여러 개인적인 사정으로 자기 고을로 내려와 공부를 계속하였다. 향교에서 교생들과 어울려 공부하기는 사회적 격이 안 맞기에 향교 근처에 별도의 건물을 만들어 고을 생원 진사들이 친목을 도모하고 과거 준비를 하던 곳이 바로 사마소(사마재)였다.[11] 그리고 사마재에 드나들었던 생원 진사들의 명단을 기록해 놓은 것이 사마안(司馬錄, 蓮案)이었다.

함양 사마재를 누가, 언제 설립하였는지를 알려주는 자료를 찾을 수 없지만 사마재가 있으려면 생원 진사가 여럿 있어야 한다는 점을 고려할 때 배출 현황을 알아보면 대강은 추측할 수 있을 것 같다. 〈표 1〉을 볼 때 함양의 생원 진사 배출수로 미루어 사마재 건립은 세종부터 연산군 4년 사이로 짐작해 볼 수 있다. 세조 때라면 강력한 중앙집권적 체제를 갖추어 나가는 시기이기에 사마재의 건립 가능성은 낮을 수밖에 없을 듯하며, 세종대와 성종대가 가능성이 높아 보이는데 인원의 수로 보아 성종대에 설립되었다고 보는 것이 자연스러워 보인다.

성균관에서 공부하다가 귀향하였거나, 아예 상경하지 않은 생원 진사들의

9 『연산군일기』 권31 4년 8월 계유

10 이태진, 「사림파의 유향소 복립운동」 『진단학보』 34, 35, 1972, 1973, 403-405쪽.

11 고을에 따라서는 司馬所, 연계소라 하기도 하고 司馬齋, 연계재라고 하기도 한다. 所란 모임을 갖는 곳이라는 뜻으로 별도의 건물이 있는 경우도 있고, 없는 경우도 있음을 나타낸다. 그리고 齋라 하는 것은 별도의 건물이 있을 경우에 사용하는 것이 일반적이었다. 함양에서는 사마재라 하였기에 이후부터는 사마재로 통일해서 언급한다.

모임장소로 우선 활용된 것은 향교였다. 생원 진사들은 향교시설을 빌어 임시로 이용하였으며[12], 고을에 따라서는 향교 안에 별도의 건물을 마련하기도 하였다.[13] 생원 진사들이 향교를 빌려 모임장소로 사용하였으나, 양반만 아니라 평민도 입학이 가능한 교생과 생원 진사와는 자격과 위상의 차이가 있기에 향교 밖에다 사마재라는 이름으로 별도의 건물을 마련해 나가는 것이 모든 고을에서의 추세였다.[14] 그렇더라도 사마재가 학교 기관의 성격을 가졌기에 대개는 향교 근처에 자리 잡는 것이 보통이었다.

감무가 파견된 함양이 郡으로 승격된 것은 1394년(태조 4)이다. 함양군에 향교가 1398년(태조 7)경에 창건되었다고 하며, 현재 위치로 옮겨 온 것이 1443년(세종 25)이라 한다. 함양향교의 위치는 고을 관아 북쪽 3리 거리에 있다고 하였다.[15]

1540년(중종 35) 함양사마안을 만드는데 앞장섰던 盧禛[16]은 「司馬齋題名錄序」에서 생원 진사들의 모임은 있으나 별도의 건물이 없어 다른 건물을 빌리고 있는 구차함을, 그리고 사마안이 아직 작성되지 않고 있음을 지적하였다. 이로 보아 연산군대 보이는 함양 사마소는 별도의 건물을 갖춘 것이 아니고 향교의 한 시설을 빌린 것으로 보인다. 그리고 사마안 작성도 하지 않았음을 알 수 있다. 그리하여 노진은 사마재는 따로 건립할 겨를이 없지만 선배

12 「본읍에는 목은 선생 이후부터 이미 연계소가 있었으나 다만 所만 있고 社는 없었다. 그래서 연계회의 모임을 반드시 향교에서 열었는데, 구차한 사정이 없지 않았다」(丹陽蓮桂所節目(경상도 영해, 1804년))

13 『신증동국여지승람』 권35 광산현 학교

14 「먼 곳에 있는 생원과 진사들이 형편상 성균관에 모이기 어려운즉 이로 인해 주군부현에 으레 사마재를 두어 거처하게 하고 과거공부 익히기를 한결같이 성균관과 같도록 하였다.」(「(진양)연계안서」(1841년)) 「각 고을에서 사마재를 세운 것은 대저 태학의 제도를 모방함이었다.」(「강진사마재중수기」 (1727년))

15 1872년 『함양군지도』를 보면 관아 북쪽 북천면에 향교가 있다.

16 노진(1518-1578)은 1537년 생원, 1546년 문과에 급제하고 담양부사, 진주목사, 대사간, 경상도관찰사, 대사헌 등을 지냈다. 청백리로 뽑혔으며 효자로 정려되기도 하였다. 시호는 문효. 그의 생애와 학문에 대해서는 김봉곤, 「 16세기 지리산권 유학사상(1) - 남원, 함양의 안처순, 노진, 변사정을 중심으로 -」 『한국사상사학』 12, 2012 참조.

들을 기리고 후배들을 고무시키는 사마안만은 반드시 만들어야 한다고 하였다.[17] 그런데 사마안을 만드는 일도 그리 쉬운 일이 아니었다. 생원 진사에 합격한 사람들의 기록이 제대로 갖추어져 있지 않기 때문이었다.

> 지난날의 세월이 오래되고 인물의 행적이 묘연하여 모두 다 기억할 수 없으므로 宣德 병오년(세종 8, 1426년)의 방목으로부터 시작하니 지금까지 무릇 약간 명이라 이후로는 천백명이 되더라도 계속하여 添錄하여 오래오래 전하게 될 것이다. 건물을 짓고 규모를 넓히는 일은 후일 유력자에게 권면하노라.

그리하여 세종 8년의 생원 합격자 朴安敬을 처음으로 하는 사마안을 작성하면서 1540년까지의 생원 진사 명단을 기록하였다. 그러면서 사마재의 건립을 뒷사람에게 당부하는 것도 잊지 않았다.

드디어 1540년에 함양고을에 사마안이 처음 작성되었다. 이는 성균관에서 청금안을 작성하는 예를 그대로 모방한 것이었다.[18] 처음 사마안을 만들 때에 살아있는 생원 진사들만 기재한 것은 아니었다. 예전에 죽은 생원 진사들도 모두 조사하여 사마안에 기재하였다. 이전의 인물들은 근거 자료가 있으면 문제가 없지만 오래된 일이기에 자료가 불충분하기 마련이었다. 따라서 향교의 청금록과[19] 고을의 기록(읍지와 관아 문서)을 참고하고 傳聞과 家乘[20]을 모으고, 古老에게 물어보는 등[21] 나름대로 조사하여 수록하였다. 그리고 수록

17 노진, 『옥계선생문집』 권5 (함양)사마재제명서

18 李佑贇, 『월포집』 권9 진양연계안서

19 「그래서 가까운 시대의 아는 사람(생원 진사)들은 써넣고, 고을의 예전 생원 진사로 사마재에 속해있던 사람들은 청금록에서 이름을 베껴 빠짐을 보충하였다」(이준, 『蒼石先生續集』 권5 尙州司馬錄序)

20 「내가 지금 임금 을축년(1805, 순조 5)에 과거에 합격하고 이 재각(사마재)에 들어와 이 기록을 상고해 보고는 개연히 보충하고 수집할 뜻이 생겼다. 그래서 마침내 널리 家乘 등에서 캐어내고 진주 읍지를 두루 열람하고 만력 연간 이전은 진실로 증거할 수 없다는 것이 많다는 탄식을 하게 되었다.」(「진양청금록서」)

21 「咸寧司馬錄序」

순서는 나이가 아니라 급제연도의 순서로 하였다.[22] 그리하여 1426년 생원 합격한 박안경부터 시작하여 1540년에 생원 합격한 허정회까지를 마지막으로 하여 일단 사마안을 작성하였다. 『사마방목』에 의하면 함양 출신으로는 태종 16년에 생원 합격한 尹明殷이라는 인물이 보이나 이를 확인하지 못해서인지 사마안에는 세종대 합격한 인물부터 시작하고 있다. 사마안을 그대로 반영한 것으로 보이는 『함양군읍지』에 의하면 모두 48명의 생원 진사였다.

1540년까지 사마안에 들어간 사람들을 성관별, 왕별로 정리하면 다음과 같다.

〈표 2〉 세종-중종 35(1540)까지 사마안 등재 姓貫

성관	세종	문종	단종	세조	예종	성종	연산	중종	합계	비고
진주 姜							1	1	2	
풍천 盧				1			3	2	6	祖-父-子
성주 都						1	1		2	
나주 朴	1		1				1	3	6	조-부-자
삼척 朴						2			2	
초계 卞						2			2	
여산 宋						1			1	
남원 梁			1					3	4	후손
함양 呂							1		1	土姓
고령 兪				1		2		1	4	형제-자, 질
나주 林						1		2	3	
은진 林								1	1	
경주 鄭						1			1	
서산 鄭							1		1	
하동 鄭						1	1		2	형제
함안 曺	1					2			3	
여양 陳								1	1	
신창 表	1				1			1	3	조-부-자
청주 韓						1			1	
하양 許						1		1	2	
합계(20개 성관)	3		2	2	1	15	9	16	48	

22 「그 순서는 방목의 차례이고 나이의 순서는 아니다. 字號와 나이, 官階 등 특별함을 요점만 추려 기록해 넣었다」(權思學 (1758 - 1832), 『竹材先生文集』 권1 (의령)司馬齋修案序)

모두 20개 성관에서 48명의 생원 진사가 기재되어 있다. 가장 많은 성관은 풍천 노, 나주 박씨로 각각 6명, 다음은 고령 유씨 5명, 남원 양씨 4명, 그리고 나주 임, 함안 조, 신창 표 3명 등의 순이다.

함양은 토성을 중심으로 양반사족층이 형성된 것이 아니라 다른 지역에서 이주해온 성관을 중심으로 사족층이 형성되었다. 함양의 토성사족은 몸, 吳, 朴인데[23] 이들은 고려 말, 조선 초에 무반으로, 또는 문과합격으로 중앙관료가 되어 함양에 이렇다 할 연고는 남겨놓지 않았던 것 같다.[24] 그래서인지 사마안에 이름을 올린 토성 인물은 함양 여씨 1명뿐이었다.

16세기까지는 자녀균분상속이 우세하여 혼인과 함께 처향으로 이주하는 경우가 매우 많았다. 함양에 이주해 온 성관은 이 경우가 대부분이었고, 이들이 생원 진사를 다수 배출하고 있었다.

풍천 노씨는 세종대에 노숙동이 문과에 급제하고, 金點의 사위가 되어 경상도 창원에서 함양으로 옮겨온 이후(입향조) 자손들이 번성하여 함양을 대표하는 성관이 되었다. 아들 노분은 생원 진사 양시 합격(세조대) 문과 급제를, 노분의 아들 노우영, 노우량, 노우명은 모두 진사 합격(연산군대), 노우명의 아들인 노희는 생원 합격하였고, 사마안을 작성하는데 앞장 선 노진은 진사, 문과 급제하였다. 그래서 풍천 노씨는 6명의 이름을 올리고 있다.

나주 박씨는 박안경이 세종대에 진사에 합격하고 오을경의 사위가 되어 함양에 입거한 뒤에 아들 박맹지가 생원 진사 양시 합격(단종대) 문과 급제하였으며, 박맹지의 아들 박정간이 연산군대에 생원, 박맹지의 후손인 박눌, 박완, 박함이 중종대에 진사에 합격하여 모두 6명의 생원 진사를 사마안에 올리고 있다.

고령 유씨는 세조대 유음이 이절의 사위가 되어 전라도 장수에서 함양으로 입거한 뒤에 후손 유호인이 세조대에 생원 진사 양시합격, 문과 급제한 뒤에

23 유호인, 『濡溪集』 권7 咸陽郡三姓族譜序 代郡守作

24 이수건, 『영남사림파의 형성』(영남대출판부, 1979)

아들 유환이 성종대 진사, 조카 유찬이 중종대 생원, 그리고 유호인의 동생 유호례가 성종대 진사, 문과에 급제하여 함양의 대표적인 양반 가문으로 자리매김하였다.

남원 양씨는 양천지가 세종대 오주의 사위로 옥구에서 함양으로 입거하여 단종대에 생원에 합격하고, 양관의 후손인 양언국, 양희, 양기가 생원 진사에 합격하였다.

신창 표씨는 생원 표계가 세종대에 함양에 입거한 뒤에 아들 표연말이 생원, 문과에 급제하고, 표연말의 아들 표빙이 진사 합격하였다.

진주 강씨는 성종대 현감 강이경의 아들 姜漢이 성종대 서울에서 함양으로 입거한 뒤 연산군대 생원에 합격하였고, 다른 계파인 姜顯이 단성에서 처가인 함양으로 이거한 뒤 생원, 문과에 급제하였다.

하동 정씨는 고려 충목왕대 鄭之義가 문과에 급제하고 보성 선씨 선일덕의 사위가 되어 함양으로 이주한 뒤 많은 인물을 배출하였다. 정지의의 증손자인 정여창은 수령으로 부임한 김종직에 사사하고, 진사, 문과에 급제하여 영남사림파의 중심인물이 되었으며, 동생 정여관도 생원에 합격하여 함양의 대표적인 사족 가문으로 자리매김하고 있었다.

다른 성관도 처가를 따라 함양에 입거한 것이 대부분이었다.[25] 어쨌든 이들 성관은 함양에 입거한 뒤 후손들이 생원 진사에 합격하고, 또는 문과에 급제하여 함양을 대표하는 사족 가문으로 등장하고 있었고, 이러한 모습들이 1540년에 작성한 사마안에 잘 나타나 있다고 하겠다.

그런데 1914년의 『사마재제명안』에는 중종때까지 생원 진사가 66명이, 1933년의 『사마재제명안』이나 1956년의 『함양군지』에는 중종대까지 생원 진사가 78명이 수록되어 있어 『함양군읍지』 기록보다 18명에서 30명이나 더 많이 기재되어 있다. 따라서 1540년 사마안을 처음 작성할 때 누락되었을 가

25 이정희, 「16·17세기 함양지역 재지사족의 동향」, 『이화사학』 22, 1995. 이들 성씨의 입향 내력에 대해서는 『함양군지』(1956년) 寓居에 정리되어 있다.

능성도 생각해 볼 수 있다. 이를 〈표 1〉를 참고하면서 왕대별로 차례로 알아보도록 하자.

『사마안제명안』에는 읍지보다 세종대에 3명이 추가되어 있다. 세종대에 합격하였다는 禹恪(생원), 金點(생원), 許方柱(진사)가 그들인데, 우각은 현존하는 자료로는 생원에 합격하였다는 것을 입증할 수 없는 실정이며, 김점은 고려 우왕때 함양에 입거한 인물이고, 허방주는 龍潭으로 이거한 것으로 나온다.[26] 따라서 이들이 1540년 사마안에서 제외된 것은 자연스러워 보인다. 성종대에는 6명(1914년에는 4명)이 추가되어 있는데, 梁有信(사마), 李文賢(생원), 趙琳(생원), 林宗仁(생원), 林彦範(생원), 梁彭耈(사마) 등이 그들이다. 양유신, 이문현, 임언범, 양팽구는 생원 진사에 합격하였다는 것을 방목의 不備로 현재로는 입증할 수 없는 실정이고, 조림, 임종인은 소과, 대과에 합격하였는데 방목에는 거주지가 모두 未詳으로 나온다. 그런데 조림은 남원에, 임종인은 산청에 연고가 있는 기록으로 미루어[27] 함양과의 관계가 확실하지 않은 실정이다. 중종대에는 12명이(1914년 사마안에는 7명)이 추가되어 있다. 이들 가운데 4명은 소과에, 또는 소과 문과에 급제한 것이 방목으로 확인이 되나 거주지가 거창(표윤), 금산(최홍제), 진주(강공저), 남원(조희안)이고, 나머지 8명은 합격 여부가 모호한 실정이다.[28] 결국 1540년 사마안에 제외된 인물들은 합격 여부가 불투명한 사람을 제외하면 모두 거주지가 함양이 아닌 다른 인근 지역이었기 때문이고, 따라서 1540년에 처음 작성된 함양 사마안은 가계, 신분, 자격, 거주지 등을 두루 고려하여 꼼꼼하게 만든 것이라 할 수 있다.

1540년에 사마안이 만들어지고, 언제인지 모르지만 사마재도 곧 이어 만들

26 『함양군지』 생진「世宗 許方柱 增 號雲谷 姓 方佑兄 己酉進士 子孫移居龍潭」

27 『天嶺誌』 인물, 『산청군지』 塚墓

28 1900년대 이후에 간행되는 사마안에 다른 고을의 합격자가 많이 들어가 있는 것은 당시 후손들이 함양에 살고 있는 연고를 들어 선조의 이름을 올리고자 하였기 때문이었고, 또 합격 여부가 모호한 인물들이 다수 들어간 것은 합격하였다는 조상을 내세워 자신들의 양반이었음을 과시하고자 하였기 때문이었다.(후술)

어진 것 같다.

사마재. 예전에는 군의 서쪽 栢淵에 있었는데 지금은 군의 북쪽 校山里에 있다. 중종 경자년(1540)에 문효공 노진이 창건하였다. 사마시에 합격한 사람을 (사마)案에다 題名하였고 새로 합격자가 나오면 순서대로 써 넣었다. 案에 들어 있는 사람 하나로 하여금 사마재 일을 맡겼다. 재화를 모으고 典僕을 두어 춘추강신과 길흉상조 등의 아름다운 일을 하였다.[29]

기록에는 사마재가 노진이 창건한 것으로 되어 있으나 노진의 「사마재제명록서」에는 사마재를 만들 여력이 없어 우선 사마안만을 만든다고 하였다. 그렇더라도 사마재가 만들어진 것은 사마안 작성에서 그다지 멀지 않은 때일 것으로 보인다. 함양 사마재가 건립된 곳은 席卜面 柏淵이라고 한다. 조선 후기에 만들어지는 「함양군지도」를 보면 석복면은 향교와 멀리 떨어진 읍성 西門 밖에 있으며, 여기에는 栢淵書院이 있다. 지명으로 미루어 아마도 사마재는 이 근처에 있었음을 짐작할 수 있겠다.

사마안이 작성되고 사마재가 만들어짐에 따라 사마재는 활발한 활동을 전개하였을 것이다. 새로 합격한 생원 진사들을 천거, 권점 등의 절차를 거쳐 사마안에 계속 이름을 올렸다. 고향에 돌아온 생원 진사들은 조상의 선영을 찾아 과거합격자가 올리는 제사(榮奠이라 한다)를 지내고, 수령을 방문하고, 향교에 가서 문묘에 있는 공자 위패에 절을 올리는 謁聖을 하였다. 그리고 새 생원 진사는 사마재를 방문하여 기존의 생원 진사들에게 새로 합격하였음을 알린다. 사마재에 참여하는 기존의 생원 진사들은 齋會를 열어 새로 합격한 생원 진사들의 이름을 사마안에 올리는 것을 결정하였는데 이를 題名(付標, 入錄이라고도 한다)이라고 한다. 그러나 새 생원 진사들이 모두 참가자격이

29 『함양군지』 사마재

있는 것은 아니었다. 향교와 서원은 유생이[30], 향안은 鄕員이[31] 천거하고 圈點하듯이 사마재도 기성의 회원들이 새로운 사마 합격자를 천거하고 권점하는 과정을 거쳐 사마안 등재 여부를 결정하였다. 권점의 기준은 물론 고을과의 연고 여부와 신분의 하자였다. 따라서 양반 신분이 아닌 생원 진사의 사마재 출입과 사마안 입록은 처음부터 불가능한 일이었다.

사마안 입록의 결정이 나면 이를 해당 생원 진사에게 통고하게 된다. 통고받은 새로운 생원 진사는 3월이나 9월에 있는 사마재 모임날에 사마재를 방문하여 사마안에 이름을 올려주는 것에 대하여 감사의 표시로 읍례를 하고, 新入禮錢을 납부하고[32] 잔치를 벌이는 것이 관례였다.[33] 신입 관원이 처음 치루어야 하는 허참례와 비슷한 이러한 잔치를 新參會[34], 또는 文酒會[35]라고 부르기도 하였다. 그리고 새로 사마안에 이름을 올린 생원 진사는 성균관에 올라가 대과 공부를 계속하였을 것이고, 형편이 닿지 않으면 고을에 남아 사마재에 드나들었을 것이다.

4. 1655년 사마안 중수와 사마재 중건

함양 사마재와 사마안은 임진왜란 때에 불타 없어져버렸다고 한다. 재력이 넉넉지 못하여 사마재를 다시 세우지는 못하고 재임을 두어 문서를 관리하게 하였다.[36] 그러다가 1655년(효종 6)에 사마재 재임을 盧亨造(효종 3년 진사)로부터 넘겨받은 朴尙圭(효종 5년 생원)는 전란으로 사마안과 사마재의 자취

30 안정복, 『잡동산이』 향교약령, 『玉山書院立議』(광해 10년 10월 7일) 등

31 밀양군 「향헌」(『영남향약자료집성』, 1986, 441쪽)

32 「1. 新榜 追入員이 당초 1량, 지금부터 3량」(『함창연계당완의』 추가 완의)

33 「1. 新榜 追入員은 이름을 써넣는 날에 別膳을 마련하여 行禮할 것」(『청안사마록』(청안사마소 소장) 立規)

34 全球(1724~1806), 『半巖集』 己酉臘月立春日設司馬所新參會(경상도 영주)

35 「1. 무릇 추후에 과거에 합격하여 당연히 이 연계안에 들어가야 할 자는 대략 四館의 許參禮를 모방하여 술항아리를 갖추어 一場에서 文酒會를 열도록 하였다.」(「단양연계회시첩」(1688년))

36 『天嶺誌』(1656년 편찬) 사마재

가 없어져버린 것을 아쉬워하고 사마재를 다시 세우지는 못하였지만 사마안을 복구하였다. 노진이 만든 1540년까지의 명단을 견문과 서적과 기록 등을 수집하여 다시 작성하였고, 또한 그 뒤를 이어 1541년 이후부터 1655년까지의 생원 진사 합격자 명단을 작성하였던 것이다.[37]

1541년부터 1655년까지 생원 진사들은 모두 30명이었다.(〈표 1〉) 이들을 성관별로 정리하면 다음과 같다.

〈표 3〉 1541(중종 36) ~ 1655(효종 6)까지 사마안 등재 姓貫

성관	先代 등재 여부	명종	선조	광해	인조	효종	(합계)	비고
진주 강	○	2	1	1			4	姜漢(연산군대 진사)의 후손
안동 김	×	1					1	金瓛(金誠童(문과)의 후손, 향선생인 姜翼과 사돈)
선산 김	×				1		1	金嶷立(남계서원 원임, 鄕案)
풍천 노	○	1	2	1		1	5	노숙동, 노진의 후손
성주 都	○	1					1	김종직 문인인 訓導 都永昌의 손자
나주 박	○		1		1	3	5	박맹지(단종대 생진, 문과) 후손
삼척 박	○		1		1		2	부-손자
남원 양	○					1	1	梁垍(진사), 함양향안에 등재
함양 여	○		1				1	여극성(鄭復顯의 문인)
단양 우	×			1			1	禹熙吉(남계서원 원임,향안)
연안 이	×		1				1	李後白(진사,문과, 이조판서)
합천 이	×				1		1	李弘道(생원, 남계서원 원임, 함양 신계서원, 진주 덕천서원 유생)
서산 정	○		1	1			2	鄭優(연산군, 생진)의 증손, 남계서원 원임, 노진 문인
하동 정	○			1	2		3	부-자(정광한, 광연)
창령 조	×	1					1	曺景鵬(진사, 거창사마안에도 등재)
(합계)		6	8	5	6	5	30	

* o는 등재, x는 미등재 표시

앞서의 사마안에는 20개 성관에서 생원 진사를 배출하였는데, 이번 사마안에는 15개 성관으로 축소되었다. 가장 많이 배출한 성관은 풍천 노, 나주 박씨이고 다음으로는 진주 강, 하동 정, 삼척 박, 서산 정씨였다. 이들은 모두 중

37 「사마재제명록서」

종대까지 사마안에 이름을 올린 인물들의 후손들로 24명이나 되었다.

생원 진사에 합격하고 사마안에 이름을 올리려면 이전 사마안(先案)에 이름을 올린 인물들의 후예이거나 문벌이 있어야 했다. 양반들의 표현을 빌리자면 地閥과 世德이 요구되었던 것이다. 경상도 영해의 경우이지만

> 中世에 와서는 蓮桂別所가 있어서 堂員의 養生과 送死에 도움을 주었다. …… 그러나 이 契員이 되려면 반드시 연계원이 된 연후에 참여할 수 있으며 비록 연계원이라 하더라도 당시에 修契한 후예가 아니면 반드시 土田을 내놓아야만 도와주었으니 그 조약의 엄정함이 이와 같았다.[38]

라고 하여 사마안 후예를 우선한다는 것이 이를 말하는 것이라 하겠다.

앞서의 사마안에 이름이 없던 새로운 6개 성관 6명이 1655년에 만든 사마안에 이름을 올리고 있는데, 이들의 면모를 살펴보면 안동 김씨 金瓛(명종 19년 진사)은 성종대 좌찬성을 지낸 강희맹의 사위가 되어 함양에 입거한 金誠童(성종대 문과 급제)의 후손으로, 함양의 향선생인 강익과 사돈을 맺은 인물이다.[39]

선산 김씨 金嶷立(인조 8년 생원)은 중종대 함양군수를 지내다가 그대로 함양에 입거한 金礩의 현손으로 남계서원의 원임을 역임하기도 하였고, 함양향안에도 참여하고 있다.

단양 우씨 禹熙吉(광해군 4년 진사)은 광해군 때에 산청에서 함양으로 입거한 인물로 남계서원 원임을 역임하기도 하였고, 함양향안에도 이름이 들어 있다.

---

38 「丹陽(영해)蓮桂錄後」(『역주단양연계록』(경북 영덕군 연계소, 2010년, 173쪽)

39 姜翼(1523~1567), 『介庵先生文集』 下 行狀 「生三男三女 長曰渭英.次曰渭賢.次曰渭明.渭賢娶生員金瓛女」

연안 이씨 李後白은 문과에 합격하고 임종의의 사위로 함양에 입거한 이국형의 아들로 1546년(명종 1년)에 진사에 합격하고 명종 10년에 문과에 급제하여 이조판서를 지낸 인물로, 그의 영향력은 함양뿐만이 아니라 외가가 있은 전라도 강진까지 미치고 있다.

합천 이씨 李弘道(인조 11년 생원)는 함양 신계서원과 진주 덕천서원의 유생, 남계서원의 원임을 지내고 함양향안에도 참여하였다.

창령 조씨 曺景鵬(명종 16년 진사)은 居昌의 사마안에도 이름은 올린 인물이었다.

이렇게 1655년에 중수된 함양사마안에 처음 이름을 올린 6개 성관 6명의 생원 진사들은 문과에 급제하거나, 향안, 서원 유생안, 원임안에서 이름을 확인할 수 있어 함양에서 유력한 사족의 일원이라 할 수 있을 것이다. 사마재에는 안정복의 「司馬所約令」에

> 청금록에 들어 있는 고을 유생 가운데 사마시험에 합격한 사람들은 모두 入錄하고 방목의 순서대로 써 넣는다. 閑散庶孼로 위차에 방해가 되는 자는 입록하지 않는다.

라고 하여 양반 신분이 아닌 사람들은 배재한다고 하였다. 신분 규제는 고을의 형편, 양반 사족의 세력 정도, 서로 간의 친소 관계 등에 따라 달랐겠지만 양반 신분에 한하여 사마안 입록이 허용되었던 것이다.

『사마방목』에 결락이 많은 인조 이전과 달리 인조 이후는 방목과 사마안의 연관을 확인할 수 있다 (〈표 1〉 참조). 인조대에는 거주지가 함양인 생원 진사 합격자는 6명이고 이들 모두가 사마안에 등재되어 있다. 효종대에는 방목에는 4명, 사마안에는 5명이 기재되어 있다. 그 한명이 박맹지의 6대손인 朴世爀으로 『사마방목』에 의하면 "효종 5년(1654) 갑오 식년시 생원 3등 거주

지는 山陰"으로 나온다.[40] 그런데 박세혁은『함양향안』에 이름이 올라 있고, 거주지가 함양군 柳林面 花村里, 柳坪里라 기재되어 있어 함양에도 거주하였던 것으로 보인다.[41] 따라서 그가 함양 사마안에 이름을 올리고 있는 것은 자연스러워 보인다.

임진왜란 때에 불타버린 함양 사마안이 1655년에 중수되었으나 사마재는 복구되지 않았다. 이는 당시 사마재의 활동이 침체되었기 때문으로 보인다. 생원 진사들은 사마재에 모여 춘추강신과 길흉상조의 활동을 하였고, 향촌문제와 유림들의 관심사를 儒會와 통문 등을 통해 표명하였다. 이러한 사마재의 활동에 대하여 향촌에서 폐해를 입히는 존재라 하여 자주 나라의 규제를 받고 있었다. 사마소에 대한 규제의 주된 이유는 생원 진사들의 교육기관으로서의 본래의 기능에서 벗어나 향촌사회의 제반 사항에 대하여 간여하며 위세를 떨치고 있었기 때문이었다. 이러한 중앙의 규제와 함께 사마소는 서원의 등장과 발달로 점차 쇠퇴해져 간 것 같다. 초기 서원의 입학자격이 생원 진사들을 우선하여 사마소를 대신할 수 있었기 때문이었다.[42]

함양의 대표적인 서원은 백운동서원에 이어 두번째로 세워졌고, 네번째로 사액을 받은 정여창을 모신 남계서원이다.[43] 남계서원 유생안인『院錄』은 1651년, 1658년, 1671년의 3건이 현존하고 있는데 이 속에서 사마안의 생원 진사 16명의 이름을 확인할 수 있다. 자세히 말하면 인조대 사마안에 이름을 올린 6명 가운데 5명, 효종대에는 5명 가운데 3명, 현종대에는 6명 모두, 숙종대에는 8명 가운데 2명이『원록』에 기록되어 있다. 25명 가운데 16명의 이름이 들어 있는 것이다. 그리고 남계서원 院任 명단인『經任案』은 1552년부터 1705년까지의 원임을 기록하고 있는데 사마안에 오른 이름 17명을 확인할 수 있다.[44]

40『산청군지』생원에 이름이 보인다.「朴世爀 羅州人 春塘孟智之六世孫 孝廟甲午中生員」

41「生員 朴世爀 字賁卿 潘南人 春塘先生后 柳林 花村柳坪」(『함양향안』)

42 윤희면,「경주 사마소에 대한 일고찰」『역사교육』37 · 38합, 1985(본서 1장)

43 윤희면,「경상도 함양의 남계서원 연구」『남명학연구』26집, 2008

44 남계서원 원록, 경임안 등은 한국고문서자료관(http://archive.kostma.net) 에서 볼 수 있다.

이렇게 상당한 수의 생원 진사가 남계서원 유생으로 원임으로 참여하고 있다는 것은 사마재가 있기는 하지만 이전처럼 활발한 활동을 보여주지 못하기 때문이라 생각한다. 활동에 필요한 경제기반이 넉넉치 못하였을 뿐만이 아니라 나라의 규제로 활동이 위축되고 있었고, 더욱 결정적인 것은 사마재가 생원 진사에게만 국한되어 있기에 합격하지 못한 양반사족들에게는 그 의미가 줄어드는 셈이었다.[45] 이에 양반사족들간의 관계도 원활하지는 못하였고 향론을 대변하기에는 사마재가 여러모로 미흡한 점이 있었던 것이다. 그러기에 전란에 불타버린 사마재를 오랫동안 복구하지 못하고 있었던 것이라 하겠다.

1655년에 사마안이 중수되고 생원 진사가 배출되는 한 사마안은 계속 작성되었고, 비록 향교나 서원 등을 모임장소로 활용하였겠지만 사마재의 명목만은 이어져나갔다. 그러다가 임진왜란 때 불타 방치되고 있던 사마재를 1772년(영조 48년)에 중건하였다. 「咸陽司馬齋重脩上樑文」[46]에 의하면 사마재의 위치는 예전 그대로 栢淵 옛터로 잡았고, 유림들이 갹출하여 재물을 모아 중건하였는데 건물이 마련되는 동안 사마안은 향교로 옮겨 임시로 보관하였다고 한다. 이 때 사마재만 중건한 것이 아니고 興學齋(다른 고을에서는 양사재라고 한다)도 함께 건립하여 동쪽에는 사마재를 서쪽에는 흥학재를 나란히 건립하여 교육을 강화하였다.[47]

숙종대 이후 거의 모든 군현에서 향교 안이나 근접하여 세워진 양사재는 양반들의 주요한 활동장소였던 향교의 교육기능 확대라 할 수 있겠고, 또 하나의 향촌기구였으며 궁극적으로 신분제 변화에 대응하는 양반사족들의 보

45 1656년(효종 7)에 정수민이 편찬한 함양읍지인 『天嶺誌』 인물조에는 74명이 등재되어 있다. 모두 27개 성관인데 많은 순서는 풍천 노, 나주 박, 하동 정, 진주 강, 함안 조 등이었다.

진주강	풍천노	성주도	나주박	삼척박	함양박	보성선	창령성	여산송	거창신	남원양	함양여	함양오	기계유	연안이	은진이	나주임	경주정	진주정	초계정	하동정	함안조	창령조	신창표	진주하	청주한	하양허	
5	20	2	7	1	2	2	1	1	1	2	2	3	2	1	1	1	2	1	1	7	4	1	1	1	1	1	74

46 鄭熙運(1678 - 1745), 『東峯實記』 聾窩遺稿 권2 上樑文(1772년)

47 『함양군읍지』 학교 사마재

수화 노력의 한 표현이었다.[48] 사마재의 중건도 마찬가지였다. 함양뿐만이 아니라 이 당시 다른 고을에서도 사마재가 복설되고 사마안이 재작성되었다.[49] 이는 조선 후기 신분제 변동, 향촌기구의 변질, 향촌사회의 변화에 대응하여 양반들의 신분 우위를 나타내고 지배신분으로서의 위치를 공고히 하려는 노력이라고 판단된다.[50]

그러면 1655년 이후 중수되어 1831년까지 이어져 온 함양 사마안에는 어떠한 인물들이 이름을 올렸는가를 성관별로 정리하면 다음과 같다.

〈표 4〉 1656 ~ 1831년까지 사마안 등재 姓貫

성관	先代등재 여부	현종	숙종	경종	영조	정조	순조	(합계)	비고
진주 강	o	1	2	1	1			5	형제-자-손, 從孫
경주 김	x						1	1	金樂珩(진사, 남원에서 함양 이거)
풍천 노	o	3	2				5	10	노진 후손,
나주 박	o		1					1	朴師亮(사마안 중수한 생원 박상규 손자)
남원 양	o		1					1	梁天翼(덕천서원 유생, 효자 정려(증공조정랑)
단양 우	o	1			1			2	禹弼寅(광해군 진사 우진 후손) 禹禎圭(문과 급제)
성주 이	x					1	1	2	李克祿(현감 이문현 후손) 李民實(문과 급제)
담양 田	x						1	1	田漾(의령에서 이거)
하동 정	o	1					6	7	정여창, 정홍서 후손
서산 鄭	o				1			1	鄭景徵(연산군 생진 鄭優 후손)
진주 하	x		2					2	河世元(문과 급제, 현감)-河鈺(族姪)
		6	8	1	3	1	14	33	

* o는 등재, x는 미등재 표시

모두 11개 성관에서 33명의 생원 진사가 수록되어 있다. 앞서 1540년의 20개 성관, 1655년의 15개 성관에서 점점 등재의 폭이 좁아지고 있다. 또한 선

48 윤희면, 「양사재의 설립과 운영실태」『정신문화연구』 17-4, 1994.

49 경상도의 종합읍지인 『교남지』(1935)에 의하면 1930년대까지 사마소(사마재)가 있다고 되어 있는 곳은 합천, 의령, 진주, 경주, 함창, 인동, 永川, 김해, 산음, 대구, 함양, 거창, 삼가, 안의 등이다.

50 윤희면, 「경주 사마재에 대한 일고찰」 『역사교육』 37 · 38합, 1985.(본서 1장)

대에 사마안에 이름을 올린 7개 성관에서 27명을 차지하여 함양 고을의 문벌(地閥)을 고스란히 드러내고 있다. 그러나 사마재 참여 성관의 폭이 좁아지고 있다는 것은 양반사족들의 입장을 대변하기에는 사마재가 여러모로 미흡한 향촌기구임을 보여준다고 할 수 있겠다.

앞선 사마안에 없던 새로운 4개 성관 6명이 사마안에 이름을 올리고 있는데, 이들의 면모를 살펴보면, 金樂珩은 본관은 경주, 정조대에 남원에서 함양으로 이거하고 순조 7년에 진사 합격하였다. 성주 이씨 李克祿은 단종대 아들과 함께 성주에서 함양으로 입거한 이지활의 후손이고, 李民實은 문과에 급제하고 현감, 사헌부 장령을 역임하였고 함양군 池谷面 介坪里에 살다가 뒤에 星州로 이거한 인물로 『성주군읍지』와 『안의현읍지』 인물조에도 이름이 나오고 있다. 담양 전씨 전양(田漾)은 의령 출신으로 1813년에 함양으로 이거하고[51], 함양의 생원 진사들과 함께 詩會에 참여하기도 하였다.[52] 진주 하씨 河世元은 문과에 급제하고 현감을 지냈으며 「함양향안」에도 이름을 올리고 있으며 남계서원 원장을 역임하기도 하였다. 河鈺은 하세원의 族姪로 숙종대 생원에 합격하고 영조 5년 이인좌난 때 창의하여 난의 토벌하는데 참여하기도 하였다.[53]

이렇게 현종부터 순조때까지 함양사마안에 이름을 올린 생원 진사의 면모를 보면 함양의 대표적인 사족 성관인 풍천 노, 하동 정, 진주 강씨들이 우위를 점하고 있는 가운데, 선대에 이름을 올린 성관들이 적은 수나마 사마안에 등재되고, 또한 새로운 성관들이 생원 진사, 문과 급제자를 내고 인근 고을에서 이주해 오면서 사마안에 이름을 올리고 있었다. 이들의 과거 합격과 사회 활동에 비추어 볼 때 양반사족의 일원으로 판단되며, 양반이 아닌 생원 진사들

51 『교남지』 권74 의령군 인물 생진, 『宜春誌』 권4 사마 新增

52 姜文弼, 『松亭先生實記』 권1 詩 宣廟朝召對應製. 이때 같이 어울린 인물들로는 진사 鄭德河, 진사 盧光懋, 진사 鄭煥琦, 생원 河大澄 등의 이름이 보인다.

53 「肅宗 河鈺 號三玉賢 孟寶后 甲午生員義 戊申之變 同門五人 齊聲倡義 募兵討賊」(『함양군지』 생진)

의 사마안 참여가 적어도 1830년대까지는 원칙적으로 불가능해 보이고 있다.

사마안과 사마방목을 비교해 볼 때(〈표 1〉) 함양출신자로 생원 진사합격자들은 모두 사마안에 이름을 올리고 있는 것으로 보인다. 그런데 방목에는 이름이 있어도 사마안에는 이름이 없는 경우가 숙종대 1명, 순조대 1명 등 두 명이 있다. 또한 다른 고을 거주자가 이름을 올리는 경우도 숙종대 2명(노세기, 노세보), 경종대 1명(강공거), 영조대 1명(정경징), 순조대 4명(노희원, 노석규, 노석승, 노석장) 등 모두 7명이 있다.

우선 사마방목에는 있는데 사마안에는 이름이 없는 경우를 살펴보면, 숙종 19년에 진사에 합격한 朴俊翊은 본관은 밀양, 거주지는 함양인데 본관이 밀양인 생원 진사는 박준익이 유일하다. 그리고 순조 13년에 진사에 합격한 鄭東佐는 본관은 해주, 거주지는 함양인데 본관이 해주인 생원 진사도 정동좌가 유일하다. 이들 두 사람이 생원 진사임에도 불구하고 사마안에 이름이 없는 것이 先代에 사마안에 참여하지 못하였기 때문인지, 신분의 하자였는지(서출이나 향리), 아니면 함양에서 다른 고을로 옮겨가서인지는, 또는 함양이 아닌데(예를 들면 함흥, 함창, 함안, 함평 등) 함양으로 잘못 기재한 방목의 불비함인지 현재로서는 자료의 한계로 명확히 알 수가 없는 실정이다.

그리고 다른 고을 거주자가 사마안에 이름을 올린 경우를 살펴보면[54], 숙종대 생원 노세기는 현종대 진사에 합격하고 남계서원 유생, 남계서원 원임을 역임한 盧涇(노진의 현손)의 넷째 아들로 방목에는 거주지가 남원이라 하여도 父鄕의 연고로 함양 사마안에 이름을 올린 것이라 하겠다.[55] 노세보도 방목에는 거주지가 함창으로 되어 있지만 「함양향안」에 이름을 올리고 있으며, 아버지 盧澮는 남계서원 유생으로 나오는 등 함양과의 연고가 있기 때문이라 사마안에 이름을 올린 것이라 하겠다.[56]

---

54 李義發(1768-1849), 『雲谷先生文集』 권7 書鶴城養士齋蓮桂案後 「蓮桂案之許入他郡親知 往往有例」

55 노세기는 남원의 사마안(1914년 간행), 연계안(1938년 간행)에도 이름이 올라와 있다.

56 노세보는 「함양향안」에 山淸 東峴으로 사는 곳이 나와 있다. 방목에는 함창이라 하였으나 아마도

경종대 생원 姜公擧는 거주지는 남원이나 남계서원 유생, 진주 덕천서원 유생이었으며 생원에 합격하여 함양 사마안에 이름을 올린 姜命世의 從孫이라는 연고가 있다.

영조대의 진사 鄭景徵은 본관은 서산, 거주지는 운봉으로 사마방목에 나와 있는데 함양에 살다가 운봉으로 移居하였던 것이고, 연산군대 진사에 합격하고 사마안에 이름을 올린 鄭優의 후손이라는 연고가 있다.

순조대 4명은 모두 풍천 노씨 노희원(남원), 노석규(상주), 노석승(태인), 노석장(남원)인데, 이들은 항렬로 보아 노진의 7대손, 8대손으로 4명 모두 남원의 사마안, 연계안에 이름이 올라 있으며, 수령에게 올린 上書 등에 南原進士라 나오고, 특히 노석장은 1854년 『대방풍헌안』에 副憲으로 이름이 오르는 등 유력한 사족들로 활동하고 있었다.[57] 이들은 선대의 연고로 함양의 사마안에도 이름을 올린 것으로 볼 수 있다.

따라서 지금까지 살펴본대로 1540년부터 작성되어 1831년까지의 계속되어온 사마안에는 함양의 대표적인 성관인 풍천 노, 하동 정, 나주 박, 진주 강, 남원 양씨 등이 생원 진사 합격과 사마안을 寡占하는 가운데 일부 성관에서 꾸준히 생원 진사를 배출하여 사마안에 참여해 오고 있었다. 그리고 다른 고을 출신자라도 함양에 부향, 외향, 처향의 연고가 있을 경우 사마안 입록이 가능하였다. 그러기에 사마안에 이름을 올릴 수 있는 사람은 「대대로 살고 있는 사람, 고을을 떠난 사람, 처가살이하는 사람을 남김없이 기록한다」[58], 또는 「이 고을에서 다른 곳으로 옮긴 사람, 다른 고을에서 사위로 들어온 사

산청에서 살았던 것 같으며, 그래서인지 『함창사마안』에는 이름이 없다.

57 18세기에 들어와 향안의 입록 문제를 둘러싸고 사족과 향족들이 갈등을 벌이다가 남원에서는 향안이 파치되었다. 파치와 비슷한 시기에 양반사족들은 향선생, 향헌, 부헌, 직월이라는 風憲組織을 통하여, 향족들은 좌수, 별감 등 향임조직을 통하여 각각 향권에 참여하였다. 「대방풍헌안」이란 풍헌조직에 이름을 올린 양반사족들의 명부이다.(김현영, 『조선시대의 양반과 향촌사회』, 집문당, 1999, 169쪽)

58 「世居者, 離鄕者, 贅居者 錄之無遺」(「咸寧司馬錄序」(경상도 함창))

람」[59] 이라고 하였던 것이다. 결국 사마안에 오른 자격은 양반 사족에게 국한되어 있으며 사마안에 이름을 올린 사람(先案)의 후예이거나 문벌이 있어야 했다. 숙종 9년에 중수된『居昌司馬錄』의 서문에

> 내가 이 錄을 보건대 비록 많은 수는 아니지만 사족으로 이 고을에 사는 사람들은 모두 이들의 자손이다.[60]

라고 한 것은 사마안 등재가 양반사족에 한정되어 있음을 잘 말해준다고 하겠다.

5. 1872년 연계안 작성과 1876년 사마재 이건

1831년 이후에도 사마안이 계속 작성되었을 것이나 이때의 사마안도 현재 전해지지 않고 있다. 그런데 1872년에 이르러 사마안과 문과급제자 명단을 담은 桂案을 합쳐 蓮桂案을 작성키로 하였고, 따라서 사마재의 이름도 蓮桂堂으로 개칭하기로 하였다. 연계안으로 合案을 하고 연계당으로 이름을 바꾼 것은 후손과 후학들이 선조들을 모범으로 삼아 많은 합격자가 나오기를 빌고자 함이고, 또한 춘추로 강신을 강화하여 고을의 풍속을 교화할 목적이라고 하였다.[61] 연계안을 작성하고 연계당으로 이름을 바꾸는 것은 함양 고을뿐만이 아니었다. 이전부터 연계안을 작성하던 고을도 있었지만(홍해), 밀양, 합천, 진주, 삼가, 단성, 밀양 등지에서도 일어나고 있었다.[62] 이러한 추세는 후학과 후손의 권면, 고을 풍속의 돈독함을 위함이라고 하였지만, 그 이면에

---

59 金中清(1566-1629)『苟全先生文集』권5 題司馬契帖後

60 金千鎰 (1622~1696)『松川先生文集』권2 重修居昌司馬榜錄序

61 「연계재제명록서」(1872년 鄭在箕 序). 정재기(1811~1879)는 본관은 하동, 음관으로 서산군수를 역임하고 1871년에는 함양의 宗宅 근처에 晩歸亭을 건립하였다.

62 權在奎,『直菴集』권2 丹城蓮桂案序(1884년), 安禧遠,『時軒文集』권10 (밀양)蓮桂所移建上樑文, 鄭奎元(1818~1877),『芝窩文集』권2 家藏蓮桂案卷首說(진주) 등

는 사마안을 양반사족의 독점물로 만들려는 의도가 담겨있다고 생각한다.

생원, 진사는 식년시와 증광시에만 각각 100명씩 선발하였는데 철종 9년부터 합격자의 수를 늘려나갔고, 고종대에는 더욱 수를 늘려나갔다.[63] 그러나 양반뿐만이 아니라 中徒, 즉 서출이나 향리의 생원 진사 합격이 늘어나면서 사마안 입록을 둘러싸고 심각한 갈등이 일어나고 있었다. 사마안에 입록하여 양반으로 인정을 받고 싶어하는 서출, 향리들과 이를 반대하는 양반사족의 갈등은 언제든 예견할 수 있는 일이 되어가고 있었다.[64]

순조대 이후 함양의 생원 진사 합격자를 방목에서 찾아보면 헌종대 8명, 철종대 2명, 그리고 고종대에는 연계안을 작성한 1872년까지 7명이 합격하였다.

〈표 5〉 헌종 ~ 고종 9년 함양의 생원 진사 합격자 성관

	선대	헌종	철종	고종 9년
풍천 노	o			1
하동 정	o	3	1	2
진주 하	o	1	1	1
경주 김	o	2		
신창 표	o			1
남양 홍	x	1		
경주 이	x	1		
동래 정	x			1
달성 서	x			1
(합계)		8	2	7

* ○는 등재, ×는 미등재 표시

모두 9개 성관에 걸쳐 17명이 합격하였는데 풍천 노, 하동 정, 진주 하, 경주 김, 신창 표씨 등 5개 성관 13명은 先代에 사마안에 입록하였지만 남양 홍, 경주 이, 동래 정, 달성 서씨 등 4개 성관 4명은 전혀 새로운 성관이었다. 이들

63 이진옥, 『조선시대 생원진사 연구』(집문당, 1998), 41쪽 주85의 〈표〉

64 경상도 경주의 경우 『掾曹龜鑑續篇』 感觀錄에 「최백령, 최제한, 최봉원, 박춘동은 모두 경주 향리의 아들로 사마에 합격하여 향중의 연계안에 동참하였다」 라고 하는 현상도 나타났던 것이다.(보주) 이에 대해서는 본서 1장 참고

4명의 신분 여부는 확실하지 않으나 선대에 입록자가 있음을 우선하다는 사마안 입록 기준에 비추어 볼 때 상당한 논란이 있었을 것으로 생각된다.[65]

함양과 가까운 남원에서는 1875년에 양반들에게 賤種이라 평가받은 사람이 진사에 합격하여 사마안에 입록하려고 노력하였고, 이를 반대하는 양반사족들과 향전이 일어나기도 하였다.[66] 이러한 주변의 사태에 자극을 받은 함양의 양반사족들은 문과급제자들의 명단을 담은 계안과 사마안을 합쳐 서로의 결속을 다지려고 한 것이라 판단된다. 곧 생원 진사 합격자뿐만이 아니라 문과 급제한 사람들의 후손들이 함께 어울려 친밀함을 도모하고, 궁극적으로는 양반사족들의 향촌주도권을 잃지 않으려는 의도에서 나온 조치라 해도 좋을 것이다.

1872년에 연계안을 만들고 연계당으로 이름을 고치는 결정에 이어 함양의 유림들은 사마재를 이건하였다. 읍성 서문 밖의 栢淵에다 영조대에 홍학재와 함께 중건하여 유지해온 사마재가 낡아 수리를 해야 하는데 사림들의 모임을 편하게 하기 위하여 1876년에 향교 근처로 아예 이건을 하고 이름을 연계당이라 개명하였다. 5월에 시작하여 9월에 낙성하였고, 홍학재도 함께 사마재 옆으로 옮겨지었다.[67] 연계당, 향교, 홍학재 등의 교육시설이 상하로 마련되어 있으니 후학들과 자제들이 연계당에 모여 열심히 공부하여 정여창, 노진 등과 같은 훌륭한 군자가 되고, 과거에 급제하여 연계안에 이름을 올리기를 기대하였다.[68] 사마재를 이건하는데 주관한 有司는 하재구(1861년 진사), 노태현(1867년 진사), 정재형(1844년 생원)으로 사마안을 대표하는 성관

65 1831년 이후 1894년까지의 사마안이 전해지지 않는 것은 수록에 논란의 여지가 남아 뒤에 없어진(또는 없애 버린) 가능성과 갈등의 소지를 없애기 위해 아예 작성(續修)을 하지 않았을 가능성을 생각해 볼 수 있다. 주)8에서 보듯이 1831년 이후 합격자에 增字를 붙였다는 것은 후자의 가능성을 높이고 있으나 사마안이 전해지지 않아 단정할 수는 없는 실정이다.

66 윤희면,「19세기말 전라도 남원의 사마소 향전」『조선시대사학보』 39, 2006.(본서 3장)

67 『함양읍지』(1895년) 사마재. 1895년 『함양군읍지』 지도에 의하면 향교 앞에 사마재와 홍학재가 나란히 표시되어 있다.

68 「연계당합안기」(1876년, 盧兢壽 記)

의 후예들이었다.

사마재를 향교 옆으로 옮겨온 것은 당시 향교의 위상 강화 때문일 것이다. 고종 2년의 만동묘 철폐, 5년의 미사액서원 철폐, 8년의 사액서원 정리 이후 유림들의 불만을 무마하기 위하여 나라에서는 향교의 위상과 기능을 강화하였다. 그리고 서원의 건물들을 허물 때 나오는 기와와 목재 등은 향교 건물을 보수, 건축할 때 활용하기도 하였고, 서원에서 자체적으로 마련한 소유지는 뚜렷한 임자가 없는 상태이기에 대부분은 향교에 귀속시켜 교육하는데 사용토록 하였다. 그리고 서원의 수많은 서책들도 향교로 옮겨갔다. 이러한 사회적 분위기 속에 사마재를 향교 옆으로 옮겨 온 것이라 할 수 있겠다.

1872년에 작성된 연계안은 蓮案과 桂案을 합한 것으로 연안은 1831년 이후의 생원 진사를 담은 것으로 짐작할 수 있고, 계안도 조선 초기부터 1872년까지의 문과 급제자 이름을 담았을텐데 전해지지 않고 있다.[69]

아무튼 1872년에 사마안을 연계안으로 확대하여 작성하고, 사마재를 향교 옆으로 이건하고 연계당을 이름을 바꾸어 양반사족들의 결속을 강화하였지만 1894년의 갑오개혁으로 과거제도가 폐지되면서 연계안과 연계당은 더 이상 유지되고 작성될 필요가 없게 되었다. 다만 자신들의 선조가 사마안, 연계안에 들어있어 양반사족의 후예임을 입증하는 도구로 활용될 뿐이었다.

6. 나머지말(1914년, 1933년 연계안 간행)

함양에서는 1914년에 『司馬齋題名案』이, 1933년에 『司馬齋題名案』이 간행되었다. 이들은 이전의 사마안, 연계안을 다시 간행한 것이 아니고 이전에

69 순조대에 편찬된 『함양군읍지』 과거 문과에는 고려때 3명, 本朝에는 태종대 인물인 박자안부터 1814년(순조 14)에 문과 급제한 정환의까지 39명과 寓居 5명 등 모두 47명의 이름을 수록해 놓고 있다. 그리고 1956년에 편찬된 『함양군지』 문과에 정환의 다음에 급제하는 12명에게는 「下記十二員 總增錄」이라 附記하고 있다.(주 3) 이로 미루어 『연계안』이 실제 작성되었는지 여전히 의심이 들게 하고 있다(주 65 참조)

누락되었던 인물들을, 그리고 새로운 인물들을 포함시키고 있는 점이 주목할 만하다.

1914년에 『사마재제명안』이라는 이름으로 연안과 계안을 합쳐 간행하였다. 간행에 앞장 선 鄭泰鉉이 쓴 「연계당간안서」에 의하면 1540년 노진이 사마안을 만든 것으로부터 시작하여 1655년에 박상규가 중수하고, 1872년에 연안과 계안을 합치고, 1876년에 사마재를 이건하여 연계당으로 이름을 바꾼 사실을 서술하면서 "세상도 변해가니 혹 소홀히 다뤄 유실할 우려가 있으니 보존하려면 간행하여 반포함이 좋은 방법"이라고 여러 사람들이 의견을 모았다는 것이다. 그리하여 100여질을 인쇄하여 여러 집안에 반포하니 자손된 자들이 집집마다 간직하여 世寶로 삼아달라고 당부하였다. 이 때 만든 『사마재제명안』에는 연안에는 198명을, 계안에는 72명의 이름을 수록하였다.[70]

이 당시에는 사마안의 간행이 여러 고을에서 이루어지고 있었다. 함양 가까운 진주에서는 1905년 10월에 『晉陽蓮桂案』이 발간되었으나 이전에 없던 인물들이 추가되어 분란이 발생하였다.[71] 1910년에는 거창에서 『娥林蓮桂案』이 간행되었다. 함양의 1914년 「사마재제명안」은 편찬 원칙을 밝히지 않고 이름만 수록하고 있어 어떤 기준으로 생원 진사들을 선택하여 수록하였는지는 분명하지 않지만 일반적으로 그리하듯 후손들에게 받은 單子를 모아 정리하였을 것이다.[72] 『함양군읍지』와 비교하여 보면 1831년까지는 36명이 추가되어 있는데 인조대 이전이 33명, 이후가 3명이었다. 그리고 1831년 이후 사마방목에 들어 있는 함양출신자 38명에다 15명을 더한 53명이 추가된 것이다.(〈표 1〉)

그러면 1914년 『사마재제명안』에는 어떠한 성관과 인물들이 되었는지 알아보도록 하자. 우선 1831년까지의 사마안과 비교하여 추가된 인물들을 성

70 「蓮桂堂刊案序」(1914년, 鄭泰鉉 序), 「蓮桂案重刊跋」(1914년, 鄭汶鉉 跋)

71 김준형, 「앞의 논문」 375쪽.

72 權鍾烈, 『毅齋集』 권6 蓮桂堂摠案發刊序 「使之各修其單」

관별로 정리하면 다음과 같다.

〈표 6〉 1914년 『사마재제명안』에 추가된 1831년 이전 생원 진사 성관

	문종	세조	예종	성종	연산	중종	명종	선조	광해	인조	숙종	(합계)
진주 강							1(○)	4(2○ 2×)				5
선산 김					1(○)							1
풍천 노		1(○)								1(○)		2
나주 박										1(×)		1
함양 박						1(×)						1
남원 양		1(×)		2(×)								3
단양 우								1(○)	2(○×)			3
성주 이				1(×)		1(×)		1(×)				3
나주 임			1(×)			1(×)						2
하동 정									1(×)			1
초계 정											1(○)	1
함안 조				1(○)	1(×)	1(○)	1(○)	2(×○)	1(×)			7
화순 최	1(×)		1(○)			1(○)						3
신창 표		1(×)				1(○)						2
하양 허						1(×)						1
(합계)	1	3	2	4	2	7	2	8	4	2	1	36

*○은 합격 사실이 확인된 경우, ×는 합격 사실이 불분명한 경우

사마안에서 추가된 인물들은 36명으로 15개 성관에 걸쳐있다. 이들 성관은 모두 1540년부터 1831년까지 작성된 사마안에 이름을 올린바가 있었다. 그런데 36명 가운데 『사마방목』을 통해서, 또는 아들의 『사마방목』을 통해서, 아니면 『문과방목』을 통해서 생원 진사 합격이 분명함을 확인한 사람들은 16명이었다. 이들은 한명만 제외하고는 거주지가 함양이 아니라 남원, 순창, 나주, 금산, 초계, 거창, 안의, 안음, 삼가 등이었다. 따라서 이들은 신분적 하자가 있어서가 아니라 생원 진사에 합격하였지만 거주지가 함양이 아닌 이유로 1831년까지 함양사마안에 이름을 올리지 못하였던 것이고, 1914년 사마안을 간행할 때 함양에 살고 있는(또는 연고가 있는) 후손들이 단자를 내어 비로소 이름을 올릴 수 있었던 것이라 하겠다.

생원 진사 합격을 확인하지 못한 사람들은 20명인데, 이들은 방목의 결락도 있지만 대부분은 합격하지도 않았으면서 기재된 사람들이었다.[73] 이들도 후손들의 단자로 사마안에 이름을 올리게 된 것이지만, 후손들이 자기 선조들을 빛내기 위해 더 나아가 자신들이 양반의 후손임을 과시하기 위한 목적에서였다고 할 수 있겠다.

그러면 1831년 이후라 하여 추가된 순조대 1, 헌종대 9, 철종대 2, 고종대 41명 등 53명은 어떠한 사람들이었을까. 이들을 성관별로 정리하면 다음과 같다.

〈표7〉 1831년 이후 『사마재제명안』 등록 생원 진사의 성관

성관	선대	순조	헌종	철종	고종	(합계)	비고
경주 김	○		2			2	순서 틀림, 후손표시 없음, 1명은 구례
풍천 노	○		1		7	8	1명 의심, 2명 남원
경주 정	○				1	1	순서 틀림, 후손표시 없음
서산 정	○				1	1	
하동 정	○	1	3	1	15	19	1명 의심, 3명은 永同
신창 표	○				1	1	
진주 하	○		1	1	2	4	
하양 허	○				2	2	1명 의심
김해 김	×				2	2	순서 틀림 , 후손표시 없음
영암 김	×				1	1	후손 표시 없음
군위 方	×				2	2	순서 틀림, 후손표시 없음
달성 서	×				5	5	순서 틀림, 후손표시 없음, 1명은 강릉
은진 송	×		1			1	후손표시 없음, 1명은 산청
의령 余	×				1	1	1명 의심
동래 정	×				1	1	후손표시 없음
해주 정	×				1	1	후손표시 없음
남양 홍	×		1		1	1	순서틀림, 후손표시 없음
(합계)		1	9	2	41	53	

* ○는 등재, ×는 미등재 표시

73 『사마재제명안』에서 합격한 연대를 밝힌 경우 사마방목이 결락되었으면 확인이 불가능하지만 해당 연대의 사마방목이 있으면 확인하여 보았지만 이름을 확인하지 못하였다. 문과 급제자도 마찬가지였으니 1914년 『사마재제명안』에는 12명, 1933년의 것에는 4명이 늘어난 16명의 이름을 문과방목에서 확인하는데 실패하였다. 그리고 이들 대부분은 인조 이전에 합격한 것으로 기재되어 있다.

17개 성관에서 53명의 이름이 『사마재제명안』에 올라 있다. 풍천 노, 하동 정 등 8개 성관은 이전 사마안에 들어 있었고, 함양이 아닌 지역의 합격자이기는 하지만 후손들의 단자로 이름을 올린 것은 앞서 1831년 이전의 경우와 같은 것이었다. 그런데 나머지 9개 성관 16명은 전혀 새로운 성관이었고 그 가운데 7개 성관은 고종대에 합격한 것이 눈에 뜨인다. 새로운 성관의 생원 진사 수록 순서를 보면 1894년 마지막 합격자(鄭淳兢, 하동인) 다음에 1864년 합격자 서대순(생원), 1891년 합격자 서상국(생원) 등이 이어지고 심지어 1849년, 1874년 합격자가 뒤에 나오기도 한다. 그리고 순서가 뒤바뀐 생원 진사들의 기재 방식을 보면 선대가 사마안에 들어 있는 경우 "누구의 후손, 누구의 몇대손, 누구의 從孫, 姪子" 이라는 등의 가계 표시가 되어 있는 것과 비교하여 "누구 누구와 같은 榜"이라고만 표시되어 있는 경우가 대부분이었다. 이는 1894년(또는 1831년)까지 작성되었을지도 모를 사마안 뒤에다 새로운 이름을 이어 붙여놓았기 때문이 아니었을까 싶다. 좀 더 추측을 하자면 연대 순서가 뒤바뀌어 들어간 새로운 9개 성관 상당수는 함양 고을에서 이전 같으면 양반사족으로 인정을 받지 못한 신흥양반, 서출, 또는 향리집안의 사람들이 아니었을까 싶기도 하다.[74] 그러기에 생원 진사에 합격을 하였지만 신분적 하자를 이유로 사마안에 이름을 올리지 못하고 논란의 대상이 되었다가 1914년에 사마안이 간행될 때 후손들이 단자를 내어 수록되었고, 그것도 합격 순서대로가 아니라 제일 마지막에 이름이 덧붙여진 것으로 판단된다.[75] 아울러

74 함양 거주자로 사마방목에는 있으나 사마안, 연계안에 이름을 올리지 못한 생원 진사는 헌종대 1명(1835년 생원 李震奎, 경주인), 고종대 1명(1891년 생원 李仁熙, 재령인)이다. 이인회는 이름을 李壽熙로 개명하였고 『진양속지』 권3 사마에 이름을 올리고 있어 근거지가 진주임을 확인할 수 있다. 그러나 이진규에 대해서는 관련 자료가 없어 왜 연계안에 이름을 못 올렸는지는 알 수가 없지만 아마도 후손들이 단자를 안내었기 때문일 가능성이 크다고 생각한다.

75 『사마안제명록』에 1894년 합격자 바로 다음에 수록된 서대순(1864년 생원), 서상국(1891년 생원), 서상두(1891년 생원), 서병우(1891년 진사)와 몇사람 건너 서승준(1894년 생원)은 堂內로 서대순의 조카, 손자, 족증손이다. 한 집안에서 30년 사이에 5명이나 대를 이어 생원 진사에 합격할 정도로 그들은 부유하다고 하였고, 또 집안 자제들을 공부시킬 재실도 만들었다. 서대순(1810-89)은 1884년에 선공감 감역, 이듬해 돈령부 都正으로 올랐으며, 사후에 문집(『拙菴遺稿』(2권1책,

53명 가운데 4명(새로운 성관은 1명)은 사마방목에서 찾아볼 수 없는데 이 또한 자기 선조를 빛내고 자기가 양반의 후손임을 과시할 목적이라 하겠다.

이러한 것으로 미루어 1831년 이전의 추가자는 양반들의 후예로 집안을 더욱 과시하기 위해서 후손들이 선조의 이름을 『사마안제명안』에 올린 것이고, 1831년 이후 추가자 일부는 양반으로 인정받고 싶어하는 사람들이 이름을 올린 것이라 할 수 있을 것 같다. 1910년대 이후에 간행되는 다른 고을 사마안에서도 이전에는 배제되어 있는 인물들이 수록되는 것이 대세였다. 물론 지역적인 차이는 있어 간혹 반발하는 고을도 있었지만[76] 자기 집안이 양반이었음을 확인받고 싶어하는 사회적 풍조를 막지는 못하였다.

함양에서는 1933년에 연계안을 수정하여 『사마재제명안』이라는 같은 이름으로 重刊하였다. 즉 1540년, 1655년, 1872년에 이어 1914년에 네번째 만든 사마안에 여러 사람이 빠지고 또 수록된 사람들도 연대순서가 뒤바뀐 것이 있으니 이를 수정하여 다시 간행한다는 것이다.[77] 이 때 간행한 사마안은 그들 스스로 다섯번째라고 하였으며, 蓮榜에는 생원 진사가 219명으로 1914년 것보다 21명이 늘었고, 桂榜은 82명으로 10명이 증가하였다.

빠지고 잘못된 것이 많아 다시 중간하게 되었다는 두 개의 『사마재제명안』을 비교하면 추가된 21명은 고종대 金永淳[78] 한명을 제외하고는 모두 1831년 이전 사마안에 등재된 성관들이었다. 인조 이전은 방목 등이 없어 확인하기

1912년)이 간행되었다. 이러한 것을 미루어 본다면 서대순과 그의 집안은 양반의 기준에 조금도 손색이 없어 보인다. 그런데 문집에는 그가 친교를 맺은 이름들이 여럿 보이는데 경상도 자료를 모아놓은 경상대도서관 문천각에서 그들의 이름을 찾아내지 못하였다. 이로 미루어 신흥양반의 모습을 보이는 그들의 신분적 위치를 짐작해 볼 수 있을 것 같다.

76 1905년 진주에서 『晉陽蓮桂案』이 발간되었는데 양반사족 가문에서는 常漢들이 추가되었다고 하여 새로 만든 연계안 받기를 거부하면서 항의하였고, 이에 板木을 불태우고 사마안을 개정하여 重刊하였다.

77 「연계안중간서」(1933년, 姜泰熙 謹書), 「연계안중간발」(1933년 鄭琦鉉 謹跋)

78 1894년에 진사 합격한 김영순은 사마방목에 의하면 본관은 영암, 거주지는 보성으로 되어 있는데, 『사마안제명록』에는 「居郡北白川」으로 되어 있다. 진사 합격한 뒤에 보성에서 함양으로 이주한 것일지도 모른다.

어려운 사람들이 대부분이었음은 1914년의 것과 마찬가지이며, 인조 이후의 인물로는 朴師文만 제외하고는 모두 방목에서 확인할 수 있다. 그런데 사마 방목에 거주지가 함양이 아닌 서울, 신창 등으로 나오는 것으로 미루어 함양 사마안에 이름을 올리지 못하였던 것이고, 1914년에 사마안이 간행될 때 후손들이 단자를 내지 못해 이름을 올리지 못하였다가 1933년에 추가된 것이라 할 수 있겠다. 이는 후손들이 자기 선조들을 빛내기 위해, 더 나아가 유서깊은 양반의 후손임을 과시하기 위한 목적에서였다고 할 수 있다. 그리고 세대가 어긋난다고 하였는데, 실제 두 연계안을 비교해 보면 합격 순서가 제대로 정리된 것은 아니고 일부만 조정되어 있을 뿐이었다. 이는 기존의 사마안 끝에 덧붙여졌다는 인상을 지워보려고 한 것이라 볼 수 있다.

곧 1914년, 1933년에 연거푸 간행된 함양의 『사마재제명안』은 자신이 양반의 후손임을 나타내고자 할 목적이었다고 하겠다. 한쪽은 예전에 양반이었음을 확인받고자 하는 사람들이 있었으며, 다른 한쪽은 양반이었음을 인정받고자 하는 사람들이 있었던 것이다. 이러한 것은 근거가 있고 없고를 떠나 자기 선조 중에 누가 생원 진사에 합격하였다는 주장만으로도 양반의 후손이라고 행세할 수 있는 사회분위기가 조성된 것이라 할 수 있겠다.(『역사교육논집』 52, 2014 게재)

참고문헌

『함양군읍지』(1895년),

『사마재제명안』(함양 蓮桂齋, 1914년),

『사마재제명안』(함양 蓮桂齋, 1933년),

『함양군지』(1956년), 『천령지』,

『교남지』(1935), 안정복, 『잡동산이』,

『역주단양연계록』(경북 영덕군 연계소, 2010년),

『함령사마록』,

『松沙司馬案』(1책, 염광현 편, 고창 만송당, 1915년),

『寶城郡鄉校司馬齋先生案』(보성향교, 1919년),

『사마방목』(동방미디어 CD)

이수건, 『영남사림파의 형성』(영남대출판부, 1979)

김현영, 『조선시대의 양반과 향촌사회』(집문당, 1999)

이진옥, 『조선시대 생원진사 연구』(집문당, 1998)

윤희면, 「경주 사마소에 대한 일고찰」『역사교육』 37 · 38합, 1985.

윤희면, 「양사재의 설립과 운영실태」『정신문화연구』 17-4, 1994.

이정희, 「16·17세기 함양지역 재지사족의 동향」『이화사학』 22, 1995

윤희면, 「19세기말 전라도 남원의 사마소 향전」『조선시대사학보』 39, 2006.

윤희면, 「1930년대 전라도 남원 司馬案 편찬에 비춰진 신분의식」『한국근현대사연구』 50, 2009

김준형, 「조선후기 진주지역 사마소의 연혁과 성격」『경남문화연구』 22, 2006,

윤희면, 「경상도 함양의 남계서원 연구」『남명학연구』26집, 2008

김봉곤, 「16세기 지리산권 유학사상(1) - 남원, 함양의 안처순, 노진, 변사정을 중심으로 -」『한국사상사학』 12, 2012

윤희면, 「조선시대 전라도 사마안 연구 - 강진 사마안 사례-」『호남문화연구』 53, 2013

제7장
충청도 청안 사마소와 사마록 연구

1. 머리말

본고는 필자가 구상하고 있는 사마소, 사마안 연구 계획의 일환으로 전라도, 경상도에 이어 충청도의 사례로 淸安縣의 사마록을 살펴보려 한 것이다.

생원 진사에 합격한 모든 사람들이 사마록에 이름을 올리고 사마소에 출입할 수 있었던것은 아니었다. 고을마다 나름대로의 기준이 마련되어 있는데, 충청도 청안현의 사례는 어떠한지를 사마록에 올린 이름을 분석하여 알아보려고 한다. 또한 중건되고 재작성되는 속에 기준의 변화 여부도 함께 다루어 보려고 한다.

사마록 이외에 청안의 생원 진사 명단을 담은 기록으로 『청안현읍지』도 있다. 일반적으로 읍지의 생원 진사는 고을에 있는 사마록을 옮겨 적는 것이 관례인데 청안은 사마록에서 배제된 생원 진사를 수록하는 모습을 보여주고 있다. 사마록을, 더 나아가 향권을 놓고 양반사족과 향족, 향리들이 갈등과 대립을 벌이고 있음을 엿보게 해주는 사례라 하겠다.

청안에는 지금도 사마소가 있다. 갑오개혁 이후 후손들이 계를 결성하여 사마소를 중건하고 사마록의 인원을 계속 바꾸어 사마록을 작성해 왔다. 그리고 1968년에 司馬祠라 이름과 건물 형태를 바꾸고, 1971년에는 후손들이 司馬先生姓孫親睦會를 결성하여 62명만의 위패를 모셔놓는, 다른 고을에서는 찾아볼 수 없는 모습을 보임도 흥미로운 연구 대상이 된다고 하겠다.

청안현 사마록의 작성과 개정, 읍지의 생원 진사 명단, 사마사로의 전환 등을 차례로 살펴 조선시대 사마소와 사마안을 이해하는 또 하나의 사례로 삼고자 한다.[1]

2. 사마소 중건과 사마록 작성

생원시, 진사시에 합격하면 서울 성균관에서 공부하면서 대과(문과)시험을 준비하는 것이 보통이었으나 사정이 여의치 않아 상경을 하지 않았거나 중도에 자기 고을로 내려오는 사람들이 있기 마련이었다. 이러한 고을의 생원 진사들이 모여 친목을 도모하고 과거 준비를 하던 곳이 바로 사마소였다.[2] 처음에는 향교가 생원 진사들의 모임장소로 활용되었고[3], 고을에 따라서는 향교 안에 별도의 건물을 마련하기도 하였다.[4] 그런데 양반만 아니라 평민도 입학이 가능한 교생과 생원 진사와는 자격과 위상의 차이가 있기에 점차 사마소, 사마재라는 이름을 가진 별도의 건물을 마련해 나가는 것이 모든 고을에서의 추세였다. 그렇더라도 사마소가 학교기관의 성격을 지녔기에 대개는

1 청안 사마소에 대한 연구는 『청안사마소』(충북대중원문화연구소, 2001)가 있다. 청안사마소의 역사와 사마안 작성에 대해 다루고 있지만 필자의 연구와는 적지 않은 차이가 있다. 함께 비교해주기 바란다. 청안 사마소 자료 목록은 『청안사마소』와 『(사마소가 있는) 선비고을 읍내리』(충북향토문화연구소편, 2008)에서 소개되어 있으며, 국사편찬위원회/전자사료관/청안을 검색하면 「2002 지원 충북 청안향교」와 「충북지역 향약조합 관련자료 청안면 소장자료」 항목에서 볼 수 있다.

2 「먼 곳에 있는 생원과 진사들이 형편상 성균관에 모이기 어려운즉 이로 인해 주군부현에 으레 사마재를 두어 거처하게 하고 과거공부 익히기를 한결같이 성균관과 같도록 하였다.」(「(진양)연계안서」(1841년))

3 「본읍에는 목은 선생 이후부터 이미 연계소가 있었으나 다만 所만 있고 社는 없었다. 그래서 연계회의 모임을 반드시 향교에서 열었는데, 구차한 사정이 없지 않았다」(丹陽蓮桂所節目(경상도 영해, 1804년))

4 『신증동국여지승람』 권35 광산현 학교

향교 근처에 자리 잡는 것이 보통이었다.[5]

성종대부터 등장하는 것으로 보이는 사마소가 설립되려면 고을에 생원 진사에 합격하는 사람이 나와야 하는데, 한 두 명 정도로는 미흡하고 여러 명이 일시에, 또는 해를 이어 계속 배출되어야 가능하였다. 이 때문에 사마소의 건립 시기가 고을마다 제각기 차이가 나기 마련이었다.

청안이 거주지로 되어 있는 생원 진사합격자를 사마방목으로 알아보면 다음과 같다.

〈표 1〉 사마방목에 들어있는 청안현 생원 진사

	중종	명종	선조	광해	인조	효종	현종	숙종	경종	영조	정조	순조	헌종	철종	고종	
사마방목	1	1	12	8	6	1	1	6	1	4	4	4	1	1	7	58

현존하는 사마방목에서 처음 나타나는 사람은 중종 8년(1513) 식년시에 진사 합격한 郭保民(본관은 현풍)이다. 그 뒤를 이어 金時誨(본관은 안동)가 명종 16년(1561)에 진사 합격하고 1567년에 문과 급제하였다. 인조 이전의 사마방목은 결락이 많아 정확한 숫자를 알기에는 불충분한데, 생원 진사의 배출 정도로 미루어 청안에서 사마소와 사마록이 만들어질 가능성이 가장 큰 때는 선조 때나 광해군 때로 보인다. 좀 더 구체적으로 알아보면 선조 39년(1606년)에 6명이, 광해군 4년(1612)에는 3명이 한꺼번에 생원 진사에 합격하였다. 따라서 청안에 사마소가 마련되는 때는 1610년 전후라 짐작할 수 있겠다.[6] 이때 향교를 빌려 모임을 가졌는지, 따로 사마소 건물을 건립했는지는

5 고을에 따라서는 司馬所라 하기도 하고 司馬齋라 하기도 한다. 所라 하는 경우는 모임을 갖는 곳이라는 뜻으로 별도의 건물이 있는 경우도 있고, 없는 경우도 있음을 나타낸다. 그리고 齋라 함은 건물이 있을 경우에 사용하는 것이 일반적이었다. 청안에서는 사마소라 불렀기에 여기서도 사마소로 통일한다.

6 『청안사마소』 논문에서는 중종 연간에 시작되어 치폐과정을 거치다가 임진왜란 직후에 하나의 향촌기구로 정착한 것으로 파악하고 있다.(58쪽) 이는 사마소의 설립 조건을 잘 이해하지 못한 견해라 하겠다.

자료가 없어 확실하지 않다. 사마록도 작성하였을 것인데, 뒤에 만들어지는 사마록을 보면 생원 진사의 합격연대 순서가 비교적 가지런히 기재되어 있어 사마록을 만들었을 가능성은 사마소보다 훨씬 더 커 보인다.

사마소가 중간에 침체되어 간 것은 입학자격이 비슷한 서원의 등장과 확산에도 있었지만, 청안의 경우는 생원 진사 합격자가 많이 나오지 않았기 때문이었다. 다른 고을 출신자로 청안과 연고가 있으면 사마소에 참여하고 사마록에 등재하였겠지만, 청안현에서 생원 진사 합격자가 효종, 현종대에 1명씩밖에 나오지 않았다는 것은 사마소 자체의 존립을 위태롭게 한 원인이 되었다. 따라서 인조대 이후 청안 사마소는 유명무실한 존재가 되었을 것이다.

청안에서 사마록이 다시 작성되는 때는 숙종 29년(1703)에 이르러서였다.

> A. ①주현마다 사마소를 설치하고 관내의 국학에 오른 선비들이 여기에 모여 학문을 닦고 우호를 증진하였는데 임진, 병자의 전란에 불타버린 이후 대개 폐지된 채 복구되지 못하였다. ②청안은 호서지역의 한 작은 고을인데도 진사에 오른 사람이 지금 4명이나 있다. 延世華 君이 탄식하고는 사마소의 설치를 계획하여 거듭된 이치로 官長에게 고하였다. ③터를 잡기를 邑治의 북쪽, 향교의 남쪽인데 장차 건물을 짓게 되자 관에서 일만량을 출연하여 도와주었다. ④책자를 만들어 전후의 생원 진사의 인명과 氏錄을 列書하였다. 金光佑부터 시작한 것은 이전의 문헌에서 징험할 수 없었기 때문이다. 그 사이 대과에 합격하고 벼슬에 오른 사람이 많았는데 영성군 신경행 公, 참판 김질간 공이 고을에서 두드러진 분들이다. 그리고 혹 祖孫, 부자, 형제가 서로 이어 이름에 오른 것은 가상하다고 하겠다. ⑤아직 登庠하지 못한 자들도 스스로 詞學에 힘을 써 이 사마록에 이름을 잇는다면 어찌 훌륭하다 하지 않겠는가. 연군의 뜻이 이미 근실하고, 수령 南候가 관봉을 내어 일을 성사시킴은 善政의 한 모습을 보인 것이다. 나는 이웃 고을에 살면서 연군(연세화)과 함께 相善樂聞하여 서문을 짓는다.[7]

7 『사마록』「청안사마소제명록서」(최석정, 1703년). 현재 청안 사마록은 3 종류가 있다. 1703년에 재작성하여 김광우부터 1777년에 합격한 이조환까지 69명(51번째에서 삭적된 진사인 양민익(3장에서 설명)을 포함하여)의 이름을 담은『사마록』, 김광우부터 1894년 합격한 김기필까지 98명을 담은『사마록 1』, 그리고『사마록 1』에다 영조 14년(1738)에 대역부도죄로 사형당한 진사 양민익

중앙정계에서 물러나 충청도 충주에 은거하고 있던 좌의정 최석정이 쓴 서문에 의하면 사마소가 임진왜란, 병자호란으로 불타버린 뒤 복구되지 못한 현실을 언급하였다(①) 이것이 청안의 사마소를 말하는 것인지 다른 고을의 예를 일반화한 것인지는 서문으로는 확실하지 않다. 아무튼 청안 사마소를 다시 세우는데 앞장 선 인물은 진사 연세화(1656년생)였다. 그는 숙종 13년(1687) 식년시에 진사 합격을 하였는데, 최석정의 말에 의하면 청안에 생원 진사에 합격한 인물이 연세화를 포함하여 4명이라고 하였다.(②) 바로 이들 4명이 청안 사마소를 다시 만들고 사마록을 다시 작성하는데 주동이 된 인물들이라 할 수 있다.

이들은 당시 현감인 南明夏에게 사마소 건립 계획을 알리고 도움을 요청하였다. 남명하(본관은 의령)는 숙종 1년(1675) 증광시에서 진사 합격하고 음관으로 벼슬을 시작한 인물이었다. 『守令先生案草册』에 의하면 남명하는 신사년(1701) 10월 23일에 부임하여 병술년(1706) 7월 21일에 瓜遞한 것으로 되어 있다. 4년 9개월 동안 久任하였는데 그 자신이 진사시에 합격한 경력도 있어서였는지 향교 남쪽에 자리를 잡은 사마소 건립에 적극 도움을 주어 일만량이나 보태주었다고 한다.(③)[8]

사마소를 건립한 연세화를 비롯한 생원 진사들은 사마소에 모여 『사마록』을 작성하였다.(④) 사마소를 만드는데 앞장섰던 수령 남명하와 자신들을 경계로 하여 이전의 생원 진사 38명의 이름을 정리하고, 이들과 구분하기 위하여 『際』라 표시한 뒤에 남명하부터 시작하여 44번째인 생원 張巨源을 마지막으로 6명을 등재하였다. 따라서 청안 사마소를 만드는데 앞장섰던 생원 진사들은 연세화를 비롯한 5명 가운데 4명일 것이다.

을 전후로 누락된 8명을 복원하고 또 실제 합격하지도 않은 8명을 추가하여 114명을 담은 『사마록 2』가 있다. 『사마록 2』는 필자의 판단으로는 1970년에 작성한 것으로 보인다.(4장에서 설명) 이를 고려하지 않았기에 선행한 청안 사마소 연구에서는 미합격자가 등재된 이유를 모르겠다고 거듭 서술하고 있는 까닭이다.

8 중건된 사마소는 광무 4-5년의 『충청북도청안군양안』(규 17688)에 향교 근처 4칸 기와집으로 기록되어 있다고 한다.(『청안사마소』, 64쪽)

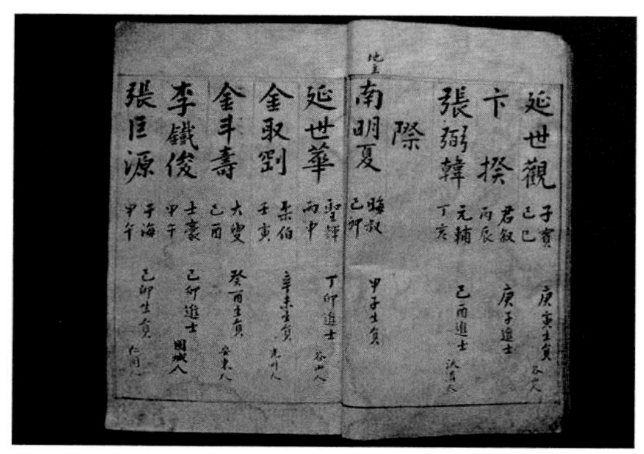

(청안 사마록)

연세화가 합격한 1687년 전후로 청안에서 생원 진사에 합격한 사람으로는 1669년에 진사 합격한 張相韓(옥구인, 1647년생)[9], 1693년에 생원 합격한 金斗壽(안동인, 1703년 당시 34세)[10], 1699년에 생원 합격한 張巨源(인동인, 당시 50세), 1702년에 생원 합격한 柳星緯(진주인, 당시 50세) 등을 꼽을 수 있다. 나이로 보나 합격연대로 보나 사마소 건립에 앞장 선 4명을 추정하자면 연세화를 비롯하여 김두수, 장거원, 유성위 등일 가능성이 크다고 본다. 그런데 유성위는 1703년 이후 세 번째 등재할 때 이름이 올라 있어 사마소 건립에 직접 참여하지는 않은 것으로 보인다.

청안이 아닌 다른 고을 출신으로 사마록에 이름을 올린 사람은 1691년 생원 합격한 金取剛(광산인, 거주지는 공주, 당시 41세), 1699년 진사 합격한 李鐵俊(고성인, 거주지는 청주, 당시 49세) 등이 합격 연대가 가까운데, 청안향

9 장상한의 이름은 사마방목에는 보이지 않으나 張弼韓이라는 이름이 『청안군읍지』에 보이고 있다. 개명한 가능성이 높은데 후손들이 작성해놓은 『사마선생예손록』(1970)에 의하면 1688년에 23살의 나이로 사망하였다고 기록되어 있다. 그러나 23세는 진사 합격 나이고, 실제는 41살에 죽은 것으로 되어있다. 따라서 장상한은 사마소 중건 이전에 죽은 인물이었다.

10 金斗壽는 사마방목에 의하면 거주지가 서울로 되어 있다. 그런데 『청안군읍지』에 그의 이름이 나오고 있다. 그는 청안 출신인데 서울 성균관에서 과거 공부를 하였던 관계로 거주지가 서울로 기재된 것이라 짐작할 수 있다. 청안향교 교임 명단인 『재임안』에 1720년에 장의로, 1737년에 도유사로 나오고 있기도 하다.

교 『재임안』을 보면 1702년에 연세화가 도유사로, 金取明, 金取民(1704년 장의) 등 같은 항렬로 믿어지는 인물들이 재임을 담당하고 있어, 김취강이 사마소 중건에 참여하였을 가능성이 가장 높아 보인다.[11]

사마록의 작성방법은 성균관에서 청금안을 작성하는 예를 그대로 모방한 것이었다.[12] 그런데 사마록을 만들 때에 살아있는 생원 진사들만 기재한 것은 아니었다. 아주 예전에 죽은 생원 진사들도 모두 조사하여 사마록에 기재하였다. 이전의 인물들은 근거 자료가 있으면 문제가 없지만 오래된 일이기에 자료가 불충분하기 마련이었다. 따라서 이전에 작성된 사마록을 바탕으로 하고, 여기에 향교의 청금록[13]과 읍지, 家乘[14]을 열람하고, 古老에게 물어보거나[15] 들은 것을[16] 보태는 등 나름대로 조사하여 명단을 수록하였다. 그리고 수록 순서는 나이가 아니라 급제연도의 순서로[17] 하였다.

그러면 1703년에 만든 청안 사마록에는 어떠한 인물들을 수록하였는지 알아보도록 하자.

〈표 2〉 중종 ~ 숙종 29년(1703) 청안 및 다른 고을 생원 진사

자료 \ 왕별	중종	명종	선조	광해	인조	효종	현종	숙종	합계	비고
사마방목	1	1	12	7(兩試 1)+ 李禮元(인물)=8명	6	1	1	3	32	
청안사마록 (청안고을)	1	0	11	7	5	1	1	2	28	중종대 김광우부터 시작함
청안사마록 (다른고을)	1	0	3	4	2	1	1	3	15	

11 『청안사마소』에서도 논증 없이 연세화, 장거원, 김취강, 김두수를 꼽고 있다.(60-61쪽)

12 이우윤, 『월포집』 권9 「진양연계안서」

13 이준, 『창석선생속집』 권5 尙州司馬錄序

14 「진양청금록서」(경상도 진주)

15 「咸寧司馬錄序」(경상도 함창)

16 「사마안이 병화에 불타, 여러 衿紳에 서로 개연하여 舊案을 잇고자 널리 전적을 살피고 耳聞을 裒採하여 겨우 한권을 만들었다.」(『청주사마소절목』(국편 소장))

17 「그 순서는 방목의 차례이고 나이의 순서는 아니다. 字號와 나이, 官階 등 특별함을 요점만 추려 기록해 넣었다」(權思學 (1758~1832), 『竹材先生文集』 권1 (의령)司馬齋修案序)

金光佑(중종 2년 생원)부터 시작하여 1699년에 생원 합격한 장거원까지를 마지막으로, 수령 남명하까지 포함하여 모두 44명의 이름을 적은 사마록을 작성하였다. 따라서 청안 사마록에 이름을 올린 43명 가운데 청안 출신의 생원 진사는 28명, 다른 고을의 생원 진사는 15명이었다.

우선 청안 출신의 생원 진사를 현존하는 사마방목과 비교하면, 중종대에는 사마방목에 곽보민(현풍인, 중종 8년 진사)이라는 인물이 있으나 사마록에는 이름을 찾아볼 수 없다. 그리고 청안읍지 등 청안 관련의 기록을 찾아보아도 곽보민이라는 이름을 확인할 수가 없는 실정이다. 그렇다면 1703년에 연세화 등이 사마록을 작성할 때 곽보민에 관한 기록을 찾지 못하였던 것 같다. 후손이라도 있으면 확인이 가능할 터인데 그마저도 없었던 모양이었다. 따라서 곽보민이 사마록에 이름이 오르지 못한 것은 자료의 부족 때문으로 보인다.(A①, ② 참고)

곽보민 대신 金光佑가 사마록 첫머리에 이름이 올라있다. 김광우는 본관은 光山, 중종 2년(1507)에 생원에 합격하고 문과에 급제(중종 23년)하였는데 사마방목에는 거주지가 天安으로 되어 있다.[18] 그런데 그의 이름은 『청안현읍지』에도 있고, 묘소도 청안에 소재하고 있어[19] 사마방목의 천안이라는 기록은 청안의 오기가 분명하다 하겠다.

명종대에는 사마방목에는 金時誨가 있는데 사마록에는 이름이 없다. 金時誨는 본관은 안동, 명종 16년(1561)에 진사 합격하고 1567년에 문과 급제하였는데, 임진왜란 때 진주대첩에서 순절한 진주목사 김시민의 동생이기도 하였다. 그의 할아버지, 아버지도 진사, 문과에 급제하였는데 거주지는 서울, 괴산 등으로 나온다. 방목에 거주지가 청안으로 나오지만 그의 가계가 모두 『괴산군읍지』에 수록되어 있는 것으로 미루어 김시회의 거주지도 괴산으로 보이며, 따라서 이름이 청안사마록에 오르지 않은 것이라 하겠다.

18 한국역대인물종합정보시스템(http://people.aks.ac.kr)

19 묘소는 괴산군 청안면 청룡리 원회룡동 곤좌지원이라 되어 있다.(『불멸의 문화유산』, 251쪽)

선조대에는 사마방목에는 12명, 사마록에는 11명의 이름이 보이는데 빠진 이는 柳敬元으로 본관은 진주, 선조 9년 진사, 선조 21년 문과에 급제하였다. 그의 부친도 진사(유찬, 명종 19년 진사, 거주지는 안성)이고, 뒤에 편찬된 『청안현읍지』 인물 문과 조항에 이름이 오르고 있는데 왜 사마록에 이름이 빠졌는지는 잘 모르겠다.[20]

광해군대에는 사마방목에는 8명(황원은 兩試로 7명)인데 추가로 조사된 청안 출신이 1명이 있어[21] 모두 8명이다. 사마록에는 7명이 등재되어 있어 빠진 인물은 金尙夏(1591~)이다. 김상하는 사마방목에 의하면 본관은 光山, 광해군 8년(1616)에 생원 합격하였다. 그의 증조는 명종대 진사 김광우, 조부 김응귀(진사, 문과, 청주), 백부 김질간(진사, 문과, 청주), 사촌 김주하(생진양시, 문과, 서울) 모두 사마록에 등재되어 있다. 김상하가 사마록에 이름이 없는 이유는 관학유생으로 인목대비의 유폐를 주장한 疏頭로 활약하였고[22], 인종반정 후 멀리 도망간 사람으로 분류되었기 때문으로 보인다.[23] 따라서 사마록을 복원할 때 누락시켰을 것이다.

인조대에는 사마방목에는 6명인데, 사마록에는 5명만 기재되어 있다. 빠진 한 사람은 인조 26년(1648)에 생원 합격한 金得齡(본관은 안동)이다. 그런데 그는 사마방목에 許通이라 기재되어 있어 庶子임을 곧바로 알 수 있다. 안정복의 「司馬所約令」에

> 청금록에 들어 있는 고을 유생 가운데 사마시험에 합격한 사람들은 모두 入錄하고 방목의 순서대로 써 넣는다. 閑散庶孼로 위차에 방해가 되는 자는 입록하지 않

20 「만가보」에는 유경원 이후에 이름이 없어 혹 후손이 끊긴 것과 관련이 있는지도 모른다.(한국학자료센터(http://www.kostma.net)

21 광해군 1년(1609) 증광시에서 진사 합격한 李禮元으로 「사마방목 CD」에는 거주지 미상인데, 한국역대인물종합시스템(http://people.aks.ac.kr)에는 청안으로 나온다.

22 「館學儒生 金尙夏等上疏曰.請貶降西宮(時 仁穆王后在西宮.尊號」(정충신, 『北遷日錄』 皇明萬曆四十五年 丁巳(卽光海君九年也)十一月一日[壬戌])

23 『연려실기술』 권23 인조조고사본말 계해년의 죄적. 멀리 도망간 사람 116명 가운데 김상하(폐모소에 참여) 이름이 보인다.

는다.

라고 하여 양반 신분이 아닌 사람들은 배제한다고 하였다. 따라서 안동 김씨 가계에 과거 급제자가 다수이지만 김득령은 신분적 하자로 말미암아 사마록에 이름이 올라가지 못하였던 것이다. 신분 규제는 고을의 형편, 양반 사족의 세력 정도, 서로 간의 친소 관계 등에 따라 달랐겠지만 양반 신분에 한하여 사마록 입록이 허용되었는데 청안 사마소도 다른 고을과 마찬가지로 신분 원칙을 지키고 있음을 알 수 있겠다.

효종, 현종, 그리고 숙종 29년(1703)까지 청안 출신의 생원 진사는 4명 모두 사마록에 이름을 들어 있다. 방목과 1명 차이는 1702년에 합격한 유성위가 나중에 등재되었기 때문이다.

이상과 같이 1703년에 사마록을 만들면서 청안 출신 생원 진사들의 이름이 선택되는 것을 추측해 보았다. 사마방목에는 이름이 있으나 사마록에는 이름을 올리지 못한 생원 진사가 모두 5명(곽보민 포함)인데, 자료 부족과 함께 정치적 이유(인조반정)로, 그리고 중요한 것은 서얼이라는 이유로 사마록에 이름을 올릴 수가 없었음을 알 수 있었다.

사마록에는 다른 고을의 생원 진사도 이름을 올릴 수가 있다.[24] 청안 사마록도 예외는 아니어서 15명이 다른 고을 출신자였다. 이들이 어떤 연고로 청안 사마록에 이름을 올렸는지를 차례로 알아보도록 하자.

24 사마안에는 「대대로 살고 있는 사람, 고을을 떠난 사람, 처가살이하는 사람을 남김없이 기록한다」(「咸寧司馬錄序」(경상도 함창)) 고 하였고, 또는 외향과 처향의 연고가 있으면 이름을 올릴 수 있었다. (『명종실록』 권4 명종 원년 8월 23일(정미), 『인조실록』 권15 인조 5년 3월 24일(신묘), 『현종실록』 권4 현종 2년 9월 13일(기축) 』현종실록 권10 현종 6년 5월 22일(정미) 등)

〈표 3〉 사마록에 오른 청안 출신이 아닌 생원 진사 명단

	이름	본관	직역	거주	읍지	연고
1	김광우	광주	생진(1507)	천안	○	괴산군 청안면 청룡리 원회룡동(묘)
2	이경달	전주	생진(1531)	서울	○	괴산군 증평읍 남하리 서당동(묘)
3	유 업	문화	생원(1585)	진천	○	
4	김응귀	광주	진사(1573)	청주	○	김광우(①) 아들 괴산군 청안면 청룡리 원회룡동(묘)
5	김질간	광주	진사(1588)	청주	○	김응귀(④) 아들 괴산군 청안면 청룡리 원회룡동(묘)
6	김주하	광주	생진(1613)	서울	○	김질간(⑤) 아들 괴산군 청안면 청룡리 원회룡동(묘)
7	김득배	안동	생원(1615)	서울	○	경상감사 김치의 조카(10번 김득신과 4촌)
8	조 변	순창	생원(1615)	괴산		사마방목에는 조분(趙坌)으로 읽음
9	장 선	인동	생원(1630)	괴산	○	청안 출신 생원 장홍점 아들 괴산군 청안면 청룡리 백목동(묘)
10	김득신	안동	진사(1642)	서울		경상감사 김치 아들(문집 백곡집) 선영 근처에 醉默堂을 짓고 낙향 清安 龜山 선영에 葬事
11	김상우	광주	생원(1650)	未詳	○	김질간(⑤) 손자 괴산군 청안면 정자리(묘)
12	변 규	초계	진사(1660)	청주		괴산군 도안면 도당리(묘) 26세 사망(?)
13	김취강	광주	생원(1691)	공주		김응귀(④)-김질간(⑤)- 후손?
14	김두수	안동	생원(1693)	서울	○	
15	이철준	고성	진사(1669)	청주		이무-이당---후손?

광주 김씨 김광우의 후손(1, 4, 5, 6, 11, 13)들은 사마방목에는 다른 고을 출신자로 기재되어 있지만 모두 읍지에 등재되어 있고 묘소가 청안에 있어 이들의 연고지가 청안임을 알 수 있겠다. 안동 김씨(7, 10, 14)도 묘소도 있고, 읍지에도 등재되어 있어 청안과 연고가 있음이 확실하다 하겠다.

중종대 李景達(2)은 1531년에 생원 진사시에 동시 합격하였다. 본관은 전주, 거주지는 서울로 되어 있는데 묘소는 청안에 있으며, 유업(3), 장선(9), 변규(12)도 같은 경우로 청안과 연고가 있다고 할 수 있겠다. 그리고 이철준(15)도 선조들의 연고로 보인다.

나머지 한명 조변(8)만 청안의 옆 고을인 괴산이지만 자료가 없어 연고를

잘 알 수 없는 실정이다.

〈표 4 〉1703년까지 청안 사마록 등재 성관(수령 제외)

성관	중종	선조	광해	인조	효종	현종	숙종	합계	비고
안동 權		1				1 (서울)		2	
광주 金	1 (천안)	2 (청주)	1 (서울)		1		2 (공주,서울)	7	조-부-자-손
안동 金			2	2 (서울1)				4	부-자,4촌간
초계 卞						1 (청주)		1	
영산 辛		1						1	
의령 沈				1				1	
문화 柳		1 (진천)						1	
곡산 延			4	1	1		1	7	부-자,형제, 4촌?
전의 李			1					1	
전주 李	1 (서울)							1	
고성 李		3					1 (청주)	4	부-자/ 이철준
풍천 任		1						1	
인동 張		1		3 (괴산1)			1	5	부-자-손
옥구 張						1		1	
순창 趙			1 (괴산)					1	
평양 趙		1						1	
안동 崔		1						1	
청주 韓		1						1	
평해 黃		1	1					2	숙-질
(합계)	2	14	10	7	2	3	5	43	

〈표 4〉에서 보듯 사마소를 설립하는데 앞장섰던 연세화(곡산), 장거원(인동), 김두수(안동), 김취강(광주)은 모두 여러 명의 생원 진사를 배출한 청안의 유력한 양반 성관이었다. 이는 사마소의 중건과 사마록의 재작성이 양반

사족들의 신분적 우위를 내세우는 목적을 담고 있음을 말해주는 것이고, 변해가는 향촌질서를 재확립하려는 의도를 담고 있다고 하겠다.[25]

『사마록』 말미에 다음과 같은 규식이 기재되어 있다.

1. 매년 한번 講信한다.
1. 新榜하여 추가로 들어오는 사람은 이름을 써넣는 날에 자기가 別膳을 마련하여 行禮한다.

그리고 병신년 11월 27일이라는 날짜 다음에 「先進 張, 延, 金」이라 써 있고 각각의 아래에 手決이 들어가 있다. 사마록이 마련되는 1703년 이후의 병신년이라면 1716년, 1776년, 1836년 가운데 하나일 터인데 1716년일 가능성이 가장 높아 보인다. 先進이라 써 있는 세 사람은 청안 사마소의 재임이라 하겠고, 1716년 당시의 생원 진사 가운데 장거원, 연세화, 김보(1715년 생원)일 가능성이 크다고 생각한다.[26] 『잡동산이』 사마소약령에

都有司는 1인으로 생원 진사 가운데 나이와 덕망을 겸한 사람을 택하여 삼고, 掌議는 2인으로 생원 진사 가운데 門望과 행의를 겸비한 사람을 택해 삼는다.

라고 규정하고 있는데, 청안도 도유사 한명에 장의 2명을 두었다.

25 이 시기에 사마소 중건과 사마안 재작성에 대해서는 윤희면, 「경주 사마소에 대한 일고찰」 『역사교육』 37 · 38합, 1985.(본서 1장 참조). 『청안사마소』 논문에서는 광해군대 건립되는 구계서원의 배향이 학행 위주로 된 것에 불만을 품은 영산 신씨, 광산 김씨, 곡산 연씨, 인동 장씨 가문의 움직임을 사마소 중건의 이유로 추론하고 있는데, 어색한 추측으로 보인다.(61쪽)

26 『청안사마소』에서는 김보 대신 김두수나 김취강으로 보고 있고, 또한 이들이 사마소 중건에 앞장선 인물들로 보고 있다.(주 13). 그러나 병신년(1716)이라는 연대 차이를 생각하지 않은 견해이기도 하다.

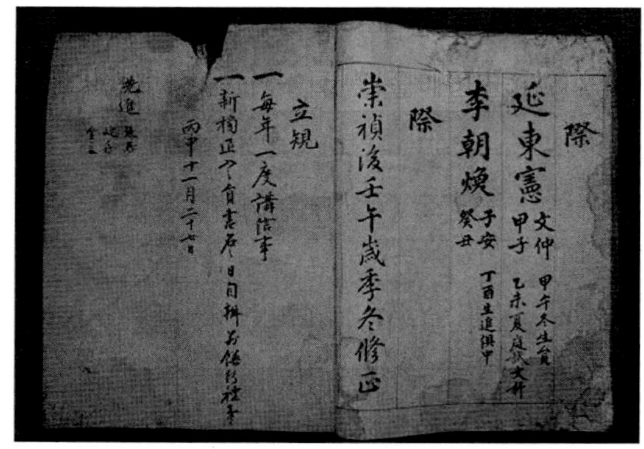

〈청안 사마록 마지막 장〉

사마소의 활동은 어떠하였을까.『잡동산이』사마소약령에

> 향읍의 생원, 진사들이 結契하여 會集하는 곳을 사마소라 일컫는다. 邑底에 수칸의 건물을 갖추고 춘추로 設宴하여 화목함을 돈돈히 한다. 경전의 요지를 강론하고 혹 行義를 격려하여 藏修하는 곳으로 삼으니 역시 하나의 學宮이다.

고 한 것에서 춘추의 설연이 바로 講信을 가리킨다. 강신이란 회원들이 한 자리에 모여 향음주례를 하고 우의를 다지는 것을 말한다.[27]

규식에 新榜 行禮란 합격한 생원 진사가 신입인사를 하는 것을 말한다. 새 생원 진사가 사마소를 방문하여 기존의 생원 진사들에게 새로 합격하였음을 알리면, 기존의 생원 진사들은 齋會를 열어 새로 합격한 생원 진사의 이름을 사마록에 올리는 것을 결정하였는데 이를 題名(付標, 入錄이라고도 한다)이라고 한다. 그러나 새 생원 진사들이 모두 참가자격이 있는 것은 아니었다.

27『증보문헌비고』교빙고4 본조중국교빙 명종 22년,『숙종실록』권4 원년 10월 26일(신해) 등. 사마소의 재식은 대개 비슷했던 것 같으며 사마소 운영의 공통점으로 들 수 있는 것으로 춘추강신, 상호부조, 친목도모 등이라 할 수 있다.

향교와 서원은 유생이[28], 향안은 鄕員이[29] 천거하고 圈點하듯이 사마소도 기성의 회원들이 새로운 사마 합격자를 천거하고 권점하는 과정을 거쳐 사마록 등재 여부를 결정하였다. 권점의 기준은 물론 고을과의 연고 여부와 신분의 하자였다. 따라서 양반 신분이 아닌 생원 진사의 사마소 출입과 사마록 입록은 애초부터 불가능한 일이었다.

사마록 입록의 결정이 나면 이를 해당 생원 진사에게 통고하게 된다. 통고받은 새로운 생원 진사는 3월이나 9월에 있는 사마소 모임날에 방문하여 사마록에 이름을 올려주는 것에 대하여 감사의 표시로 읍례를 하고, 新入禮錢을 납부하고[30] 잔치를 벌이는 것이 관례였다. 잔치를 新參會[31], 또는 文酒會[32]라고 부르기도 하였다. 그리고 새로 사마록에 이름을 올린 생원 진사는 성균관에 올라가 대과 공부를 계속하였을 것이고, 형편이 닿지 않으면 고을에 남아 사마소에 드나들었을 것이다.

3. 사마록의 위기와 읍지와의 갈등

청안 사마소 건립과 44명(이전 38명, 현재 6명)의 명단을 담은 사마록이 1703년에 작성된 이후에 생원 진사가 합격하면 이들을 차례로 받아들여 사마록에 입록하였다. 처음으로 받아들인 사람은 진사 임척이었다. 그의 진사 합격은 1689년인데 거주지는 사마방목에는 충청도 全義라 되어 있다. 그는 사마록 등재 진사 임협의 후손으로 청안 사마소에 입록을 요청하여 허락을 받은 것으로 볼 수 있다. 그리고 정조 원년(1777년)의 생원 진사 양시합격자 李朝煥을 끝으로 사마록을 일단 마무리하면서 19번에 걸쳐(際의 표시) 25명의

28 안정복, 『잡동산이』 사마소약령, 『玉山書院立議』(광해 10년 10월 7일) 등

29 밀양군 「향헌」(『영남향약자료집성』, 1986, 441쪽)

30 「1. 新榜 追立員이 당초 1량, 지금부터 3량」(『함창연계당완의』 추가 완의)

31 全球(1724~1806), 『半巖集』 己酉臘月立春日設司馬所新參會(경상도 영주)

32 「1. 무릇 추후에 과거에 합격하여 당연히 이 연계안에 들어가야 할 자는 대략 四館의 許參禮를 모방하여 술항아리를 갖추어 一場에서 文酒會를 열도록 하였다.」(「단양연계회시첩」(1688년))

생원 진사를 받아들인 것으로 되어 있다.

청안현의 현감은 문과, 무과 급제자도 있지만 주로 음관이 임명되는데[33], 현감 가운데 생원 진사에 합격한 사람들을 사마록에 입록하였다. 모두 7명의 현감이 입록되어 있다. 고을에서 합격자가 나오지 않을 경우 현감 한 사람만 이름을 올리고 際라 구분하기도 하였다. 현감을 사마소 일원으로 받아들인 것은 재임기간 동안 사마소 운영에 협조를 받고 수령과 관계를 돈독히 할 목적이었다.

1703년부터 1777년까지 청안 출신 생원 진사합격자는 사마방목에 의하면 10명이었다. 10명 모두 사마록에 입록되었는데 중간에 역적으로 몰려 사형당한 진사 楊敏益이 削籍되어 9명만 이름이 남아 있다. 어쨌든 사마록에 오른 9명(실제는 10명)은 신분적 하자를 찾아볼 수 없는 생원, 진사였다.

다른 고을출신 생원 진사 8명은 풍천 任 2명, 안동 권 2명, 옥구 장 1명, 성주 이 1명, 전주 이 1명, 인천 蔡 1명으로 거주지가 전의, 청주, 서울, 강릉, 진천 등으로 나온다. 이들 가운데 임, 권, 장 등 5명은 선대가 사마록에 오른 연고가 있고, 인천 채와 전주 이는 읍지에 이름이 올라 실제로는 청안에 거주하고 있다고 해도 좋을 것이다. 나머지 성주 이씨 李喜春(1705년 생원, 1713년 문과, 거주지는 강릉)은 『아산현읍지』 인물 문과조에 아버지 이태기(현종대 생원, 문과)와 함께 올라 있어 그가 아산 출신임을 알게 해준다. 외향이나 처향의 가능성이 엿보이기는 하나 청안과의 연고는 아직 찾지 못하였다.

이처럼 청안 사마소가 숙종 29년에 다시 건립되고 사마록이 작성되어 이후에 합격하는 생원 진사들을 신분을 가려 계속 입록해 왔다. 그런데 청안 사마소에 커다란 위기를 가져온 것은 영조 4년(1728)에 일어난 무신란이었고, 그 여파로 영조 14년(1738)에 청안사마소의 진사 楊敏益이 대역부도죄로 처형되는 사건이 발생하였다.[34]

33 『守令先生案草册』

34 조윤선, 「18세기 청주지역의 모반.괘서사건」 『호서사학』 50, 2008.

영조 4년에 이인좌가 난을 일으켜 청주를 점령하고, 청안현도 일시 점령되어 가짜 현감이 임명되어 고을에 오기도 하였다. 안성전투에서 정부군에 패배한 이인좌는 서울로 압송되어 효수되었고 난은 종식되었다. 그리고 亂 당시 청안현감이던 李廷說은 印符를 팽개치고 도망하여 난이 종식된 뒤 罪死 당하였다.[35] 그 여파로 이정렬(본관은 전주, 1687년 생원)은 사마록에서 이름이 삭제되었다.

10년 뒤 청안현 근서면에 사는 양시박이 자기 동생 양시유를 양자로 보낼 정도로 친밀하게 지내던 7촌 당숙 진사 楊敏益과 논에 물대는 문제로 다툼을 벌이다가 楊就道 양민익 부자가 대역부도죄를 저질렀다며 고변하는 사건이 발생하였다. 양민익(1691~1738)은 본관은 안악, 驪州 동면에서 태어났으나 본가인 청안에서 살았으며, 숙종 43년(1717) 식년시에 진사 합격하였다. 그의 할아버지는 현감, 외조는 선전관, 아버지 양취도는 영조 4년에 청안향교의 도유사를 지냈다고 하니[36] 상당한 양반 집안이었을 것이고, 진사 합격과 함께 청안사마록에 이름을 올렸다. 양민익은 경종 3년에 청안현에 있는 李浚慶을 모신 龜溪書院의 사액을 청하는 상소의 疏頭이기도 하였다.[37].

처음에는 개인적인 원한으로 빚어진 일로 보았다가 대질심문 끝에 양취도는 이인좌가 명분이 바르다고 했다면서 대역부도의 죄를 시인했다. 그리고 바로 軍器寺 앞길에서 능지처사되었다. 진사 양민익 역시 죄를 시인했으므로

35 『영조실록』 권16 영조 4년 3월 병자, 『영조실록』 권18 영조 4년 5월 을묘. 『守令先生案草册』에는 「李廷說. 지난 갑진년에 도임하여 무신년 여름에 사로잡혀 罪死하였기에 原案의 井間에 성명을 써넣지 않고 비워두었다.」라고 추기되어 있다. 그리하여 『사마록』에는 李廷說의 이름이 刀削되고 「丁卯秋生員」이라고만 기재되어 있다.

36 「楊敏觀을 국문하니 자복하지 않다가 또 말하기를, "신의 아비가 무신년에 본 고을 校宮의 都有司이었는데, 그 때에 金保와 申得己 등이 농담하기를, '이 역적이 가쉬(假倅)로서 만일 謁聖하려고 한다면, 도유사는 장차 어떻게 대처하겠느냐?'고 했는데, 이는 한때의 농담에 지나지 않는 것이었습니다.」"라고 하였다.(『영조실록』 47권, 14년(1738) 7월 4일(갑인) 1번째 기사), 『국역 추안급국안』 58책 257쪽. 청안향교 『재임안』에는 양취도의 이름은 없고, 양시진이라는 인물이 1720년에 掌議로 나오기는 한다.

37 『승정원일기』 559책 경종 3년 10월 15일 (신유)

양취도와 같은 형률이 적용되어 같은 날, 같은 장소에서 磔刑에 처해지고, 동생인 양민관 역시 다음날 堂古介에서 不待時 絞刑에 처해졌다. 고변한 공로로 상까지 받은 양시박이 사건이 끝난 지 얼마 되지 않아 양민익 친족들에게 살해되었다. 이 사건을 임금과 대신들이 처음에는 단순 살인사건으로 취급하고 싶어 했으나 안핵사 남태량이 올린 별단에, 죄인들 모두 나라를 원망하는 不道한 말을 했다는 보고가 올라오자 영조는 태도를 바꿔 양시박을 살해한 죄인들을 직접 친국하였다. 청안의 인심은 고약해서 조금이라도 불만이 있으면 노래를 지어 헐뜯는 것이 본래의 풍습이라는 안핵사 남태량의 지적도 있었던 터였다. 결국 범인 5명이 사형을 당하고 청안 고을에 효시되었다.

청안 사마록에 이름이 오른 양민익은 자연히 사마록에서 삭적되었다.[38] 양민익의 심문과정에서 청안의 진사 金龜錫[39], 청주의 진사 權世秤[40] 등의 이름이 거론되기도 하였다. 그래서였는지 『사마록 2』에는 김귀석을 포함한 8명의 이름이 제외되어 있다. 즉 양민익을 포함하여 이전의 3명, 이후의 5명 등 9명이 명단에서 누락되어있다.

양취도는 청안 출생이고, 양민익은 여주 출생인데 여주는 왕릉이 있는 곳이기에 강읍되지는 않았고, 더불어 청안현도 강등되지 않은 대신 가장 낮은 현의 서열로 내려앉았다.[41] 청안현이 강읍은 면하였지만 사마록에서 수령을 포함하여 10명이 삭적이 되는 등 사마소가 위축되고, 양반사족이 서로 몸조심을 하는 분위기가 지속되는 중에 청안현에 닥친 또 다른 문제는 『여지도서』 편찬이었다.

영조 33년(1757) 8월에 영조는 8도에 명령을 내려 읍지를 편찬해 올리도록 하였다. 이들 읍지를 모은 『여지도서』 작성 목적은 지방통치에 이용하고자 함이었다. 올라온 읍지들이 통일된 체제를 갖추지 못하였기에 다시 범례를

38 『사마록』에는 刀削 표시가 되어 있으나 『사마록 1』, 『사마록 2』에는 아예 표시조차 없다.
39 『국역 추안급국안』 58책 271쪽
40 『승정원일기』 897책 영조 15년 9월 11일 (을묘)
41 『승정원일기』 875책 영조 14년 7월 25일 (을해)

정해 수정해 올리도록 하여 영조 41년에 일단 완성을 보이기는 하였지만 읍지를 만들어 올리지 못한 고을이 39곳이나 되었다.[42] 영조 51년(1775)에 후속작업이 다시 추진되었지만 곧 영조가 죽어 결국 미완성 상태가 되었다. 『여지도서』에 누락된 고을이 많은 것은 중앙에서 제시한 기준과 사족들이 생각하는 기준이 다르기 때문에 사족들의 입김이 강한 고을에서는 읍지 작성이 지체되거나 아예 이루어지지 못해 누락된 것으로 추측하고 있다.[43] 청안도 읍지가 완성되지 못한 고을 가운데 하나인데[44], 이는 무신란과 양민익 사건 이후 위축된 청안 사족들의 동향 때문으로 보인다.

정조 12년(1788)에 전국에 관문을 내려 읍지를 작성해 올리도록 명령을 하였다. 아마도 이때 만들어진 것으로 보이는 『청안현읍지』[45] 생원 진사 조항에는 1786년에 생원 합격한 신지락을 마지막으로 모두 43명의 생원 진사의 이름이 수록되어 있다. 일반적으로 읍지의 생원 진사 명단은 고을의 사마록 명단을 그대로 옮겨 적는 것이 보통인데, 청안현의 경우는 매우 다르다. 곧 1777년까지의 사마록 69명에 1783년, 1786년 합격자 2명을 더하면 모두 71명이 되는 셈인데, 읍지에는 43명만이 수록되어 있다. 이는 읍지에는 사마록과 달리 수령을 제외하고, 또한 청안현 출신자 또는 연고자 위주로 하였기 때문이었다.[46]

그런데 사마록에는 없는데 정작 읍지에 이름이 들어간 사람은 생원 金得

---

42 1973년 국사편찬위원회에서 영인 간행할 때 결본을 규장각, 국립중앙도서관, 최석우 신부의 소장 읍지에서 시대에 가장 가까운 것을 골라 보유편에 덧붙였다. (최영희, 「여지도서 해설」, 1973)

43 배우성, 「18세기 전국지리지 편찬과 지리지 인식의 변화」, 『한국학보』 85, 1998.

44 읍지가 만들어지지 않은 충청도의 3 고을은 온양, 定山, 그리고 청안이다.

45 『청안현읍지』(규-想白古 915.13-C421a). 규장각 해제에는 작성연대를 1770년으로 추정하였는데, 1788년경으로 보는 것이 타당할 것이다.

46 사마록에는 있는데 읍지에는 이름이 없는 생원 진사는 12명인데, 이 가운데 청안 사마는 신경행, 연동헌, 이당 등 3명이다. 연동헌은 이후 읍지에 문과 인물조에 新增으로 수록되어 있다. 신경행과 이당은 이후 읍지에도 없다. 이들이 누락된 것은 읍지 편찬을 사족들이 아닌 향족이나 향리들이 한 것에 원인이 있을 것이다. 나머지 9명은 다른 고을 출신자였기 때문일 것이다. 한 예로 김득신은 『괴산군읍지』에 오르고 있다.

齡, 생원 郭泰東 등 2명이다. 김득령은 앞서 설명한대로 서얼(허통)이기에 사마록에 오르지 못하였는데 읍지에는 당당히 이름이 올라있다. 곽태동은 사마방목의 미비로 확인하지 못하였다.[47] 아마도 이인좌란과 양민익 사건으로 위축된 청안 사족들은 읍지 편찬에 참여하지 못하였고, 그 대신 향족과 향리들이 주동이 되어 읍지를 작성하였을 것이다. 그러기에 사족들의 사마록과 읍지의 생원 진사 명단이 차이가 나는 것이며, 특히 서얼이 읍지에 오르는 매우 이례적인 현상이 나타나게 된 것으로 보인다.

1777년에서 일단 끝난 청안 사마록은 이후에도 계속 작성되어 1894년까지 19번에 걸쳐(際) 38명의 생원 진사 이름이 기재되었다.(『사마록 1』). 이 가운데 수령 19명이 이름을 올렸는데 문과에만 급제한(1885년) 현감 민치헌이 포함되어 있으며, 또한 현감 이병순(1804년 생원)과 그의 조카인 진사 이휘정(1816년 합격, 거주지는 예안)이 함께 이름을 올리는 이례적인 사례를 보여주고 있다. 청안 고을의 생원 진사 합격자는 사마방목에 의하면 1894년 과거제가 폐지될 때까지 모두 16명인데, 10명만 사마록에 이름을 올렸으며 정학교, 최석창, 이응호, 송헌무, 차재준, 이응우 등 6명은 이름을 올리지 못하고 있다.

丁學教(1832-1914)는 사마방목에 본관은 나주, 거주지는 청안, 직역은 유학, 철종 9년 식년시에 생원 합격하였다. 정학교는 조선 말기의 유명한 서화가로 대원군, 민영익 등과 서화로 교유하였으며, 글씨에 능하고 광화문의 편액을 썼다고 한다. 그가 譯學 생도방에 들어가기 전단계로 추천받은 인물들을 기록한 『完薦記』 속에 이름이 들어있는 白潤爽(본관 임천, 1884년 고종 21년 역과 완천)의 外祖로 나오는 것으로 보아 그의 신분은 양반과 거리가 있어 보이며, 혹은 서울로 거주를 옮겼기 때문일지도 모른다.[48] 따라서 사마록에

47 김득령, 곽태동은 이후에 작성되는 청안현읍지에도 계속 이름이 올라와 있다.

48 김두헌, 『조선시대 기술직 중인 신분연구』(경인문화사, 2013, 319-320쪽.) 정학교의 이름이 중인 족보인 『성원록』 등에 올라 있지 않아 신분을 판정하기가 어려운데, 양반 신분으로 庶女를 두어 외조로 나올 수도 있는 가능성도 배재할 수는 없다. 미술사 관련 논문에서는 정학교는 조부 丁祖가 천주교 탄압을 피해 황해도 장단에서 경상도 문경으로 이주하였고, 그 뒤 그의 가족들이 충청도 괴산, 청안을 거쳐 정학유가 생원 합격하고 나서 서울 외곽으로 거주를 옮겼다고 추정하고 있

이름을 올리지 못하였던 것으로 보인다.

崔錫昌은 1879년(고종 16) 식년시에 진사 합격하였는데, 그는 1902년에는 내장원 소속 義禁屯畓과 粮餉屯畓의 前舍音으로 나온다.[49] 역둔토 마름으로 나오는 그를 양반 신분으로는 보기 어려우며, 따라서 사마록에서 배제된 것으로 보인다.

그리고 車載準은 본관은 연안, 1891년 증광시에 진사 합격하였는데, 1886년에 작성된 청안현 호장 13명(車씨 5명, 남양 洪씨 2, 해주 吳씨 4, 경주 鄭씨 2)의 이름을 적은 『청당연재선생안』에 의하면 차재준의 아버지 車文求, 형 車悳準이 호장으로 올라와 있다.[50] 따라서 차재준은 향리 후손으로 儒業에 종사하여 향역에서 벗어나려고 노력한 인물이라고 볼 수 있다. 그렇더라도 사마록의 입록 기준에는 미치지 못하여 사마록에 이름을 올리지 못한 것이다.

나머지 李應鎬(본관은 전주, 1882년 증광시 생원), 宋憲武(본관은 은진, 1888 식년시 생원), 李應雨(본관은 경주, 1891년 증광시 진사) 등 3명에 대해서는 자료가 부족하여 신분을 확인할 수는 없지만, 이들의 성관이 사마록에 전혀 보이지 않는다는 점으로 미루어 양반신분은 아닌 것으로 추정할 수 있다.

다른 고을 거주자인 생원 진사로 사마록에 이름을 올린 이들은 9명인데, 사마방목에 의하면 거주지가 진천 2(광주 김), 괴산 1(안동 김), 光州 2(옥구 장), 칠원 1(초계 주), 순흥 1(덕수 이), 未詳 2(金好哲, 金明洙)으로 나온다. 진천, 괴산, 광주의 5명은 본관으로 보아 선대의 인연으로, 칠원의 주채형, 미상인 김호철(안동 김, 거주지 미상, 1891년 진사?)[51]은 읍지에 이름이 올라 있어 청

다. 1864년의 정학유의 최초 관직은 훈련원 副司勇(종9품)이라 한다. (김시빈, 「몽인 정학유의 괴석화 연구」, 명지대 대학원 미술사학과 석사학위논문, 2016)

49 한국역사정보통합시스템(http://www.koreanhistory.or.kr) 최석창 검색, 개항기문서인 『忠淸南北道各郡訴狀』(奎 19150) 5책 90쪽 a면(忠淸北道 淸安郡 近西面 曾川 居住 前舍音 崔錫昌(64세))

50 이훈상, 「조선후기 충청도의 영리와 향리, 그리고 이들의 기록물」『고문서연구』 50, 2017.

51 『사마예손후손록』 79쪽 우측. 金好哲(1827-1895)은 1894년에 진사 합격하였다고 되어 있으나 改名하였는지 사마방목에서 확인하지 못하였다. 묘의 소재지는 청안 동면으로 되어 있다.

안과의 연고를 엿볼 수 있다. 거주지 미상인 김명수는 본관은 광산으로, 사마록 등재자인 진사 김기풍의 현손이고 묘의 소재지로 보아 청안으로 짐작할 수 있으며[52], 나머지 한사람인 李敏道(본관은 덕수, 1885년 생원, 거주지 順興)만 연고를 확인하지 못하였다.

아무튼 이인좌란 이후 다소 위축된 청안 사마소이지만 여전히 양반사족들만 사마록에 이름을 올릴 수 있었음을 짐작할 수 있다. 그러나 읍지에는 사마록과는 다른 생원 진사 이름이 오르고 있었다. 19세기에 만든 읍지에 오른 생원 진사의 명단을 사마록과 비교하면 여전히 출입이 있는데[53], 사마록에 없는데 읍지에는 있는 생원 진사는 양반신분이 아니기에 배제된 최석창, 차재준 두 사람이었다. 이로 보아 읍지를 작성한 사람들은 앞서 1788년의 경우처럼 양반사족이 아닌 향족이나 향리들로 보인다.[54] 그리고 흥미로운 것은 사마록에 배제된 이응호, 송헌무, 이응우가 읍지에도 안보인다는 점이다. 이들은 아마도 향족과 향리에도 미치지 못한 신분이었기 때문이라 생각되며, 양반 사족과 어깨를 나란히 하려면서도 자신들보다 낮은 신분들은 철저히 배제하려는 향족과 향리들의 신분관을 여실히 보여주는 것이라 하겠다.

4. 1894년 이후 사마소 유지와 사마록 개정

갑오개혁으로 과거제도가 폐지되어 생원 진사가 더 이상 배출되지 않은 상태에서 사마록과 사마소는 존재 의미를 잃었다고 할 수 있다. 그러나 여전히

52 『사마예손후손록』 78쪽 좌측 가계 참조. 1891년에 생원 합격하였다고 하는데 사마방목에서는 확인하지 못하였다. 1930년대 만든 『사마계』 자료에 진사 김명수라고 나와 합격한 것은 확실해 보이기는 한다.

53 1825년 읍지 46명, 1864년 읍지 47명, 1899년 읍지 50명이 수록되어 있다. 사마록에 있는데 1899년 읍지에는 이름이 없는 청안 사마들은 장인협, 윤영섭, 연명회, 김기필 등이다. 이들의 누락 이유는 모르겠다.

54 1899년의 『청안현읍지』 인물 효자 항목을 보면 모두 15명 가운데 3명의 車氏가 등재되어 있을 정도이다. 1875년 읍지에는 효자 10명 가운데 차씨가 2명이 등재되어 있고, 1786년 읍지에는 7명 가운데 차씨는 한명도 없다.

후손들에게 관심의 대상이 되어[55] 계속 사마소가 중수되고 사마록이 재작성되었다.

1914년에 일제에 의하여 대대적인 지방제도 개편이 자행되었다. 청안현이 괴산군에 합쳐져 청안면이 되고, 청안현 일부가 청주군의 일부 지역과 합해져 증평면이 되었다.

청안의 후손들이, 아직 생존해 있는 생원, 진사를 포함하여, 계를 결성하였다. 그리고 거둔 돈을 가지고 1915년에 사마소를 중수하였고, 남은 돈을 식리전으로 활용하여 계원들에게 分給하였다. 이자율은 년4할에 달하였다. 그 뒤 매년 10월, 또는 11월에 계원들이 모여 작년에 분급한 원금과 올해 거둔 이자, 그리고 매년 거둔 契錢을 모아 사마소 존속과 계원들의 친목을 도모하기 위하여 사용하고(發文價, 유사 수고비, 飮用價, 부분적인 중수 때의 役軍 품값 등등), 남은 돈은 계 모임날 당일에 계원들에게 식리로 분급하는 것이 해마다 반복되는 관례가 되었다.[56]

특기할만한 일은 1917년에 사마소를 중수하고 남은 돈을 5명에게 식리로 분급하였는데, 사마록 후손인 계원들 4문중(月隱 辛씨, 連新 李씨, 右軍 延씨, 괴산 丁岩 崔씨문중)과 함께 1891년에 진사에 합격하였으나 향리 후손이기에 사마록에는 이름을 올리지 못한 車載準이 식리로 5량을 분급받은 점이다. 그 뒤 차재준 진사는 매년 식리전을 분급받고 있어 1917년 이후에는 사마소 계원으로 참여한 것으로 짐작할 수 있다. 그리고 1922년 10월 27일 捧上記에는 차진사와 함께 金進士라는 인물도 계전 남은 것을 분급받고 있다.[57]

아무튼 갑오개혁 이전에는 사마록에 이름을 올리지 못한 인물이 1920년대

55 「이 재를 중수함은 사문을 빛내는 것이다. 이 일을 한 자는 士人 이원서, 오정규로 모두 舊案의 후손들이다.」(『나주향교지』 (1993년) 사마재중수기(1906년))라고 한 羅州 사마재의 경우가 한 예일 것이다.

56 「司馬所重修後修禊記」(을묘 3월 15일)

57 김진사는 金明洙(1891년 진사, 사마록 1 등재)로 보인다. 그는 1927년 사마소 중수할 때 金進士明洙라는 이름으로 4원을 보조하였으며 거주지는 청주 屯洞으로 기재되어 있다.(『통문』 사마소중수시부족금보조록, 7번 우측)

에 이르러서는 비록 후손들이 하는 사마소계이지만 참여를 하여 표면적으로 신분의 구분과 갈등이 해소된 것처럼 보이기도 한다. 차재준은 1933년까지 매년 계전을 4할의 이자로 분급받고 있다.[58]

청안사마소의 수리는 계속 이루어져 1927년에도 사마소를 중수하였다. 여러 문중에서 수리비를 수합하였는데, 수리비가 부족하자 20개 문중과 개인에게 통문을 내어 추가로 협조를 부탁하였다. 문중의 이름으로 개인의 이름으로 보조금을 낼 때 차재준 진사도 1원을 내어 보조에 참여하고 있었다.[59]

1894년을 마지막으로 사마록을 더 이상 작성하지 않게 되었으나 사마소계에서 이전과는 차이가 나는 사마록을 1930년에 작성하였다. 곧 사마소의 보존을 위하여 청안면에 살고 있던 후손들이 사마록을 다시 작성할 때 예전 명단에 들어있던 수령, 청안 이외의 고을 생원 진사를 제외하고, 또한 같은 청안 출신이라고 해도 이제는 소속 군을 달리하게 된 후손들의 선조 명단을 제외하고 다시 정리하였던 것이다. 그리하여 40명의 생원 진사 이름을 담은 『선생자손록(庚午)』이 만들었다.[60] 그런데 매년 식리전을 분급받고 있어 1917년 이후에는 사마소 계원으로 참여한 것으로 짐작되는 차재준 진사는 정작 명단에 들어가지 못하고 있다. 여전히 반상을 가리는 관행을 버리지 못한 때문으로 보인다.

사마소계는 해방 이후에도 계속 유지되었다. 1951년에는 토지개혁에 대응하여 1936년에 계전 90원을 들여 10두락을 매입하였던 사마소답을 사마소 位土라고 地目을 변경하여 신고를 하였고, 1953년 이후에는 계전 남은 것을 白米로 바꾸어 식리를 하였다. 이자도 5할로 하였다. 이는 다음에 이루어질 사마소의 중수와 관련이 있다. 사마소계는 1958년을 끝으로 해산하였다.

58 「司馬所稧册」(己巳(1929) 11월)

59 『통문』 사마소중수시부족분보조록, 5번 좌측

60 『선생자손록(庚午)』의 작성연대는 표지에 庚午라 하였으니 1930년이라고 할 수 있다. 그런데 이후에 작성된 사마록, 특히 1963년에 작성된 『선생자손록(계묘)』과 비교하면 많이 중복되고 있어 1930년보다는 경자년(1960)으로 보이기도 한다. 그러나 경오가 誤字라고 확신할 수가 없어 1930년으로 볼 수밖에 없었다.

이는 1957년에 결정되었던 사마소의 대대적인 중수 계획에서 연유하는 듯하다. 1958년에 계원들에게 받은 쌀을 돈으로 바꾸고, 여기에 이전에 받아 남은 돈을 더해 만든 133,250원에서 11월 1일 곗날에 3250원을 비용으로 사용하고 남은 돈 13만원을 모두 사마소 중수비용에 충당하기로 하였다. 그리고 계원 모두의 동의를 받아 사마소계를 해산하기로 결정하였다.

사마소 건물관리는 해방 이후에도 계속되었다. 1947년 8월에 후손 20명에게 성금을 받아 사마소를 수리하였다. 1948년에도 사마소중수성연금(1957년 기록도 들어 있음)을 받았다. 후손 20명에게 적게는 200원 많게는 1500원을 받아 기와를 수리하였다. 6.25 전쟁이 아직 끝나지 않은 1952년 가을의 사마소 계모임에서 사마소 후손들은 사마소의 중수를 계획하고 돈을 모으기로 결정하였다. 그리하여 다음 해 2월에 유사 3명의 명의로 발문하여 계원 16명에게 백미 2-4두씩을 거두어 모두 31두를 거두었다. 그리고 계전 남은 것을 모두 白米로 바꾸어 식리를 하였다. 이자도 5할로 하였다. 전쟁 뒤의 쌀 부족을 이용하여 고리대를 운영하였다. 이는 1957년까지 이어져 誠米를 거두어 식리를 하여 백미 60두를 만들었고, 아직 성미를 내지 못한 사람들을 대상으로 쌀을 거두었다. 그리고 재원의 추가 확보를 위하여 사마소에 이름을 올린 생원, 진사의 후손들에게 한 이름 당 誠米 미납분으로 백미 5두 이상을, 성미를 이미 낸 사람에게는 5000원 이상을 갹출하자고 결정하고 각 후손들에게 통고를 하였다. 1957년에 성금목록을 보면 처음에 38명의 이름과 나중에 추가한 5명을 더한 모두 43명의 명단을 확정하고 이를 후손들에게 통고하여 성금을 내도록 하였던 것이다. 예를 들면 제일 먼저 이름을 올린 김광우 후손에게는 5000원을, 이경달 후손에게는 13000원을, 신경행 후손에게는 10000원을 각각 배정하는 식이었다.[61]

1958년의 사마소계 해체와 사마소 중수 뒤, 1968년에 이르러 후손들은 사

61 『사마소중수성연금록』(단기4286년 계사 2월 이후라고 표지에 기록됨)

마소를 조상들의 위패를 봉안하는 사마사로 변화시키기로 결정하였다.[62] 이에 따라 사마소 유지에 적극 참여하는 후손들만의 계모임을 만들고 사마록을 다시 작성하였다. 이들은 1970년에 향교 옆에 있었던 사마소를 현재의 위치로 이건하면서 건물도 팔작지붕에서 맞배지붕으로 바꾸어 사우로의 모습을 확실히 하였다. 그리고 1971년에 사마소의 관리를 청안향교에 위임하면서 사마소의 전답과 재산, 부채 모두를 청안향교에 넘겨주었다.[63]

〈청안사마소〉

62 「본 사마소는 숙종대 지곡 연진사 세화선생이 창건한 것이다. 역세 이래 훼손함에 따라 수리하였는데 봉안한 것은 단지 사마방목 한질일 뿐이다. 병신년(1956) 봄에 청안향교 유림들이 협의하여 설위하고 매년 9월 27일에 行祀하기로 하였다. 그런데 사우가 협소하고 위치도 적당하지 않다고 말한 지 오래되었다. 지난해 9월에 본 고을 정자동에 사는 장두환 선비가 진사 장거원 선생의 8대 손인데 사마소 도유사 옥구인 장현직, 장의 영산인 신학신, 청안향교 전교 전의인 이한성이 상호 주선하여 본도(충북) 지사로부터 거금을 얻어 같은 언덕 자좌지원으로 이건하였다.」(청안사마소 예손록서(전청안향교전교 안동후인 金思玉 謹識)

63 「사마소 수호 祭儀 일체 및 권리 의무를 청안향교에 영구히 이관한다. 1. 청안향교는 前記 사마소의 권리 의무를 영구히 인수한다. 1. 본일 현재로 左記 사마소 재산은 청안향교에 완전히 이관한다. 1. 본일 현재로 사마소의 부채는 一文도 無하다. 단 향교재산과 사마소재산을 別用 취급치 못하고 동일시 운영하여야 한다. 사마소 도유사 1, 장의 2, 자손대표 2명」(『決議錄』(1971))

1957년 사마소계를 해체하고 사마소를 중수할 때부터 1971년 사마사의 이름으로 청안향교에 관리를 넘기기까지 후손들은 사마록을 계속 작성하였다. 1957년 이후에 만들어지는 사마록 명단을 비교해 보면 상당한 변화 모습을 보여주고 있다.

〈표 5〉 1950년 이후 작성된 사마록과 기재내용의 특징

사마록 이름	수록 인원	기재 특징
『司馬榜目草案』(1957년)	78명	『사마록』, 『사마록 1』에서 수령 제외, 중간의 순서가 혼란되어 있음
『重修誠捐金錄』(1957년)	43명	미합격 사마 6명(곡산 연씨 4, 임천 조씨 2) 수록
『先生子孫錄』(1963년)	54명(3명은 중복되어 실제는 51명)	『사마록』, 『사마록1』을 바탕으로 성관순으로 정리하고 후손들의 이름을 世代 순서로 열거하고 있다. 3명이 끝에 중복 기재되어 있는 것은 후손을 추가 기재하였기 때문이다. 1957년의 미합격자 6명이 제외됨
『裔孫誠金錄』(연대미상)	68명	1957년의 미합격 6명과 또 미합격 3명(곡산 연씨 2, 광산 김씨 1) 등 9명이 추가
『司馬先生裔孫錄』(1970년)	106명 + 9명	미합격자 9명(곡산 연씨 6, 임천 조씨 2, 광산 김씨 1)을 명단 마지막에 기재
『司馬錄 2』(1970년경)	114명	광산 김씨 1명 제외한 미합격자 8명((곡산 연씨 6, 임천 조씨 2)을 연대 맞추어 끼워 넣음
『司馬先生姓孫親睦會』(1971년)	61명+ 9명	미합격자 9명(곡산 연씨 6, 임천 조씨 2, 광산 김씨 1)을 명단 마지막에 기재
『司馬先生姓孫親睦會』(1971년) 附載 1971년 위차	55명 + 7명	연씨 2명 제외하여 미합격자 7명(곡산 연씨 4, 임천 조씨 2, 광산 김씨 1)을 마지막에 기재

1957년에 사마소를 중수하면서 『사마방목초안』을 작성하였는데, 앞서 『사마록』, 『사마록 1』에서 수령을 제외하고 모두 78명의 명단을 담았다. 아마도 성금을 받을 것을 예상하고 작성된 명단으로 보이는데, 기재 순서가 본래의 사마록과 비교하면 중간 부분에서 매우 혼란스럽게 되어있다. 이러한 초안을 다시 수정하여 43명의 『중수성연금록』을 작성하였다. 이는 성금의 납부 여부와 관련이 있는 것 같은데, 적게는 5000원, 많게는 15000원을 후손들로부터 받고 있다. 주로 청안 거주의 생원 진사를 중점적으로 올렸으며, 또한 초안에는 없던 합격하지도 않은 인물 6명(곡산 연씨 4, 임천 조씨 2)이 명단에 오른 점이 주목된다. 이는 선조를 빛내려는 후손들의 열망과 재정 확보책

이 반영된 것으로 보인다.

1963년에 『선생자손록』을 다시 작성하였는데, 모두 54명이 기재되어 있다. 기존 사마록에서 성관별로 정리하면서 후손 관계를 정리하고 있다. 끝에 3명의 이름이 중복되어 나오는 것은 후손들을 추가로 기재하고 있기 때문이다. 1957년의 『중수성연금록』에서의 미합격자를 모두 제외하고 있다.[64]

『예손성금록』(연대미상)이 다시 작성되는데, 모두 68명이 수록되어 있으며 1957년의 미합격 6명에다 또 미합격 3명(연씨 2, 광산 김씨 1)이 추가되어 모두 9명으로 늘어나고 있음이 특징이다.

1970년에 사마소를 현재 위치로 이건하면서 사마록 작성이 다시 진행되었는데, 『사마록』, 『사마록 1』의 106명에다 『예손성금록』의 미합격 9명을 맨 마지막에 추가하여 모두 115명의 이름을 담아 『사마선생예손록』(경술)이라 이름하였다. 그리고 『예손성금록』을 바탕으로 미합격 사마를 중간에 끼워 넣어 순서를 맞추려고 한 『사마록 2』를 작성하여 모두 114명의 이름을 수록하였다.[65]

1971년에 『사마선생성손친목회』의 명단 뒤에 사마소에 모실 생원 진사 61명의 사마를 추려서 열거하고 여기에 미합격 9명을 맨 마지막에 첨가하여 70명의 명단을 작성하였다. 이들의 매 이름마다 후손들의 이름을 함께 올려 일종의 족보의 형식으로 만들어 첨부하였다. 그리고 1971년에 사마소를 사마사로 바꾸면서 모실 위패를 위해 명단을 다시 정리하여 『사마선생姓孫친목회』의 끝에 붙여 넣었다. 그리하여 최종적으로 사마선생 후손으로 구성된 『사마선생姓孫친목회』(신해)라는 이름 속에 사마 55명을 열거하고 미합격 7

64 합격하지도 않은 파평 윤씨 2명이 추가된 것으로 보이기도 하나 이는 후손을 추기할 때 칸을 낮추어 기재하지 않았기 때문으로 보아야 할 것이다.(국편-전자사료관-청안-청안향교 선생자손록 48쪽)

65 1명 차이는 합격 여부가 불확실한 金在源이 빠져있기 대문이다. 그는 1971년 62명의 위차에 다시 포함되어 있다. 『사마록 2』에 미합격자 9명이 수록되는 것을 19세기 이후 본격화된 동족마을의 형성과 관련지어 설명하고 있는데(『청안사마소』 62-63쪽), 미합격자 수록이 1957년부터 시작되고 있음을 알지 못했기 때문일 것이다.

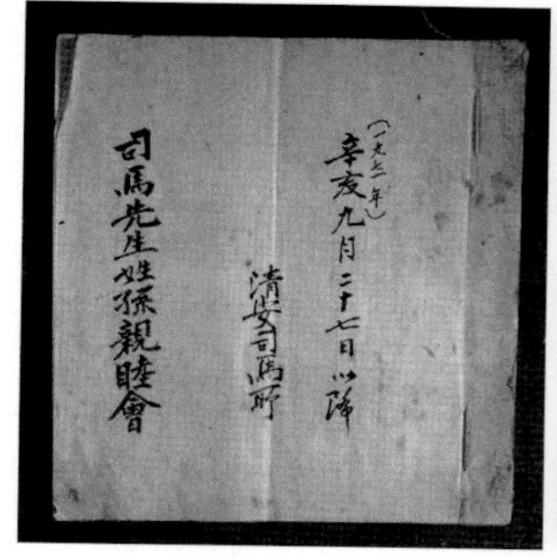

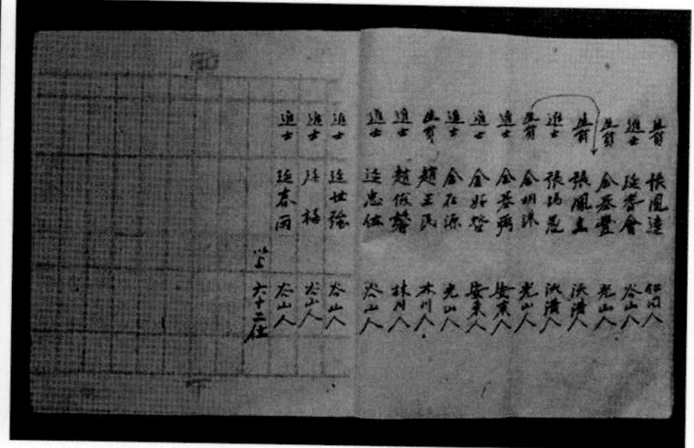

〈사마선생姓孫친목회(신해)〉

명(곡산 연씨 4, 임천 조씨 2, 광산 김씨 1)을 맨 끝에 추가하여 62명(62位)의 명단을 작성하여 그 순서대로 位次(列位 序次)를 정하였다. 그리고 앞서 설명한대로 사마사의 운영을 청안향교에 모두 넘기는 일이 이어졌다.

해방 이후의 사마록 추이를 요약하면 사마록 후손들의 이해관계, 거주 여부, 성금 납부 여부에 따라 인원의 출입이 계속 일어났으며, 선조를 빛내려는 후손들의 열망과 재정 확보책으로 미합격 생원 진사가 명단에 오르는 일이 계속되어 지금까지 이어지고 있다고 하겠다.

5. 맺음말

이상과 같이 청안 사마소의 건립과 사마록 작성, 그리고 갑오개혁 이후 사마소와 사마록이 유지되고 재작성되는 모습을 살펴보았다. 논의한 것을 요약하면 다음과 같다.

청안현에 사마소가 설립되고 사마록이 작성된 때는 선조 39년(1606년)에는 6명이, 광해군 4년(1612)에는 3명이 한꺼번에 생원 진사에 합격하던, 대체로 1610년 전후라 짐작된다. 그 후 생원 진사가 많이 나오지 않아 침체되었으며, 청안에서 사마록이 다시 작성되는 때는 숙종 29년(1703)에 이르러서였다.

숙종 13년(1687)에 진사 합격한 延世華가 비슷한 시기에 합격한 3명과 함께 현감 南明夏에게 도움을 요청하여 향교 남쪽에 사마소를 다시 만들고 이전의 사마록과 청금록, 家乘, 견문 등을 모아 자신들 이전의 사마 38명을 연대 순서에 맞게 수록하고, 수령과 현재 5명을 담아 모두 44명의 사마록을 작성하였다.(『사마록』) 사마록에 이름을 올리지 못한 청안의 생원 진사가 모두 5명인데, 자료 부족과 함께 정치적 이유(인조반정)로, 그리고 서얼이었기 때문이었다.

다른 고을의 생원 진사도 이름을 올릴 수가 있는데, 이들 대부분은 읍지에 등재되어 있고 묘소가 청안에 있는 인물들이었고, 또는 선조들의 연고가 있었다.

사마소를 설립하는데 앞장섰던 생원 진사들은 여러 명의 생원 진사를 배출한 청안의 유력한 양반 성관들로, 양반사족들의 신분적 우위를 내세우는 목적을, 그리고 변해가는 향촌질서를 재확립하려는 의도를 가졌다고 할 수 있다.

청안 사마소는 도유사 1명과 장의 2명의 재임을 두어 운영하였고, 講信을 열어 향음주례를 하고 우의를 다졌으며, 새로운 생원 진사가 합격하면 신분을 가려 천거와 권점을 하고, 신참례를 행하였다.

사마록이 1703년에 재작성된 이후 정조 원년(1777년)까지 신분적 하자를 찾아볼 수 없는 생원, 진사 합격자와 다른 고을이지만 청안과 연고를 가진 생원 진사를 모두 19번에 걸쳐(際의 표시) 25명을 받아 들였으며, 청안현의 현감 가운데 생원 진사에 합격한 사람 7명도 함께 입록하였다.

1728년(영조 4)의 戊申亂의 여파로 현감(이정열)이 罪死하여 사마록에서 刀削되었고, 1738년(영조 14)에는 진사 양민익이 대역부도죄로 처형되는 사건이 발생하였다. 그리하여 양민익을 포함하여 전후에 등재된 9명의 생원 진사 이름이 지워졌다. 위축된 청안 양반사족들의 형세를 반영하듯 영조 33년(1757)의 『여지도서』 작성에서 읍지가 완성되지 못하였고, 정조 12년(1788)경에 만들어진 『청안현읍지』에는 모두 43명의 생원 진사의 이름이 수록되어 있는데, 특히 서얼이 이름이 올라가는 이례적인 모습을 보이고 있다. 청안 사족 대신 향족과 향리들이 읍지를 작성하였기 때문일 것이다.

침체된 청안 사마소이지만 1894년까지 양반 신분만을 가려 생원 진사를 사마록에 등재하였으며(『사마록 1』), 반면에 향족과 향리들이 작성한 읍지에는 여전히 사마록에서 배제된 서얼을 계속 기재하였고, 1899년의 읍지에는 戶長의 아들과 역둔토 마름을 수록하고 있어 청안고을 향권의 일면을 엿보게 해주고 있다.

갑오개혁 이후에 후손들이 계속 사마소를 중수하고 사마록을 작성하였다. 선조를 기리고 자신들이 양반의 후예임을 과시할 목적이었다. 후손들이 계를 결성하고 돈을 거두어 1915년에 사마소를 중수하였고, 남은 돈을 식리전으로 활용하여 사마소 유지에 이용하였다. 사마록에 이름을 올리지 못한 향리 후예가(진사 차재준) 사마소계에 참여하였지만, 1930년에 다시 작성되는 『선생자손록(庚午)』에는 이름을 올리지 못하는 등 여전히 반상을 가리는 관행을 이어가고 있었다.

사마소계는 1957년까지 유지되었고, 사마소 건물관리도 계속되었다. 1957년에 사마소계를 해체하고 사마소를 중수할 때부터 1970년에 사마소를 현재의 위치로 이건하면서 선조들의 위패를 모시는 사마사로 전환하고 청안향교에 관리를 넘기기까지 후손들은 사마록을 原案과는 조금씩 다르게 작성해 왔다.

1957년에 작성된 『사마방목초안』부터 1971년에 작성된 『사마선생성손친목회』까지 사마록 후손들의 이해관계, 거주 여부, 성금 납부에 따라 인원의 출입이 계속 일어났으며, 선조를 빛내려는 후손들의 열망과 재정 확보책으로 미합격 사마 7명이 명단에 올라 지금까지 이어지고 있다.(『서강인문논총』 50, 2017 게재)

참고문헌

청안향교 소장 자료(국사편찬위원회(www.history.go.kr)/전자사료관/청안을 검색)
『司馬錄』
『司馬錄 1』
『司馬錄 2』
『司馬榜目草案』(1957년)
『重修誠捐金錄』(1957)
『先生子孫錄』(경오, 1930)
『先生子孫錄』(1963)
『裔孫誠金錄』(연대미상)
『司馬先生裔孫錄』(1970)
『司馬先生姓孫親睦會(1971)
『齋任案』
「司馬所稧册」(己巳(1929) 11월)
「通文」(정묘(1927) 4월)
『決議錄』(1971)

청안면사무소 소장자료(국사편찬위원회(www.history.go.kr)/전자사료관/청안을 검색)
『守令先生案草册』
『청당연재선생안』(1866)

『사마방목 CD』
『청주사마소절목』(국편 소장)
『청안현읍지』(1788년경, 1825년, 1871년, 1899년)
이긍익, 『연려실기술』
『청안사마소』(충북대중원문화연구소, 2001)
『(사마소가 있는) 선비고을 읍내리』(충북향토문화연구소편, 2008)
김두헌, 『조선시대 기술직 중인 신분연구』(경인문화사, 2013)

윤희면, 「경주 사마소에 대한 일고찰」『역사교육』 37 · 38합, 1985.
윤희면, 「조선시대 전라도 사마안 연구 - 강진 사마안 사례-」『호남문화연구』 53, 2013.
윤희면, 「조선시대 경상도 함양의 사마안 연구」『역사교육논집』 52, 2014.

조윤선, 「18세기 청주지역의 모반.괘서사건」 『호서사학』 50, 2008.
배우성, 「18세기 전국지리지 편찬과 지리지 인식의 변화」 『한국학보』 85, 1998.
최영희, 「여지도서 해설」, 1973(『여지도서』, 국편)
이훈상, 「조선후기 충청도의 영리와 향리, 그리고 이들의 기록물」 『고문서연구』 50, 2017.

제8장
조선시대 전라도 곡성 사마안 연구

1. 머리말

조선시대 각 고을에는 향교 안이나 근처에 司馬所(司馬齋)라는 건물이 있었다. 원래 생원시, 진사시에 합격하면 성균관에서 공부하면서 대과(문과)시험을 준비하도록 되어 있었다. 그러나 여러 개인적인 사정으로 서울에서 공부할 입장이 안 되면 자기 고을로 내려와 공부를 계속하였다. 향교에서 교생들과 어울려 공부하기에는 격이 안 맞기에 별도의 건물을 만들어 생원 진사들이 모여 친목을 도모하고 과거 준비를 하던 곳이 바로 사마소였다. 그리고 사마소에 드나들었던 생원 진사들의 명단을 기록해 놓은 것이 司馬案(司馬錄, 蓮案)이었다.

본고는 사마소와 사마안에 대한 연구 계획의 일환으로 전라도 사마안 가운데 강진의 사례[1]에 이어 이번에는 곡성의 것을 살펴보려고 한 것이다. 이번 연구에서도 사마안에 이름을 올릴 수 있는 신분 자격을 중점적으로 살펴 사마소과 사마안이 19세기 말까지 양반사족들에게 독점되어온 또 하나의 학교 시설이자 향촌기구였음을 설명해보려고 한다.

1 윤희면,「조선시대 전라도 사마안 연구 - 강진 사마안 사례-」『호남문화연구』53, 2013.(본서 5장)

이에 덧붙여 1900년대 이후에 간행되는 지방지에 수록된 생원 진사의 명단을 조선시대와 비교하여 신분의식이 근대 이후 어떻게 변모하고 있는가도 함께 헤아려 보고자 한다.

2. 사마재 설립과 사마안 작성

사마재가 설립되려면 생원 진사 한 두 명 정도로는 미흡하고 여러 명이 일시에, 또는 해를 이어 계속 배출되어야 가능하였다. 그러기에 사마재의 건립은 고을마다 제각기 차이가 나기 마련이었다.

현존하는 사마방목을 보면 곡성에서 생원 진사에 처음 합격한 인물로 세종 29년(1447)식년시에 생원 합격한 申卜倫이 나온다. 신복륜은 본관은 곡성, 거주지도 곡성인 土姓으로 그 뒤 단종 2년(1454) 알성시 문과에 급제하여 서울에서 관직생활을 이어나간 것 같다..

신복륜 뒤에 곡성에서 생원 진사 합격자 배출은 연산군대로 나온다. 연산군 7년(1501) 진사 합격한 吳叔祥의 본관은 해주, 사마방목에는 그의 아버지 吳克綏의 직역이 진사로 나와 부자가 모두 진사 합격하였음을 알 수 있는데, 오극수는 사마방목의 결락으로 합격연대는 불명이나 세대로 미루어보면 성종대로 추측된다.

세종, 성종, 연산군대에 드믄 드믄 생원 진사가 배출되다가, 다수의 생원 진사가 배출된 때는 중종대였다. 南趚(본관은 고성)가 중종 2년에 진사에, 중종 9년에 문과에 합격하였으나 젊어 요절하였다. 그 뒤 중종 32년(1537) 식년시에 吳彦弼이 생원, 吳熊이 진사, 金櫟이 진사에 동시 합격하였다. 사마방목의 결락으로 확인하지 못하였으나 곡성사마안에는 중종 丁酉(32년)라 기재되어 있다. 따라서 사마재의 설립 조건이 어느 정도 갖추어진 셈인데, 마침 곡성현감으로 부임한 金允章이 사마재의 설립을 거론하고 나섰다. 김윤장은 중종 11년(1516) 식년시에 생원에 합격한 적이 있었다. 사마방목에 의하면 본관은

瑞興, 거주지는 서울로 되어 있는데 이름을 문과방목에서 찾지 못하였다. 조선후기의 기록이지만 『여지도서』에 곡성현감은 「官職 縣監 蔭六品」라 되어 있어, 그는 생원 합격하고 음사로 관직을 시작한 것으로 보이며, 『곡성읍지』(1883년경 작성) 선생안에 의하면 김윤장은 중종 32년 2월에 부임하고 그 다음해 9월에 떠난 것으로 되어 있다.[2]

김윤장은 곡성현감으로 부임하자 고을에서 3명이나 한꺼번에 생원 진사에 합격하는 일에 고무되었고, 자신도 생원 합격한 경력이 있기에 사마재 건립에 앞장 선 것으로 보인다.

> 嘉靖 정유년(중종 32년)에 金允章이 우리 고을 수령이 되었다. 학교의 흥기를 급한 일로 삼아 처음 수레에서 내리자마자 고을의 宿儒들에게 나아가 고하기를 "무릇 章甫之士가 國學(;성균관)에 머물다가 갑자기 향리에 돌아오면 갈 곳이 없음을 근심하게 된다. 그 때문에 나라에서는 外邑에 사마재를 설립하였다. 그러나 이 (곡성)고을에는 없다. (나)김윤장은 文教에 遺失이 있고 儒效가 소활한 것이 크게 걱정스러운데 여러분들은 어찌 이것에 근심이 없는가" 라고 하였다. 그 때 앉아있던 사람들로 계획이 그럼직하지 않다고 여긴 사람이 없었다. 이에 향교 밖에다 별도로 一所를 세웠다.[3]

현감 김윤장은 곡식을 내고 토지를 부속시켰으며, 재정 운영과 곡식의 출입을 담당할 書員과 庫直을 두었다. 현감의 이러한 조치는 다른 고을에서도 일반적으로 실행하던 일이었다. 광해군 3년에 설립된 강진 사마재의 경우도 군수로 도임한 鄭寅은 사마재의 건립과 운영을 위하여 곡식을 내려주고, 사환을 담당할 書員, 監董, 주모를 내려주었다. 그리고 향교의 奴 한명을 고직으로 삼아 양곡을 담당케 하였다. 아울러 장정 10명을 사마재 保人으로 소속

2 1918년에 편찬된 『谷城郡誌』(丁秀泰 편)에는 정유년 2월부터 무술년 8월까지 재임한 것으로 되어 있고, 체임 이유는 御使啓罷로 기록되어 있다.

3 「곡성사마재중수서」. 1956년에 편찬된 『곡성군지』(林琪淳 등 편찬)(국중도 古2748-24) 校齋 항목을 보면 사마재가 향교 남쪽에 있었고, 임진왜란 때에 불타버렸다고 한다.

시켜 역을 면제해주는 대신 재물을 내게 하여 이를 춘추강신에 소용하는 비용으로 삼게 하였다.[4] 조선 후기의 기록이지만 정조대에 충청도 목천현감을 지낸 안정복이 작성한 「司馬所約令」을 보면 사마재 운영에 필요한 保直, 書員, 使令 등을 갖추는데 수령의 도움이 절대적이었다. 또한 향교와 관계가 깊은 사마재의 건립과 후원은 수령 7사 가운데 하나인 「學校興」과도 관련이 깊은 것이라 하겠다.

전라도에 사마재가 중종 당시에 어느 정도 설립되어 있는 지는 확실하지 않으나 곡성 주변에 있는 남원, 함양 등은 모두 성종대에 이름이 보인다. 그리고 그들의 활동이 연산군 때 거론되고 있다. 기묘사화로 동복에서 귀양생활을 하던 崔山斗가 사마소 연회 모임에 참여한 일도 있어 동복에도 중종 때 사마소가 있음을 짐작할 수 있다.[5] 따라서 곡성에서도 사마재의 건립이 필요하다고 여기고 있을 때 마침 여러 명이 생원 진사에 합격하였고, 또한 새로 부임한 수령이 앞장서서 추진하였기에 사마재가 건립될 수 있었다.

중종 32년에 건물이 세워지고 재정의 기반이 마련된 곡성 사마재에서는 사마안을 작성하였다. 이는 성균관에서 청금안을 작성하는 예를 그대로 모방한 것이었다.[6] 처음 사마안을 만들 때에 예전에 죽은 생원 진사들도 모두 조사하여 사마안에 기재하는 것이 다른 고을의 예였는데, 곡성에서는 특이하게도 현재 사마재에 드나드는 사람만 기록해 넣었다. 곧 「사마재에 있는 사람들의 성명을 차례대로 써 生員 某某榜司馬, 進士 某某榜司馬라 일일이 적어 넣으니 이것이 이제는 齋中의 故事가 되었다」고 하였다.[7] 그리하여 이전의 합격자인 신복륜, 오극수, 남주 등은 이름이 빠져있는 가운데 사마안 첫머

4 「金陵司馬齋舊記」(1612년(광해 4) 3월 하순 貞海人 郭期壽 序)

5 「舍人 벼슬로 있다가 同福으로 귀양을 가서 蘿葍山 아래 살았다. …… 일찍이 본현 사마소 연회가 있다는 말을 듣고 먼저 가 보았더니 다른 사마들은 아직 모이지 않았다. 공은 거기 마련해 둔 술을 다 마셔버리고 돌아왔다」(『대동야승』 海東雜錄 1 本朝 1 崔山斗)

6 「사마재의 例業貢擧는 모두 館學(성균관)과 같이 하고, 또 소위 청금안이라는 것을 두어 역대의 蓮榜을 일일이 쓰니 역시 관학의 예이다.」(李佑贇, 『월포집』 권9 진양연계안서)

7 「곡성사마재중수서」(1604년 吳天賚 序)

리에 수령인 김윤장(①)을 쓰고, 다음에 吳叔祥(②), 申保錫(③), 吳彦弼(④), 吳熊(⑤), 金櫟(⑥)의 순서대로 하였다. 이렇게 모두 6명의 이름으로 곡성사마안이 작성되고 사마재 활동이 시작되었다.[8]

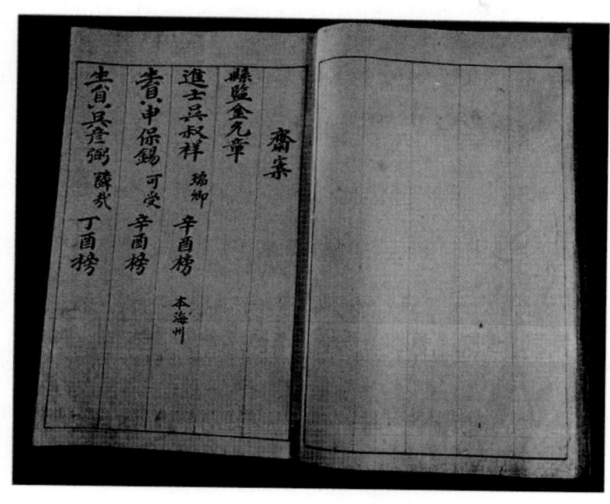

〈곡성 사마안 〉

吳叔祥(②)의 해주 오씨는 진사 吳華가 남원의 梁堤(경상도 초계군수 역임)의 장녀와 혼인하여 남원과 인연을 맺었고, 아들인 토산현감 吳用旅가 외가가 있는 남원 수지면 남창리(곡성과 경계 지역)로 들어와 세거하기 시작하여 오용려를 남원, 곡성 등지에 사는 해주 오씨 토산공파의 파조로 받들고 있다.[9] 오용려의 6남 가운데 4남인 진사 오극수가 곡성에 들어와 세거하면서 3남 오계상의 아들 오웅(⑤)이 진사에 합격하고, 증손자 吳邦彦이 진사 김감

8 곡성사마안은 2 종류가 있다. 『사마안』(A)(전북대박물관)은 사마안중수서(1604년 吳天賚 序)에 이어 齋式이 적혀있고, 齋案에 현감 김윤장부터 순조대 유복삼까지 30명(1+29)의 이름을 字와 합격연대(干支榜)를 더해 담고 있고 끝에 齋屬 7명과 畓 3필지 34卜 4束, 그리고 府使(남원)의 수결이 기재되어 있다. 서문으로 미루어 보아 이것이 더 원형에 가깝다고 생각한다. 『사마안』(B)(곡성향교 소장, http://kostma.aks.ac.kr/사마안/곡성군사마안)는 1755년에 改粧되어 사마재중수서(1604년 오천뢰 서), 吳道玉 발문(1755년)에 이어 현감 김윤장부터 유복삼을 거쳐 1882년 진사합격자 安重燮까지 40명(1+30+9)의 명단을 담고 자와 합격연대(간지) 이외에 본관과 집안의 내력(자손숙질 등)을 添記하고 있다. 한명의 차이는 생원 李箕采(1768년 합격, 거주지는 서울)가 25번째에 추가되어 있기 때문이다.

9 박정하, 『곡성의 성씨 씨족사』(곡성신문, 2010), 262-265쪽

(⑫)의 딸와 혼인하여 곡성의 양반가문으로 기반을 굳건히 하였다. 오방언의 2남 吳以夏 밑에서 아들 오세추(⑳), 손자 오도옥(㉒, 증손자 오광복(㉕), 오장순(㊳), 오치옥(㊴)이 생원 진사에 합격하였다.

오극수의 4남인 진사 오숙상(②) 밑에서 증손 오상지(⑮)가 진사 합격하였고, 5남 오말상 밑에서 손자 오천뢰(⑬)가 진사, 5세손 오찬(⑰)이 생원과 문과, 고손자 오득량이 1747년 문과에 합격하였으니, 해주 오씨는 곡성을 대표하는 양반가문의 하나로 우뚝하였다.

신보석(③)은 사마방목에 의하면 연산군 7년(1501)에 생원에 합격하였으며, 거주지가 남원으로 되어 있다. 신보석의 아버지 申經은 성종 3년에 생원진사 양시에 합격하고, 성종 5년에 문과에 급제하였다. 사마방목, 문과방목에 의하면 신경의 거주지도 남원으로 되어 있다. 그래서인지 신경은 『남원사마안』에 이름이 올라 있고, 남원읍지인 『龍城誌』에도 이름이 올라 있다. 그런데 신보석은 남원의 사마안에도, 『용성지』에도 이름이 올라 있지 않았다. 이는 그가 연산군 7년 생원에 합격할 당시에는 거주지가 남원으로 되어 있으나 합격 이후 어느 때인지 남원의 바로 옆 고을인 곡성으로 이주한 것이 아니었을까 싶다. 따라서 그는 남원이 아닌 곡성사마재에 드나들었기에 곡성사마안에 이름이 올라가게 된 것이라 생각된다.

생원 오언필(④)(본관은 함양? 자는 隣哉)[10]과 진사 金樑(⑥)(본관 미상, 자는 支仲)은 자료가 없어 집안 내력은 알 수가 없다.

아무튼 중종 32년에 곡성향교 남쪽에 사마재가 설립되고 사마안이 작성되면서 사마재의 활동은 이어져 나갔다. 생원 진사들은 사마재에 모여 여러 가지 활동을 하였다. 곡성사마안 끝에는 齋式이라 하여 「吉凶相顧, 환란상휼, 과실상규, 춘추강신」의 네 조목이 기재되어 있다.

사마재의 활동에서 우선적인 것은 춘추로 벌어지는 講信이었다. 강신이란 회원들이 한 자리에 모여 향음주례를 하고 우의를 다지는 것을 말한다. 이때

10 『眉巖日記草』 제6책 辛未(1571) 6월 28일에 생원으로 나온다.

위 아래로 나누어 훈계하고(과실상규) 공경하며, 또한 글을 지어 솜씨를 견주기도 하였다.[11]

사마재에 드나드는 생원, 진사들은 학교 시설에 드나드는 것이기도 하지만 일종의 계를 맺은 것이기도 하였다. 다시 말해 사마안이란 일종의 契案이기도 한 셈이었다. 계를 맺은 취지답게 이들은 서로의 어려움을 돕는 상부상조를 하였다. 사마재 규약에 「吉凶相顧, 환란상휼」이라 함이 이를 말하는데, 주로 상을 당했을 때 위로를 하고 부조를 하는 일이었다.[12]

사마재는 소과합격자의 모임장소이기에 고을에서의 사회적 위상은 대단하였다. 따라서 지위에 걸맞게 향촌문제에 간여하여 영향력이 큰 여론을 형성하기 마련이었다. 고을에서 효자, 열녀 등 행의가 뛰어난 사람들을 추천하여 포상을 받도록 주변 고을의 향교, 서원에 통문을 보내고 수령에 품보하는 등 향촌질서의 확립, 유교 교화의 일 등에 힘을 기울이기도 하였다.[13] 그 외에도 향촌문제에 관여하여 여론을 주도하고, 수령의 정사에 대해 시비를 하며 향리를 규제하는 등의 일에 간여하였다. 그리하여 토호의 소굴이 되고 있다는 조정의 비판을 받기도 하였다.[14] 특히 선조대에는 폐해가 거론되면서 혁파하자는 논의가 일어나기도 하였으나, 혁파된 것은 아니며 또 혁파될 수도 없는 일이었다.

중종 32년에 설립된 이후 임진왜란으로 곡성사마재가 불타버리기 전까지 곡성사마안에 이름을 올린 생원 진사들을 살펴보도록 하자.

---

11 『증보문헌비고』 교빙고4 본조중국교빙 명종 22, 『숙종실록』 권4, 원년 10월 26일(신해)), 「1. 매년 춘추로 강신할 것」(영암 사마재 齋憲(1664년)) 등.

12 「1. 계원이 사고를 만나면 5兩을 부조하였으나 계속 유지할 수 없으니 지금부터 1兩과 종이 1束으로 한다. 계임이 각원에게 알리면 모두 호상할 것.」(『함창연계당완의』 갑신 12월 12일 추가 完議), 「정미(1667) 8월 4일 追約 1. 재원의 4상 부조할 때 木 2정, 백지 2권, 초석 1立을 성복할 때 부조할 것」(영암 사마재 齋憲) 등

13 「읍중의 선비, 庶人으로 혹 효자열부나 행의가 뛰어나 모두 인정하는 바의 사람이 있으면 회집일에 표출하여 태수에게 書狀을 갖추어 품보하여 권장지지로 삼는다」(안정복, 「사마재약령」)

14 『연산군일기』 31권, 4년 8월 10일(계유), 『명종실록』 26권, 15년 2월 7일(계묘), 『인조실록』 14권 4년 8월 4일(계묘) 등

〈표 1〉 임진왜란 전까지 사마안 등재 생원 진사 명단

번호	이름	본관	거주	직역	연대	전거	비고
1	金允章	서흥	서울	생원	중종 11(1516)	사마안, 방목	곡성현감
2	吳叔祥	해주	곡성	진사	연산군 7(1501)	사마안, 방목	
3	申保錫	평산	남원	생원	연산군 7(1501)	사마안, 방목	공주목사 신경 아들
4	吳彦弼	함양?		생원	중종 32(1537)	사마안	『미암일기』
5	吳 熊	해주	곡성	진사	중종 32(1537)	사마안	오숙상(②) 조카
6	金 樑	未詳		진사	중종 32(1537)	사마안	
7	申大壽	곡성	곡성	진사	명종 1(1546)	사마안, 방목	문과 급제(명종 19) 신복륜 증손
8	安 琿	순흥	곡성	진사	선조 즉위(1567)	사마안, 방목	유희춘 문인
9	申大年	곡성	서울	진사	선조 즉위(1567)	사마안, 방목	신대수(⑦)의 형
10	趙 怡	순창	곡성	진사	선조 6(1573)	사마안, 방목	김장생 문인
11	金 鍊	금산	곡성	생원	선조 12(1579)	사마안, 방목	사마재 齋長
12	金 鑑	금산	곡성	진사	선조 21(1588)	사마안, 방목	김련(⑪) 동생, 문과 급제(광해 5)
13	吳天賚	해주	곡성	생원	선조 21(1588)	사마안, 방목	오숙상(②)의 종손
14	李惟信	전주	곡성	생원	선조 22(1589)	사마안, 방목	파릉군 이경 증손

신대수(⑦), 신대년(⑨) 형제는 곡성의 토성으로, 앞서 세종 29년에 생원, 단종 2년(1454)에 문과 급제한 신복륜의 증손이었다.

안혼(⑧)[15]은 본관은 순흥, 장수현감을 역임한 安處經(1476-1501)이 사화를 피해 남원 송동면 백평리로 낙남한 것이 순흥 안씨와 호남과의 인연 시작이라고 한다. 안처경의 묘갈명에는 부친의 묘소가 남원에 있었기 때문이라고도 하는데, 어쨌든 안처경의 손자인 安光業이 곡성 오곡면 오지리로 이주하여 곡성의 순흥 안씨 입향조가 되었다. (이들 가계를 참찬공파라고 하는데, 태종 17년(1417) 진사 합격, 문과 급제, 홍문관직제학을 지내고 의정부좌참찬에 추증된 安玖가 派祖이다[16]) 안광업에게는 후사가 없어 형 안홍업의 4자인 안혼(1538-1567)이 양자로 가계를 이었으며, 안홍업의 장자 安璜과 안광업의 양자 안혼이 유희춘 문하에서 공부하고[17], 안혼은 선조 즉위년에, 안황은 선

15 張經世(1547년 ~1615년), 『沙村張先生集』 권4 碣銘 進士安君(琿)墓誌銘

16 박정하, 『곡성의 성씨 씨족사』, 98-100쪽

17 유희춘, 『眉巖先生集』 권9「辛未 隆慶五年我宣廟五年 二十八日.此州(나주) 金士重, 柳夢井外.又

조 6년에 각각 진사 합격을 하였다. 그런데 안황은 사마방목에 거주지가 남원으로 되어 있으며, 『남원사마안』과 『용성지』에 이름이 있어 활동지는 주로 남원이었기에 곡성사마안에는 이름이 오르지 않은 것 같다.

고려 말 절의를 지킨 趙元吉이 순창으로 내려왔으며, 6대손인 趙大成(1520-1566)은 이항의 문인으로 곡성의 장흥 마씨 마천목의 5세손 마세준의 딸과 혼인하고 1550년경 곡성 오곡면 오지리에 二樂亭이란 정자를 짓고 소요하였다.[18] 조대성의 둘째아들 趙怡(⑩)가 오곡면 오지리에 아예 이주함으로써 곡성의 순창(옥천) 조씨 입향조로 간주되고 있다.[19] 조이는 김장생의 문하에서 수학하였으며 선조 6년에 진사에 합격하였다.

金錬(⑪), 金鑑(⑫) 형제는 본관은 錦山으로, 금산 김씨가 언제 곡성에 입주하였는지는 확실하지 않으나 석곡면 석곡리에 살았다. 금산 김씨 12세인 김련은 사마안이 임진왜란으로 불타버리자 사마재 齋長으로 사마안을 중수하는데 앞장을 선 인물이기도 하였다.(「곡성사마안서」) 동생 김감(1566 1641)은 선조 21년에 진사에 합격하고 광해군 5년에 알성문과에 병과로 급제하였다. 홍문록에 오르고[20] 1638년에 홍문관 교리에 임명되었으나 나가지 않았으며, 곡성, 남원, 진안 지역의 김감의 후손들을 교리공파라고 한다. 김련, 김감은 1607년 담양에 유희춘의 서원을 건립할 때 곡성의 營建有司로 참여하기도 하였다.[21]

오천뢰(⑬)는 오숙상(②)의 從孫이고, 이유신(⑭)은 본관은 전주, 종실인 巴陵君 李璥(태종과 효빈 김씨의 庶長子 경녕군 裶의 증손)의 증손이다. 이경은 기묘사화 때에 조광조 일파를 변호하다가 유배를 당하였으며, 기묘인들

有鄭時誠, 柳 缺.光州有朴蔡.寶城有朴光前.南原有安璜, 安琿.皆善士也」

18 宋秉璿(1836-1905), 『淵齋先生文集』 권34 梅牕趙公大成墓碣銘幷序. 조대성의 사위가 앞서 언급한 남원의 진사 안황이다.

19 박정하, 『곡성의 성씨 씨족사』, 182-183쪽

20 『대동야승』 「凝川日錄」 1 병진년(1616, 광해군 8) 8월 초7일

21 『義巖書院營建時有司記』(미암박물관 소장). 곡성의 3명 가운데 나머지 하나는 진사 오숙상의 증손인 유학 吳尙志로 1616년(광해군 8)에 생원 합격하였다(⑮번)

이 뒤에 석방될 때 함께 풀려났다고 한다.[22] 그의 유배지는 해남이라고도 하나, 『곡성읍지』 인물조에 의하면 곡성 梧枝面에서 謫居하다가 죽었고, 묘소는 우곡면이고 이로 인하여 자손들이 거주하였다고 되어 있다. 전주 이씨의 곡성과의 인연은 이로 시작된 것으로 보인다.[23]

임진왜란 전까지 곡성 사마안에 이름을 올린 인물들의 면모를 보면 곡성 신씨 이외에는 외가나 처가, 또는 이거, 謫居의 연고로 곡성에 입거하여 서로 婚脈을 이루면서 양반으로 터를 내린 집안임을 알 수 있겠다.

임진왜란 때 다른 고을과 마찬가지로 곡성 사마재는 불타버렸다.[24] 그리고 곡성현이 정유재란의 여파로 피폐되어 고을로서 독립할 수 없을 지경에 이르렀기에 남원부에 합속되었다. 선조 33년(1600) 6월에 곡성현감 高彦章을 끝으로 남원에 합현되었다가 광해군 원년(1609) 12월에 곡성현감 南宮櫶이 다시 부임되기까지 근 10년 동안 고을이 없어지고 말았다.[25] 그러나 곡성의 양반사족들은 이러한 조치가 일시적인 것임을 알고 있기에 서둘러 전란 이전의 상태를 회복하고자 노력하였다. 그리하여 사마재의 齋長이었던 생원 金鍊과 생원 오천뢰가 앞장서서 선조 37년(1604년) 5월에 사마재를 重修하려고 노력하였다.

> 上舍 金鍊은 옛 사마재의 齋長이었으며 일찍이 중수의 뜻이 있어 이전의 어진 분들이 창립한 규식을 나에게(오천뢰) 口誦하여 주었다. 이 어찌 옛 도를 만회하려는 지극한 뜻이 아니겠는가. 애석하게도 난리 끝이라 물력이 다 없어지고 齋舍도 세우지 못하였다.[26]

그러나 재력이 부족하여 사마재는 다시 세우지 못하고 사마안만 다시 작성

---

22 『己卯錄補遺』 卷下 巴陵君傳, 또는 『연려실기술』 제8권 중종조 고사본말 기묘인의 석방

23 이유신은 문과에 급제하여 임천군수를 역임하였다고 『곡성읍지』 인물조에 기록되어 있는데 「문과방목」에서 이름을 확인하지는 못하였다.

24 「곡성사마재중수서」

25 『곡성읍지』(1793년경)(奎17431) 건치연혁, 선생안

26 『사마안』 사마재중수서, 『욕천속지』 권2 사마재중건회의기(진사 오천뢰)

하였다. 선조 22년 생원 이유신을 마지막으로 선조 37년까지 생원 진사가 배출되지 않았기에 예전의 사마안을 복구하는 정도에 그친 것이지만 아무튼 양반 사족의 결집체라 할 수 있는 사마안을 다시 마련하여 13명의 생원 진사 명단을 수록하였다. 그리고 齋屬人으로 庫直 1명(이름은 姜介), 干丈 1명(이름은 金忠卜), 保直 5명을 갖추었고, 논으로 菜畓 14卜, 宿畓 14복9속, 海畓 5복 5속을 가지고 있었다. 사마안 끝에 남원부사의 수결을 받아 사마안을 공식화하는 것도 잊지 않았다. 그 뒤 사마안은 불타 버린 사마재 대신 향교에 보관하도록 하였다.

사마재의 복설 노력, 사마안의 복구는 임진왜란으로 흐트러진 향촌사회의 질서를 다시 잡아나가려는 노력으로 볼 수 있다. 이에 곡성의 양반사족들은 사마안 뿐만 아니라 鄕案을 새로이 작성하기도 하였다. 곡성향안은 선조 37년 6월 8일에 처음 작성되었다고 하는데[27], 여기에는 모두 41명의 이름이 기재되었다. 그들을 본관별로 정리하면 다음과 같다.

〈표 2〉 곡성향안(1604년) 수록 인물과 성관

본관과 성씨	인원(41)	수록 인물
해주 오	10	진사 오상지(⑮)
진주 강	1	무과급제 강업전,
금산 김	5	생원 김련(⑩), 김감(⑪)과 동생, 조카
이천 서	2	
순창 조	6	진사 조이(⑩)의 아들, 조카 2, 후손
전주 최	6	최숙행 4대손
문화 유	4	충의위,
전주 이	3	생원 이유신(⑭) 후손
곡성 신	3	진사 신대수(⑦), 신대년(⑨)의 후손?
순흥 안	1	안혼(⑧)의 형인 진사 안황의 손자(安健)

27 『곡성군지』(1956년) 「鄕案 선조 37년 갑진 6월 8일 成案을 시작하다」. 그런데 곡성향안 가운데 가장 오래된 原案인 「甲寅案」에는 "만력42년 6월초8일 改書」라 되어 있어 광해군 6년에 작성되었다고 한다.(김덕진, 「전라도 곡성현 향안 연구」 『역사학연구』 60, 2015, 97쪽). 成案과 改書의 차이일지도 모르겠으나 아무튼 비슷한 시기에 사마안과 향안이 작성되었음에 주목하고자 한다.

향안에 이름을 올린 10개 성관 가운데 여섯이 사마안에 이름을 올린 성관임을 알 수 있다. 그리고 향안을 주동한 사람은 사마안의 일원인 金鑑으로, 향선생이 되어 "籍案立規"하였다고 한다.[28] 곧 사마안을 복구하고 양반사족의 향촌 지배를 담보하는 향안을 작성한 것은 향촌지배질서를 다시 확립할 목적으로 판단할 수 있을 것이다.

3. 사마재의 중건과 사마안 속수

곡성 사마재는 불타버린 건물을 복구하지 못하였지만, 「重修하고 起廢하는 책임은 今日에 있지만 뒤를 잇고 잃지 않는 바람은 뒷사람에게 있다」(곡성사마재중수서)고 하면서 계속 사마안이 이어져나가기를 당부하였다. 그리하여 사마안 입록이 계속되었다.

1755년(영조 31)에 사마안이 정리되고 改粧되었다. 1740년(영조 16)에 진사 합격한 吳道玉이 쓴 跋文에

> 옛날에 나라에는 국학이 있고 고을에는 塾序가 있었다. 지금 사마재는 향교 밖에 別設되어 태학생이 주관하도록 하였다. 위로는 선생들의 名案을 받들고 아래로는 후학들이 우러러보는 곳이 되었으니 존중함이 어떠하였겠는가. 나는 後進으로 경신년(1740년)에 國庠에 올라 還鄕하는 날 먼저 문묘에 參謁하고 옛 선생들의 사마안을 물어보았다. 사마재(건물)가 (불타)없어진지 수백년 전인데 案이 향교 궤짝 안에 보관되어 있어 이름을 奉審하고 새로 瞻拜하였다. 興感한 나머지 사마안의 상한 끈을 고쳐 매고 상자를 만들어 봉안하여 西齋의 汗長(堂長)이 수직토록 하였다.

고 하여, 1684년(숙종 10)에 생원 합격한 張檍 이후 56년 만에 사마안에 이름을 올리면서 사마안을 단장하였다. 이에 그치지 않고

28 김감, 『笠澤集』 권3 부록, 編年

나는 古人의 뜻을 우러러 향교 담장 아래쪽 淸流의 위에 장차 몇 칸의 사마재를 세워 사마안을 봉안하는 곳으로 삼으려 하였다. 고을 수령 李思順[29]을 찾아가 사유를 아뢰니 수령이 답하길 "수령이 비록 武夫이나 興學의 임무는 알고 있으니 吳進士가 재력을 모으면 工匠役夫는 관에서 담당하고 保奴 7, 8명을 관에서 지급할 것이다"고 하였다. 이에 고을에 소식을 두루 알려 재목과 곡식을 모으려 하였으나 내가 병이 들고 수령도 교체되어 뜻을 이루지 못한 채 15년이 지났다. …… 전에 사마재를 만들려고 하였을 때 거둔 약간의 재물을 가지고 殖利하고 논 6, 7두락을 사두었으니 뒷날 君子들이 사마재를 세울 때를 기다려보기로 하였다.

고 하여 재물을 모으고 곡성현감의 협조를 약속받아 사마재를 복설하려고 하였으나, 여러 이유가 겹쳐 실행을 하지는 못하였다. 그 대신 모은 재물을 경영하여 뒷날 사마재 중건할 때 보태 쓰도록 배려함을 잃지 않고 있다.

사마재 중건의 뜻을 이루지는 못하였으나 오도옥이 합격한 같은 해에 李昌鎭이 생원, 1754년에는 趙儻이 생원에 합격하여 사마의 수가 늘어나자 사마안을 정리하여 새로운 명단을 만들었다.

경신년(1740년) 이후 고을에서 科名이 뜸하였는데 몇년이 지난 지금 同志를 얻었으니 새로운 사마안을 輯成하여 향교 서재 북쪽 한 귀퉁이에 莊을 만들어 掌櫃를 보관하는 곳으로 삼는다. 옛 선생의 자손이 같은 사마안에 添名되었다 하더라도 뒷사람들이 알지 못할까를 염려하여 각 이름 아래에 누구의 子孫인지 叔姪인지와 성씨의 본관을 적어놓았다.[30]

그리하여 이전과 달리 집안의 내력과 본관을 명기하면서 사마안을 새로 정리하였고, 곡성에서 생원 진사가 연이어 합격하자 드디어 사마재가 1779년(정조 15)에 복설되기에 이르렀다.

29 현감 이사순은 영조 원년(1725년) 증광시 무과에 합격하고, 영조 15년 9월에 부임하여 18년 3월에 체임하였다.(『곡성읍지』 官蹟)

30 『사마안』B 발문(진사 오도옥)

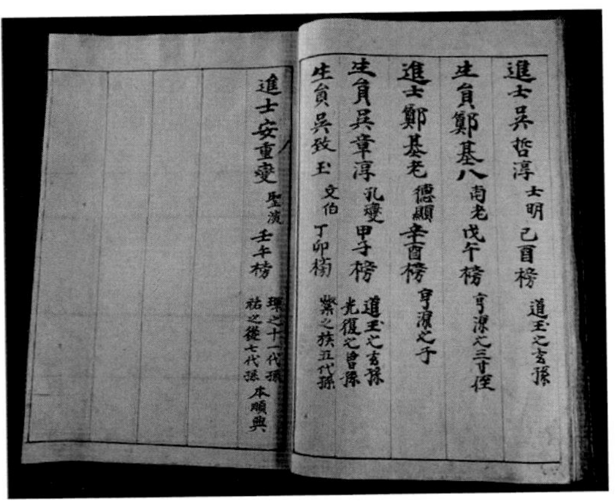

進士吳哲淳 士明 己酉榜 道玉之玄孫

生員鄭基八 尙老 戊午榜 亨源之三寸侄

進士鄭基老 德顯 辛酉榜 亨源之子

生員吳章淳 孔燮 甲子榜 道玉之玄孫 光復之曾孫

生員吳致玉 文伯 丁卯榜 棨之族五代孫

進士安重夔 聖濱 壬午榜 瑗之十一代孫 祐之後七代孫 本順興

〈곡성사마안 B 마지막 쪽〉

우리 고을은 비록 궁벽하지만 浴川이라는 이름은 문학에 앞서 나가 鄕貢에 뽑혀 성균관에서 이름을 날린 사람들이 옛날에는 많았던 것에서 얻었다. 이상하게도 사람은 있는데 장소(사마재)가 없으니 어찌된 노릇인지. 興廢는 자주 있는 일이고 成毁는 무상한 것이다. 우리 鄕黨의 여러 선비들이 이를 개연히 여겨 같은 마음으로 향교 옆에 건물을 세우기로 모의하고 몇 년 뒤에 완성하였다. 동쪽은 양사재, 서쪽은 사마재라 이름하였다. 내가 주인이 되도록 도운 사람은 누구인가. 내가 아니고 동지들이다. 누구를 위한 것인가 하면 내가 아니고 후진을 위한 것이다. 지금 이후 누가 주장하고 누가 전하고 누가 보호할 것인가. 사마된 사람들의 책임이 아니겠는가.[31]

곧 진사 홍낙준이 쓴 사마재기에 의하면 고을 선비들이 힘을 모아 몇년만에 향교의 동쪽 담장에 붙여 사마재를 세웠다고 한다. 이때 서쪽에 양사재도 함께 건립하였는데, "선비들의 모임장소"인 양사재가 1788년에 시작하여 1791년 4월에 끝맞췄다고 하니[32] "先進들의 휴게장소"인 사마재도 복설하는 공사가 4년이 걸렸다고 하겠다.

31 『욕천속지』 권2 사마재기(진사 홍낙준)

32 『욕천속지』 권2 양사재기(정조 신해(15, 1791) 趙珍)

조선 후기에 여러 고을에서 사마재가 중건되고,[33] 양사재가 건립되는 것은[34] 모두 양반들의 주요한 활동장소였던 향교의 기능 확대라 할 수 있고, 궁극적으로 신분제 변화에 대응하는 양반사족들의 보수화 노력의 한 표현이었던 것이다.

곡성 사마재가 복설되고 사마안의 작성이 계속되는 가운데 선조 37년 이후 철종대까지 사마안에 이름을 올린 생원 진사는 모두 23명이다. 이들을 정리하면 다음과 같다.

〈표 3〉 선조 37년 ~ 철종 12년 사마안 등재 생원 진사 명단

번호	이름	본관	거주지	직역	합격연도	집안 내력과 특기 사항
15	吳尙志	해주	곡성	생원	광해 8	생원 오숙상(②)증손, 선조 27년 향안입록
16	吳 賔	함양	곡성	진사	광해 8	어모장군 오만령 아들, 인조 7년 曺植 종사 상소에 전라도 진사의 일원으로 참여
17	吳 燦	해주	곡성	생원	인조 11	오천뢰(⑬)의 종증손, 문과급제(1642년)
18	安 祐	순흥	곡성	진사	현종 1	안혼(⑧)의 현손, 향안 己巳案 增員 입록(현종 원년 정월 3일)
19	李 滓	전주	곡성	진사	현종 3	이유신(⑭)의 당질(?), 향안 己巳案 增員 입록(현종 원년 정월 3일) 향원 李商老(선조 27년 향안에 입록)의 손자, 향원 李益新(향안 무진년증원, 인조6년 11월 25일)의 아들
20	吳世樞	해주	곡성	생원	숙종 5	오웅(⑤)의 족손, 향안 계해안 增員 입록(숙종 9년 12월 15일)
21	張 檍	홍덕	곡성	생원	숙종 10	향안 계해안 增員 입록(숙종 9년 12월 15일). 문과합격자 張宇龜의 숙부
22	吳道玉	해주	곡성	진사	영조 16	오세추(⑳) 손자
23	李昌鎭	성주	곡성	생원	영조 16	성혼의 문인인 李珹의 고손자로 증조 이정미가 곡성 입거함.
24	趙 儻	순창	순창	생원	영조 30	조이(⑩)의 현손, 『순창군읍지』 생원 新增에 기록
25	吳光復	해주	곡성	생원	영조 32	오세추(⑳) 증손
26	李箕采	성주	서울	생원	영조 44	이창진(㉓) 손자
27	洪樂濬	풍산	곡성	진사	정조 1	洪禹臣으로 개명, 반계 유형원의 시호와 서원 사액을 요청하는 전라도 유생들의 연명 상소에 참여(정조 18년)

33 윤희면,「경주 사마소에 대한 일고찰」『역사교육』 37·38합집, 1985(본서 1장)

34 윤희면,「양사재의 설립과 운영실태」『정신문화연구』 57, 1994(『조선시대 전남의 향교연구』 전남대출판부, 2015)

28	申益權	평산	곡성	진사	정조 7	
29	申世淳	고령	곡성	진사	순조 1	숙종대 진사 신선부(순창), 정조 생원 신시권(순창, 선부 증손)의 후손
30	李一容	성주	서울	진사	순조 4	이창진(㉓) 증손, 이기채(㉖)의 아들
31	柳復三	선산	곡성	생원	순조 5	미암 유희춘 후손, 『해남현읍지』 생원에도 이름 수록
32	李鍾器	성주	곡성	진사	순조 28	이창진(㉓) 후손, 이일용(㉚)의 재종손
33	鄭亨默	초계	곡성	생원	헌종 3	鄭虔의 후손, 옥과 세거
34	鄭亨源	초계	곡성	진사	헌종 15	정형묵(㉝)과 형제
35	吳哲淳	해주	곡성	진사	헌종 15	오도옥(㉒) 현손
36	鄭基八	초계	안의	진사	철종 9	정형원(㉞)의 조카
37	鄭基老	초계	곡성	진사	철종 12	정형원(㉞)의 아들

대부분이 선대에 사마안 등재를 하고 있으며, 사마안 복설 이후 사마방목과 사마안을 비교해 보면 사마방목에 거주지가 곡성으로 되어 있는 생원 진사들은 모두 등재되고 있음을 알 수 있다.

〈표 4〉 곡성 사마안 등재 성관

	금산 김	고령 신	평산 신	순흥 안	함양 오	해주 오	선산 유	성주 이	전주 이	흥덕 장	순창 조	풍산 홍	초계 정
연산			1			1							
중종	1					2							
명종			2	1									
선조	2					1			1		1		
광해					1	1							
인조						1							
현종				1					1				
숙종						1				1			
영조						2		1			1		
정조			1									1	
순조		1					1	1					
헌종						1							
철종													4

새로이 등장한 성관을 하나씩 알아보면, 성주 이씨는 李珹이 외종숙인 成渾의 문하에서 동문수학한 안방준을 따라 보성 복내면과 인연을 맺은 뒤 둘째 아들 李廷美(1590-1645)가 곡성 목사동면 신전리에 입거하였다(승지공파의 파조). 이정미의 손자 이석보가 현감을 역임하였고 생원 이창진(㉓)은 이정미의 고손자이다. 그리고 이일용(㉚)은 생원 이창진의 손자이자 생원 이기채(㉖)의 아들이다. 그리고 이종기(㉜)는 이일용의 재종손이다. 이창진은 묘소가 경기도 안산에 있는 것으로 보아 곡성에서 생원 합격한 뒤에 서울 근처로 이주를 하였던 것 같으며, 이기채도 영조 44년(1768)에 25세의 나이로 생원에 합격하였는데 사마방목에 의하면 거주지가 서울로 되어 있다. 이일용이 순조 4년에 진사 합격할 당시 거주지가 서울로 나온 것도 이 때문일 것이다. 이기채가 곡성읍지에 이름이 나타나는 것은 비록 사마안에는 이름이 없지만 선대의 연고로 가능한 것이었고, 이기채(진사)-이일용(진사)-이교인(1828 진사, 1845 문과)-이우(1862 문과)로 4대에 걸쳐 등과하고 있어 성주 이씨의 곡성에서의 영향력을 가름하게 해주고 있다. 곧 『사마안』A에 없던 이기채의 이름이 읍지에 나오는 것, 그리고 『사마안』B에 이기채의 이름이 추기된 것은 곡성에서 성주 이씨의 위세를 보여주는 것이라 하겠다.

풍산 홍씨 홍낙준(㉗)은 정조 원년에 진사에 합격하였는데, 그는 정조 18년에 반계 유형원의 시호와 서원 사액을 요청하는 전라도 유생들의 연명상소에 이름을 올리고 있다.[35] 영조 12년(1736)에 庭試 무과에 합격하고 현감(또는 오위장)을 지낸 洪象臣(洪樂臣에서 개명), 또는 1796년(정조 20)에 재정의 어려움을 겪고 있는 곡성 덕양사를 위해 外裔인 곡성현감 李潤明(1795년 부임, 1798년 체임)이 고을의 신숭겸 자손과 의견을 모아 재물을 모을 때 외예로서 돈을 내고 있는 곡성의 洪樂夏와 조카 홍신영[36]과 일족으로 보인다.[37]

35 『승정원일기』 1739책 정조 18년 12월 29일(임오)

36 『덕양원지』(1934년), 78쪽.

37 홍낙준은 『곡성읍지』에는 이름이 洪禹臣으로 올라와 있다. 그리고 『호남지』(1935년)에는 남평의 사마항목에도 나온다. 홍상신은 방목에 거주지가 순천으로 되어 있어 아마도 그의 일족은 순천에

진사 申世淳(㉙)은 본관은 고령, 순창에 입향한 세조대 신말주의 후손이다. 숙종대 진사 합격한 신선부(신경준 조부), 정조대 생원 합격한 신시권의 族孫으로 순창에서 곡성으로 거주를 옮긴 것으로 보인다.

선산 柳씨는 문절공파(선조대의 명신인 미암 유희춘이 파조) 가운데 곡성파로 알려져 있으며, 유희춘의 증손자 柳益清(1582-1660)이 곡성 석곡면 전주 최씨와 혼인하여 곡성과 인연을 맺었고, 아들 柳永錫과 柳命錫이 실질적인 곡성의 입향조가 되었다. 유희춘의 7대손인 유복삼(1728-1813)은 78세에 생원시에 합격하였으며, 1769년에는 선산 유씨 최초 족보인 「을축보」의 편찬을 주도하고 유희춘의 『미암일기』를 정서하는 등 선대를 현양하는데 앞장을 선 인물이었다.[38]

張檍(㉑)은 본관은 흥덕, 이전에 생원 진사를 배출한 적이 없는 성관이다. 그는 생원에 합격하기 1년 전에 향안에 입록하였고, 그의 조카 張宇龜가 숙종 34년(1708)에 식년 문과에 합격한 것으로 미루어 외지(구례?)에서 들어와 사족으로 인정을 받은 집안으로 추측이 된다.

신익권(㉘)은 본관은 평산, 사액사우인 덕양사에 모신 신숭겸의 후손이기도 한데, 오랫동안 평산 신씨는 향안에도, 덕양사 유안에도, 그리고 사마안에도 이름을 보이고 있지 않았다. 신익권의 진사 합격이 계기가 되었는지 이후에 평산 신씨의 움직임이 활발하여 덕양사의 운영에 적극 참여하는 모습을 보이고 있는 점이 주목을 끈다.[39]

그리고 헌종, 철종때에 생원 진사에 합격한 초계 정씨 4명은 옥과에 세거하던 양반들로 이웃고을인 곡성으로 옮겨 온 것으로 짐작할 수 있겠다.

거주지가 곡성이 아닌데도 사마안에 이름을 올린 인물이 영조 30년에 생원 합격한 趙儻(㉔)인데, 본관은 순창, 거주지도 순창이다. 그는 순창의 사마안,

---

서 남평을 거쳐 곡성으로 이거해온 사족으로 보인다.

38 권수용, 「미암 후손 유복삼의 위선활동」, 『국학연구』 23, 2013.

39 윤희면, 「곡성 덕양사와 평산 신씨」, 『남도문화연구』 30, 2016.

『순창읍지』(1766년 작성)에도 이름이 있는데, 곡성 사마안에도 이름을 올리고 있는 것은 선대의 연고로, 곧 趙怡(⑩)의 현손이기 때문이다.[40]

아무튼 조선 후기 곡성사마안은 기존의 성관이 寡占을 하는 가운데 새로운 성관이 더해지는 약간의 변화가 보이지만 여전히 사족들의 결속체로서의 성격이 변화된 것은 아니었다.

18세기 이후 새로운 성관 한, 두 명이 사마안에 이름을 올려 곡성고을 양반 구성에 약간의 변화가 있었음을 짐작하게 해주고 있지만, 그들도 곡성 고을에서 양반으로 인정을 받았기에 가능한 일이었다고 하겠다. 곧 곡성 사마안의 특징은 양반들의 독점물로 유지되어 왔다고 할 수 있을 것이다.

곡성 사마안은 후손들이 양반임을 입증해 주는 자료로 활용되었으며, 또한 읍지 작성에도 고스란히 이용되고 있다. 『곡성읍지』는 司馬 항목에 오숙상부터 정조 7년에 진사 합격한 신익권까지 모두 26명을 기재하고 있어 정조대 작성되었을 것으로 짐작된다.[41] 사마안을 참고하여 그대로 전재하였을 가능성이 크다고 하겠다.[42]

곡성에서는 고종대에 모두 12명의 생원 진사가 합격한 것을 사마방목에서 확인할 수 있다. 그런데 사마안에는 3명만 등재되어 있다. 고종대의 생원 진사 합격자를 표로 작성하면 다음과 같다.

40 영조대 방목 3명과 사마안 4명의 차이는 趙儻 때문이다.

41 『谷城邑誌』(奎 17431) 선생안에 마지막 현감 高廷憲이 壬子(정조 16, 1792)부터 계축년(정조 17)까지 재임한 것을 기록되어 있어, 1794년경에 작성된 것으로 볼 수 있다.

42 사마안과 읍지에는 차이가 있는데 사마안의 金櫟(⑥)이 읍지에는 빠져 있는 대신 李箕采(㉖)가 들어있다. 이후 곡성읍지의 사마 명단은 변화가 없다. 1871년에 작성된 『호남읍지』(규 12175) 제3책 곡성읍지, 1884년경에 편찬된 『곡성읍지』(想白古 915.14-G557), 1899년에 작성된 『곡성군읍지』(규10785)의 司馬 항목에 오숙상부터 신익권까지 26명이 등재되어 있다.

〈표 5 〉 고종대 곡성출신 생원 진사 합격자와 사마안 등재자

	이름	본관	거주지	직역	합격연도	집안 내력, 특기 사항
38	吳章淳	해주	순창	진사	1864	진사 오도옥(㉕) 현손, 오광복(㉒)의 증손
	李秉良	전주	곡성	생원	1865	『곡성군지』 등재, 『욕천속지』 新增, 『호남지』에는 미등재
39	吳致玉	해주	곡성	생원	1867	오찬(⑰) 4대손, 83세 합격(174/177)
	李喜寅	전주	곡성	생원	1867	향리? 『곡성군지』 등재, 『욕천속지』 신증, 호남지에는 미등재
40	安重燮	순흥	곡성	진사	1882	진사 안혼(⑦), 安祐(⑰)의 후손
	李喜馥	전주	곡성	진사	1885	향리? 이희인과 종형제 .『곡성군지』 등재, 『욕천속지』 신증, 『호남지』에는 미등재
	張命九	안동	곡성	생원	1885	『곡성군지』, 『욕천속지』, 『호남지』에 모두 미등재
	李胤九	여흥	곡성	진사	1888	『곡성군지』, 『욕천속지』, 『호남지』에 모두 미등재
	姜春馨	진주	곡성	진사	1894	『곡성군지』 등재, 『욕천속지』 신증, 『호남지』에는 미등재
	鄭鎬弼	초계	곡성	진사	1894	『곡성군지』 등재, 『욕천속지』 신증, 『호남지』 옥과에 등재
	申東殷	평산	곡성	진사	1894	『곡성군지』 등재, 『욕천속지』 신증, 『호남지』에는 미등재
	沈駿澤	청송	곡성	진사	1894	『곡성군지』 등재, 『욕천속지』 신증, 『호남지』 옥과에 등재
	金寅燮	김해	곡성	진사	1894	『곡성군지』 등재, 『욕천속지』 신증, 『호남지』에는 미등재

고종대 곡성 생원 진사 합격자는 모두 12명이다. 해주 오, 순흥 안씨 등이 여전히 보이고, 순창이지만 사마안 후손을 포함하여(㊳) 3명이 사마안에 등재되어 있는 반면에, 나머지 전주 이, 안동 장, 여흥 이씨, 청송 심, 김해 김씨 등은 새로운 성관이면서 사마안에 등재하지 못하고 있음을 알 수 있겠다.[43] 이들의 신분을 알려주는 자료가 없어 확언할 수 없지만 짐작케 하는 것으로 곡성향안을 참조할 수 있다.

43 1894년에 합격한 김인섭은 사마방목에는 곡성이라 되어 있으나 본래는 남원 고달면으로 갑오개혁으로 지방제도가 개편될 때 곡성으로 이속되었다. 한편 1885년 장명구, 1888년 이윤구는 사마방목에는 곡성이라 되어 있으나 일제강점기에 간행되는 곡성군지, 욕천속지, 호남지 등에도 전혀 이름이 보이지 않아 과연 이들이 곡성 거주자였는가에 의문이 생기기도 한다, 혹 다른 고을(固城, 安城 등)을 곡성으로 기재한, 방목의 착오가 아닐까 하는 생각이 든다.

곡성에서는 선조 27년(1604)에 향안을 작성한 이래 1880년까지 17차례에 걸쳐(현재 남아있는 향안으로 미루어) 향안을 작성하여 이름들을 등재하였다. 이에 이름을 올린 인물들은 적어도 곡성에서 양반이라 인정받은 인물들이라 하겠다. 이들을 성관별로 구분하여 표로 작성하면 다음과 같다.

〈표 6〉 곡성향안 등재 姓貫

	진주강	고	금산김	김	豊川盧	박	이천서	평산신	순흥안	해주오	문화유	선산유	전주이	성주이	이	홍덕장	순창조	전주최	합계
1604	1		5				2	3	1	10	4		2		1		6	6	41
1619																		1	1
1622										1	2							6	9
1628			4	1					1	1	1		1		1		1	1	12
1644			5			1				8	3						5	1	23
1665			1	2					4	5	6	1	1		1		4	3	28
1683			1						4	7	1					1	3		17
1686			5	1						1	6						1	1	15
1695			2						1	4	10				2		1		20
1700									1	3	2						1	1	8
1709		1	1	1					4	7	9	1		1			3	1	29
1722			1	1					2	3	9								16
1751											1								1
1777		1	4						7	14	7	2					8	1	44
1873									1	1	1								3
1879					1					1							1		3
1880												1					1		2
합계	1	2	29	6	1	1	2	3	26	66	62	5	4	1	5	1	35	22	272
사마안 성관	0		0					0	0	0	0	0	0	0		0	0		

금산 김, 순흥 안, 해주 오, 문화 유, 순창 조씨 등 생원 진사를 다수 배출한 성관이 다수를 차지하는 향안에서 안동 장, 여흥 이, 청송 심[44], 김해 김씨 등 1880년대 이후에 생원 진사에 합격한 성관은 보이지 않는다. 그리고 전주 이

44 청송 심씨는 옥과에 세거하던 성관으로 곡성으로 연고를 넓힌 것으로 볼 수도 있겠다.

씨는 초기에 약간 보이다가 이후에 나타나지 않는다. 그나마 전주 이씨는 곡성의 향리 성관으로 호장, 이방, 도서원 등 중요 이직을 담당하고 있는데,[45] 전주 이씨의 생원 진사 진출은 이웃고을 남원에서도 향전의 빌미가 되고 있으며[46], 곡성도 이에 벗어나지 않는다고 짐작된다.

생원, 진사는 식년시와 증광시에만 각각 100명씩 선발하였는데 철종 9년부터 합격자의 수를 늘려나갔고, 고종대에는 더욱 수를 늘려나갔다.[47] 생원 진사의 정원 증가와 비례하여 곡성고을에서도 고종대에 합격자가 크게 증가하였다. 그리고 고종대 대거 합격하고 있는 생원 진사들은 곡성에서 새로이 양반사족으로 발돋움하려는 향리나 부유한 평민들로 보이며, 이들이 기존의 향안, 사마안 등재를 둘러싸고 갈등을 촉발하고 있음을 예상할 수 있다. 따라서 사마안 양반과 사마안에서 배재된 비양반들과의 향전은 언제든 예견할 수 있는 일이 되어가고 있었다. 그래서인지 1865, 67년에 합격한 전주 이씨 이희인 등을 배제한 곡성 사족들은 1882년 진사 합격자 안중섭(㊵)을 끝으로 사마안 등재를 중단하였던 것으로 보인다.[48] 그리하여 그 이후에 합격자 가운데 鄭鎬弼(㊲정기로의 손자), 沈駿澤[49] 등은 사마안 등재 자격을 가진 것으로 보이지만 결국 등재하지 못하였고, 갑오개혁으로 과거제도가 폐지되자 더 이상 사마안의 존재 의미는 없어지고 말았다.

---

45 금성 정, 평산 신, 남원 양, 창령 조, 안동 김, 전주 이, 파평 윤 등이 곡성 향리 성관으로 호장, 이방, 도서원 등 중요 吏職을 담당하였다고 한다. (홍성찬, 「한말 일제하 사회변동과 향리층」 『한국 근대이행기 중인연구』(서울 신서원, 1999)) 이희복, 이희인은 1938년에 편찬된 『조선환여승람』 곡성편 儒行에 이름이 보인다. 태종 이방원과 孝嬪 金氏 사이에서 태어난 敬寧君 裶의 후손으로 이희복은 학식과 효행이, 이희인은 文學 贍富로 이름이 났다고 기록되어 있다.

46 윤희면, 「19세기말 전라도 남원의 사마소 향전」 『조선시대사학보』 39, 2006(본서 3장)

47 이진옥, 『조선시대 생원진사연구』(집문당, 1998), 41쪽 주85의 〈표〉

48 마침 이웃 고을 남원에서 1877년에는 中徒와 庶出이, 1892년에는 향리가 사마안을 놓고 양반사족과 치열하게 향전을 벌어진 것을 참작하였을 것으로 보인다.(윤희면, 「19세기말 전라도 남원의 사마소 향전」 『조선시대사학보』 39, 2006(본서 3장)

49 1902년 9월에 장성의 전군수 奇亮衍 등 호남유림 69명이 전라도관찰사에게 올린 유희춘의 문집과 비석을 세우는데 협조해 달라는 내용을 담은 上書에 곡성진사 심준택의 이름이 확인된다.(http://kostma.aks.ac.kr/심준택)

4. 나머지말

중종 32년부터 시작한 곡성 사마재와 사마안은 임진란의 여파로 파괴되었지만 선조 37년에 경제적인 형편으로 사마안만 복구하였고, 정조 15년에 사마재를 복설하고 생원 진사가 합격하는대로 사마안에 등재하는 것을 지속해 왔다. 18세기 이후 새로운 성관 한 두 명이 사마안에 이름을 올려 곡성고을 양반 구성에 약간의 변화가 있었지만, 그들도 곡성 고을에서 양반으로 인정을 받았기에 가능한 일이었다. 고종대 이후 吏族이나 부유한 평민들이 다수 생원 진사에 합격하였지만 1882년 진사합격자까지 수록한 사마안에는 이름을 올릴 수 없었다. 이전과는 다른 향촌질서가 형성되고 있었지만 사족들이 쳐놓은 신분제 울타리를 아직 넘어서지는 못한 상태였다. 곧 곡성 사마재와 사마안은 다른 고을과 마찬가지로 양반사족들의 독점물로 유지되어 왔다고 할 수 있다.[50]

20세기에 들어와 곡성의 생원 진사 명단이 어떻게 변화되어 가는가를 살펴보도록 하자.

	생원 진사 인원	특기 사항
『곡성군지』 (1918년)	50명	남주, 홍낙준, 신익권을 제외함 오선윤, 오이하, 오명후, 이교인, 문세동을 더함.
『욕천속지』 (1923년)	41+신증 24명=65명	남주, 오윤선을 포함함, 新增 24명 더함
『호남지』 (1935년)	41명	『욕천속지』를 轉載함.
『곡성군지』 (1956년)	62명+신증 4명=66명	新增은 임철상(고달), 강유인, 김상우, 정치
『곡성향교지』 (1965년)	62명	오이하, 오명후, 이교인, 문세동, 임철상, 강유인, 김상우, 정치 제외함

50 사마안의 양반사족 독점은 19세기 중엽에 이르면 인구의 70, 80%가 양반이 되었기에 신분제가 거의 형해화되고 있다는 통설적 설명에 대해 의문을 던져주는 것이라 생각한다. 이에 대해서는 윤희면, 「19세기말 전라도 남원의 사마소 향전」 『조선시대사학보』 39, 2006.(본서 3장) 에서 간단히 언급해 놓은 것이 있다.

생원 진사의 이름을 다시 정리하여 수록한 것은 1918년에 곡성의 유력 吏族인 금성 丁씨들이 중심에 되어 편찬한 『谷城郡誌』이다. 인물조 司馬 항목에 곡성은 오숙상부터 신동은까지 50명을 수록하고, 1914년 지방제도 개편으로 곡성에 합속된 玉果 고을 45명, 남원 古達面 5명을 〈增〉이라 표시한 뒤 따로 떼어 이름과 직역(생원 진사)만 수록하고 있다. 기존의 사마안을 참고하되 주로 방목을 근거로 하여 대체로 합격연대 순으로 정리되어 있음이 특징이다. 따라서 이전에 양반이 아니라고 사마안에서 제외되었던 전주 이씨 등도 모두 수록되었다.[51] 갑오개혁 이후 신분제가 해체되면서 가능한 일이라고 하겠다.

그런데 1923년에 곡성의 양반사족 후예들이 이전의 곡성읍지를 속수한다는 의미를 담아 『浴川續誌』를 편찬하여 향교에서 간행하였다. 인물조 蓮榜 항목에 본관, 字號, 집안, 합격연대를 小註로 달아 41명을 수록하고 있다. 오숙상부터 안중섭까지 39명은 『사마안』(B)을 그대로 轉載하고 여기에 南趎와 吳善胤[52]을 포함한 것으로, 그들 기준으로 곡성의 양반사족만을 넣은 것으로 보인다. 여기에 新增으로 玉果縣에서 3, 寓居로 3, 그리고 아무런 표시 없이 18명을 더해 모두 24명을 덧붙이고 있다. 신증의 경우는 같은 사족이지만 이웃 고을에서 移居한 인물(편입도 일부 포함), 1882년 이후 합격자, 그리고 양반이 아니라 하여 사마안에서 배제된 이들을 따로 수록해 놓은 것으로, 吏族들이 만든 『곡성군지』와는 달리 아직도 반상의식을 드러내 보이고 있다.

1935년에 편찬된 『호남지』 곡성군의 생원 진사 명단은 41명이 수록되어 있는데, 『욕천속지』를 그대로 전재한 것이다.

해방 이후 편찬된 『곡성군지』(1956년)는 생원 진사 명단을 1918년의 『곡성

51 사마안에서 홍낙준, 신익권이 누락되어 있고, 오선윤(효자, 증직), 오이하(오세추의 부) 등 진사 합격하지 않은 사람과 오명후(남원), 이교인(서울), 문세동(합격 여부 불명), 김상호(합격 여부 불명)을 새로이 추가하고 있다. 어떤 근거였는지는 확실하지 않다

52 오선윤은 진사합격자는 아니며 회시 전에 효행을 하다 죽어 추증을 받은 인물이다(『곡성읍지』 인물 孝子. 「吳善胤 嘗貫三試 未及禮部 遭父喪 哀毁成病而死 以孝聞于朝 授禮賓寺進士 後追贈嘉善大夫工曹參判)

군지』를 참고하여 수록하였고, 여기에 『욕천속지』의 신증 대부분을 더하였다. 그리고 66명 가운데 전혀 새롭게 4명이 더해졌는데 이들이 과연 생원 진사에 합격하였는지 여부는 확실하지 않다.[53]

『곡성향교지』(1965년)는 앞의 자료들을 참작하고 일부를 출입하여 62명의 명단을 담고 있는데, 1918년 『곡성군지』에서 추가된 4명(오이하, 오명후, 이교인, 문세동)과 1956년 『곡성군지』에서 신증된 4명은 누락하고 있다.

결국 1900년대 이후에 만들어진 지방지, 향교지는 기존의 자료를 참고하여 생원 진사를 정리하고 있는데, 한편에서는 班常을 구분하지 않으려는 달라진 신분의식을 보이고, 다른 한편에서는 여전히 구분해 보려는 완강함을 나타내려고 하였다. 그러나 이들 모두 생원 진사의 합격 여부가 분명하지 않은 사람들도 다수 수록하고 있으며 해방 이후에도 여전함을 보이고 있다. 이는 곡성뿐만이 아니라 다른 고을도 똑같이 보이는 모습으로 자기 선조들을 빛내려는, 그리고 양반의 후예임을 과시하려는 후손들의 열망이 반영된 것이라 볼 수 있겠다. (『역사학연구』 70, 2018 게재)

〈첨부표〉 곡성 고을 생원 진사 명단

	이름	본관	직역	거주	왕대	연대	사마안 39	방목 39	읍지 26	군지 50	속지 41+신증24	호남지 41	군지 62+신증4	향교지 62
1	申卜倫	곡성	생원	곡성	세종	1447		0						
2	南 銖	고성	生進	곡성	중종	1507		0			0	0	0	0
3	吳叔祥	해주	진사	곡성	연산	1501	0		0	0	0	0	0	0
4	申保錫	곡성	생원	남원	연산	1501	0		0	0	0	0	0	0
5	吳彦弼	함양	생원		중종	1537	0		0	0	0	0	0	0
6	吳 熊	해주	진사		중종	1537	0		0	0	0	0	0	0
7	吳善胤	해주	진사?							0	0	0	0	0
8	金 樑		진사		중종	1537	0			0	0	0	0	0
9	申大壽	곡성	진사		명종	1546	0		0	0	0	0	0	0
10	安 琿	순흥	진사		명종	1567	0		0	0	0	0	0	0

53 임철상(고달), 강유인, 김상우, 鄭薙 등 4명인데, 정치는 옥과읍지에 이름이 있으나 나머지 3명은 합격 여부가 불명이다.

11	申大年	곡성	진사		명종	1567	0	0	0	0	0	0	0	0
12	趙 怡	순창	진사	곡성	선조	1573	0	0	0	0	0	0	0	0
13	金 錬	금산	진사	곡성	선조	1579	0	0	0	0	0	0	0	0
14	金 鑑	금산	진사	곡성	선조	1588	0	0	0	0	0	0	0	0
15	吳天賚	해주	생원	곡성	선조	1588	0	0	0	0	0	0	0	0
16	李惟信	전주	생원	곡성	선조	1589	0	0	0	0	0	0	0	0
17	吳尙志	해주	생원	곡성	광해	1616	0	0	0	0	0	0	0	0
18	吳 賓	해주	진사	곡성	광해	1616	0	0	0	0	0	0	0	0
19	吳 燦	해주	생원	곡성	인조	1633	0	0	0	0	0	0	0	0
20	安 祐	순흥	진사	곡성	현종	1660	0	0	0	0	0	0	0	0
21	李 涬	전주	진사	곡성	현종	1662	0	0	0	0	0	0	0	0
22	吳世樞	해주	생원	곡성	숙종	1679	0	0	0	0	0	0	0	0
23	張 檍	홍덕	생원	곡성	숙종	1684	0	0	0	0	0	0	0	0
24	吳道玉	해주	진사	곡성	영조	1740	0	0	0	0	0	0	0	0
25	李昌鎭	성주	생원	곡성	영조	1740	0	0	0	0	0	0	0	0
26	趙 儻	순창	생원	순창	영조	1754	0		0	0	0	0	0	0
27	吳光復	해주	생원	곡성	영조	1756	0	0	0	0	0	0	0	0
28	李箕采	성주	생원	서울	영조	1768	0		0	0	0	0	0	0
29	洪樂澮	풍산	진사	곡성	정조	1777	0	0	0		0	0	0	0
30	申益權	곡성	진사	곡성	정조	1783	0	0	0		0	0	0	0
31	申世淳	고령	진사	곡성	순조	1801	0	0		0	0	0	0	0
32	李一容	성주	진사	서울	순조	1804	0				0	0	0	0
33	柳復三	선산	생원	곡성	순조	1805	0	0		0	0	0	0	0
34	吳命厚	해주	진사	남원	숙종	1727				0				
35	李教寅	성주	진사	서울	헌종	1828				0				
36	文世東		진사?							0				
37	李鍾器	성주	진사	곡성	순조	1828	0	0		0	0	0	0	0
38	鄭亨默	초계	진사	곡성	헌종	1837	0	0		0	0	0	0	
39	鄭亨源	초계	진사	곡성	헌종	1849	0	0		0	0	0	0	0
40	吳哲淳	해주	진사	곡성	헌종	1849	0	0		0	0	0	0	0
41	鄭基八	초계	진사	안의	철종	1858	0			0	0	0	0	0
42	鄭基老	초계	진사	곡성	철종	1861	0	0		0	0	0	0	0
43	吳章淳	해주	진사	순창	고종	1864	0			0	0	0	0	0
44	吳致玉	해주	생원	곡성	고종	1867	0	0		0	0	0	0	0
45	安重燮	순흥	진사	곡성	고종	1882	0	0		0	0	0	0	0
46	鄭雲鵬	초계	진사	옥과	인조	1635					신중			
47	鄭翰南	초계	진사	옥과	인조	1642					신중			
48	李湯老	전주	진사?		선조						신중		0	0

49	文 喜	남평	진사?		세조						신중		0	0
50	文東學	남평	생원	광주	순조	1801					신중		0	0
51	羅允尙	나주	진사	나주	영조	1729					신중		0	0
52	崔台柱	탐진	생원	능주	순조	1825					신중		0	0
53	李晉臣	廣州	진사	남원	광해	1616					신중		0	0
54	李龍遠	廣州	진사	남원	숙종	1675					신중		0	0
55	李秉良	전주	진사	곡성	고종	1865		0		0	신중		0	0
56	李喜寅	전주	생원	곡성	고종	1867		0		0	신중		0	0
57	李基洪	廣州	진사	고달	고종	1873					신중		0	0
58	姜文永	진주	생원	동복	고종	1882					신중		0	0
59	李喜馥	전주	진사	곡성	고종	1885		0		0	신중		0	0
60	吳以夏	해주	진사?							0				
61	李基承	廣州	진사?	고달	순조	1809					신중		0	0
62	白奎煥	수원	진사?	옥과							신중			0
63	金相祜	김해	진사?							0	신중		0	0
64	姜春馨	진주	진사	곡성	고종	1894		0		0	신중		0	0
65	鄭鎬弼	초계	진사	곡성	고종	1894		0		0	신중		0	0
66	申東殷	평산	진사	곡성	고종	1894		0		0	신중		0	0
67	李海龜	전주	생원	고달	고종	1874					신중		0	0
68	張命九	안동	생원	곡성	고종	1885		0						
69	李胤九	여주	진사	곡성	고종	1888		0						
70	沈駿澤	청송	진사	곡성	고종	1894		0		0	신중		0	0
71	金寅燮	김해	진사	곡성	고종	1894		0		0	신중		0	0
72	陳健秀	여양	진사	고달	고종	1894					신중		0	0
73	林澈相	나주	생원?	고달									증	
74	姜有仁	진주	진사?										증	
75	金相祜	김해	진사?										증	
76	鄭 蓷	하동	진사	옥과									증	

참고문헌

『곡성사마안』(A)(전북대박물관)

『사마안』(B)(곡성향교 소장, http://kostma.aks.ac.kr/사마안/곡성군사마안)

『사마방목 CD』

『곡성읍지』(1794년경, 奎17431)

『곡성읍지』(1871년, 奎12175)

『곡성읍지』(1884년, 想白古 915.14-G557)

『곡성군읍지』(1899년, 奎10785)

『谷城郡誌』(1918년, 丁秀泰 편)

『浴川續誌』(1923년, 곡성향교)

『조선환여승람』(1938년) 곡성편

『곡성군지』(1956년, 林琪淳 등 편찬)

『곡성향교지』(1965년, 곡성향교)

박정하, 『곡성의 성씨 씨족사』(곡성신문, 2010)

윤희면, 「경주 사마소에 대한 일고찰」『역사교육』 37·38합, 1985.

윤희면,「조선시대 전라도 사마안 연구 - 강진 사마안 사례- 」『호남문화연구』 53, 2013.

윤희면, 「19세기말 전라도 남원의 사마소 향전」『조선시대사학보』 39, 2006.

윤희면, 「1930년대 전라도 남원 司馬案 편찬에 비춰진 신분의식」『한국근현대사연구』 50, 2009.

홍성찬, 「한말 일제하 사회변동과 향리층」(『한국 근대이행기 중인연구』, 신서원, 1999)

김덕진, 「전라도 곡성현 향안 연구」『역사학연구』 60, 2015.

윤희면, 「곡성 덕양사와 평산 신씨」『남도문화연구』 30, 2016.

찾아보기

ㄱ

ㄴ

ㄷ

ㅁ

ㅂ

ㅅ

ㅇ

ㅈ

ㅌ

ㅍ

ㅎ

윤희면 尹熙勉

서울대 사대 역사교육과(학사)
서강대 대학원 사학과(석사, 박사)
전남대 사대 역사교육과 교수(1982~ 현재)

저서

『조선후기 향교연구』 (일조각, 1990)
『조선시대 서원과 양반』 (집문당, 2004)
『조선시대 전남의 향교연구』 (전남대 출판부, 2015)
이외 공저, 편저 여럿

韓國史學硏究叢書 12

조선시대 사마소와 양반

초판 1쇄 발행　2019년 5월 11일

지은이 / 윤희면
펴낸이 / 곽정희

편집 · 인쇄 / 준프로세스 김병근 이국경

펴낸곳 / 韓國史學
등록번호 / 제300-2004-184호　　일 자 / 2004년 11월 24일
주 소 / 서울특별시 종로구 삼일대로 30길 23 (익선동, BIZ WELL) 911호
전 화 / 02-741-4575　　팩 스 / 02-6263-4575
e-mail / people-in-korea@hanmail.net
국민은행 계좌번호 / 324702-04-073289 / 예금주 곽정희(어진이)

** 韓國史學은 한국사학의 발전에 기여할 전문서적을 만드는 곳으로, 평생 오로지 한국사학의 올바른 기틀을 세우기 위해 사셨던 李基白 선생님의 학덕을 기리고 이으려고 펴낸이가 설립하였습니다.

ISBN 979-11-85368-04-7 93910

값 : 20,000원